权威·前沿·原创

皮书系列为
"十二五""十三五""十四五"时期国家重点出版物出版专项规划项目

BLUE BOOK

智 库 成 果 出 版 与 传 播 平 台

河南省社会科学院哲学社会科学创新工程试点项目

河南蓝皮书
BLUE BOOK OF HENAN

河南能源发展报告（2023）

ANNUAL REPORT ON HENAN'S ENERGY DEVELOPMENT (2023)

能源安全保障与绿色低碳发展

主　编／魏澄宙　王承哲
副主编／田春筝　王玲杰　杨　萌　白宏坤

社会科学文献出版社
SOCIAL SCIENCES ACADEMIC PRESS（CHINA）

图书在版编目（CIP）数据

河南能源发展报告 . 2023：能源安全保障与绿色低
碳发展 / 魏澄宙，王承哲主编 . --北京：社会科学文
献出版社，2022.12
（河南蓝皮书）
ISBN 978-7-5228-1283-0

Ⅰ.①河… Ⅱ.①魏… ②王… Ⅲ.①能源发展-研
究报告-河南-2023 Ⅳ.①F426.2

中国版本图书馆 CIP 数据核字（2022）第 247789 号

河南蓝皮书

河南能源发展报告（2023）
——能源安全保障与绿色低碳发展

主　　编 / 魏澄宙　王承哲
副 主 编 / 田春筝　王玲杰　杨　萌　白宏坤

出 版 人 / 王利民
组稿编辑 / 任文武
责任编辑 / 李　淼
文稿编辑 / 李惠惠
责任印制 / 王京美

出　　版 / 社会科学文献出版社·城市和绿色发展分社（010）59367143
　　　　　　地址：北京市北三环中路甲 29 号院华龙大厦　邮编：100029
　　　　　　网址：www. ssap. com. cn
发　　行 / 社会科学文献出版社（010）59367028
印　　装 / 天津千鹤文化传播有限公司

规　　格 / 开本：787mm×1092mm　1/16
　　　　　　印 张：22　字 数：330 千字
版　　次 / 2022 年 12 月第 1 版　2022 年 12 月第 1 次印刷
书　　号 / ISBN 978-7-5228-1283-0
定　　价 / 98.00 元

读者服务电话：4008918866

郑永乐　孟恩超　赵　阳　赵　静　郝元钊
胡明晖　钟灵佳　皇甫霄文　祖文静　秦开明
秦军伟　袁　良　贾一博　柴　喆　徐　立
郭长辉　郭培源　曹　东　符　玉　彭俊杰
韩　丁　韩　鹏　韩军峰　程春萌　路　尧
薛文杰

主要编撰者简介

魏澄宙 女,国网河南省电力公司经济技术研究院院长,正高级会计师。长期从事能源电力发展、能源数据分析、宏观战略咨询、企业经营管理等领域研究,先后参与河南省"十三五""十四五"能源电力规划工作。牵头建成全国首个省级能源大数据中心,在国内率先提出能源大数据标准框架和实施路线图,先后立项能源大数据领域技术标准17项、发布10项。全面负责兰考农村能源互联网平台试点建设,推动发布《兰考农村能源革命实践与展望》白皮书。近年来,先后荣获国家级管理创新奖励1项、省部级科技及管理创新奖励多项,主持出版论著十余部。

王承哲 男,河南省社会科学院院长、研究员。中宣部文化名家暨"四个一批"人才、中央马克思主义理论研究和建设工程重大项目首席专家,中国社会科学院大学博士生导师,河南省和郑州市国家级领军人才,《中州学刊》主编。主持马克思主义理论研究和建设工程、国家社科基金重大项目两项以及国家社科基金一般项目两项。主持河南省委、省政府重要政策的制定工作,主持起草《华夏历史文明传承创新区建设方案》《河南省文化强省规划纲要(2005—2020年)》等多份重要文件。

摘　要

本书由国网河南省电力公司经济技术研究院与河南省社会科学院共同编撰，全书深入学习贯彻党的二十大精神，从研究角度出发，以"能源安全保障与绿色低碳发展"为主题，深入系统分析了 2022 年河南能源发展态势，并对 2023 年发展形势进行了研判。本书全方位、多角度总结了党的十八大以来，河南坚持以习近平新时代中国特色社会主义思想为指导，深入贯彻落实能源安全新战略，推动全省能源发展取得的历史性成就，提出了新形势下统筹发展和安全，加快规划建设新型能源体系的对策建议，对于政府部门施政决策，能源企业、广大研究机构和社会公众研究、了解河南能源发展具有较好的参考价值。全书内容包括五个部分：总报告、行业发展篇、能源安全篇、绿色发展篇、调查分析篇。

总报告分为年度篇和十年篇，分别对 2022~2023 年河南能源发展形势进行了分析预测，以及对新时代 10 年河南能源发展取得的历史性成就进行了深刻总结。2022 年，面对复杂严峻外部环境和突发因素超预期挑战，河南认真贯彻落实党的二十大精神和习近平总书记重要讲话，完整、准确、全面贯彻新发展理念，深入落实能源安全新战略，全力以赴保障能源安全，坚定不移推动绿色低碳发展，能源安全保供能力明显提升，能源消费需求逐步回暖，能源供需整体平稳有序，能源价格保持总体稳定，全年能源发展守住了"保"的底线，夯实了"稳"的基础，拓展了"进"的态势，为河南稳大盘、挑大梁提供了坚强能源支撑。党的十八大以来，河南能源行业踔厉奋发、勇毅前行，能源生产和利用方式发生巨大变革，能源发展取得历史性成

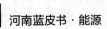
就，为加快建设能源强国贡献了"河南力量"。2023年，河南能源发展面临的有利因素与不利影响并存，宏观环境总体向好。初步预计，2023年全省能源消费总量有所增长，约为2.45亿吨标准煤，绿色低碳能源供给持续扩大，安全保障能力持续提升。

行业发展篇分别对河南省煤炭、石油、天然气、电力、可再生能源等各能源行业2022年发展态势进行了分析，对各行业2023年发展形势进行了展望，提出了强化能源安全保障、推动绿色低碳发展的对策建议。

能源安全篇重点对煤炭煤电供需预警、中长期电力供应保障、迎峰度夏电力供需新特征、新型储能发展布局及投资收益、抽水蓄能电站发展前景等开展了深入研究，提出了新形势下全方位提升能源安全保障能力的对策建议。

绿色发展篇聚焦氢能产业发展、电力行业控煤、干热岩资源勘探开发、分布式电源发展、乡村产业电气化、兰考新型电力系统建设等开展了基于河南的探索性研究，可为能源行业绿色低碳发展提供思路和路径建议。

调查分析篇分别对河南省度夏期间新能源有效供给能力、乡村产业电气化情况、充电基础设施建设情况等进行了调查研究，可为相关政策制定提供参考。

关键词： 能源安全　绿色低碳　新型能源体系　电力行业　河南省

目 录 ◣◢

Ⅰ 总报告

Ⅱ 行业发展篇

Ⅲ 能源安全篇

Ⅳ 绿色发展篇

Ⅴ 调查分析篇

皮书数据库阅读 **使用指南**

总 报 告

General Reports

B.1

统筹发展和安全　加快规划建设
新型能源体系

——2022年河南省能源发展分析与2023年展望

河南能源蓝皮书课题组*

摘　要： 2022年，面对复杂严峻外部环境和突发因素超预期挑战，河南省坚持以习近平新时代中国特色社会主义思想为指导，深入学习贯彻落实党的二十大精神，完整、准确、全面贯彻新发展理念，深入落实能源安全新战略，全力以赴保障能源安全，坚定不移推动绿色低碳发展，能源安全保供能力明显提升，能源消费需求逐步回暖，能源供需整体平稳有序，能源价格保持总体稳定，为稳住全省经济大盘、助力河南经济大省勇挑大梁提供了坚强能源支

*　课题组组长：魏澄宙、王承哲。课题组副组长：田春筝、王玲杰、杨萌、白宏坤。课题组成员：邓方钊、李虎军、张艺涵、杨钦臣、刘军会、邓振立、宋大为、柴喆、路尧、于昊正、陈兴。执笔：邓方钊，工学硕士，国网河南省电力公司经济技术研究院工程师，研究方向为能源经济与电力供需。

撑。2023年，是全面贯彻落实党的二十大精神开局之年，也是加快实施"十四五"规划承上启下的关键一年，加快规划建设新型能源体系面临新形势新任务。初步预计，2023年全省能源消费总量有所增长，约为2.45亿吨标准煤，绿色低碳能源供给持续扩大，安全保障能力持续提升。新时代加快规划建设新型能源体系，河南需要统筹发展和安全，完善能源产供储销体系、打造清洁低碳生产消费体系、构建现代能源产业体系、建设现代高效能源治理体系，为建设能源强国作出河南贡献。

关键词： 能源安全　能源行业　保供稳价　新型能源体系　绿色低碳

2022年，面对复杂严峻国际环境、全球能源危机持续、国内疫情多发散发、夏季罕见极端高温等多方面挑战，河南认真贯彻落实党的二十大精神和习近平总书记重要讲话，坚持稳中求进工作总基调，全面贯彻落实"疫情要防住、经济要稳住、发展要安全"重大要求，坚定扛稳"经济大省要勇挑大梁"重大责任，深入落实能源安全新战略，多措并举保障煤炭、电力、油气资源平稳供应和价格稳定，有效应对能源需求尤其是电力负荷超预期增长的挑战，着力优化能源供给结构，加快形成能源领域有效投资，为稳住全省经济大盘、助力河南经济大省勇挑大梁提供了坚强能源支撑。2023年，河南能源发展面临的有利条件和不利因素并存，对统筹好发展和安全提出更高要求。河南应全面贯彻落实党的二十大精神，深入推进能源革命，加快规划建设新型能源体系，为建设能源强国作出河南贡献。

一　2022年河南能源发展态势分析

2022年，面对全球能源格局深度调整、全国大范围极端高温天气、主要流域水电大幅减发、长时间高用电负荷等多重前所未有的挑战，河南全面贯彻落实党中央、省委、省政府决策部署，统筹发展和安全、保供和转型，持续增强能源安全保障能力，推进能源绿色低碳发展，能源生产能力明显提升，能源消费需求稳步回暖，能源供需整体平稳有序，全年能源发展守住了"保"的底线，夯实了"稳"的基础，拓展了"进"的态势，为全省经济运行稳定向好、稳中提质提供了坚实能源保障。

（一）2022年河南能源发展总体情况

1. 能源坚持稳产增产，原煤产量扭转连续12年下滑态势

2022 年，河南深入贯彻党中央、国务院关于能源工作决策部署，全力保障能源安全，通过煤炭稳产增供、电力应发尽发、油气稳产增储，全面提升省内能源自主保障能力。1~10 月，全省规模以上工业原煤产量 8136.1 万吨，同比增长 5.1%，扭转了自 2009 年以来原煤产量连续 12 年下滑的态势；省内电源能并尽并、应发尽发，总发电量达到 2801.7 亿千瓦时，同比增长 15.4%，其中非化石能源发电量 697.2 亿千瓦时，同比增长 32.1%（见图 1）；原油、天然气产量保持基本稳定，原油加工量增速比全国高 1.6 个百分点。初步判断，随着省内稳产保供措施的不断落实，一批煤矿、电源项目加速落地，全省能源生产能力持续提升，预计 2022 年全省能源生产总量约 1.1 亿吨标准煤。

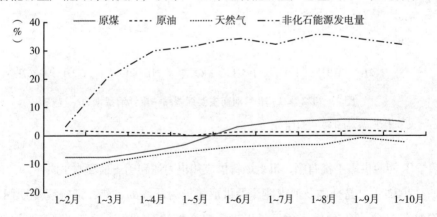

图 1　2022 年 1~10 月河南主要能源品种累计生产增速

资料来源：行业初步统计。

2. 能源消费稳中向好，电力消费增速十年来首次高于全国

2022 年，河南高效统筹疫情防控和经济社会发展，落实落细稳经济一揽子政策和接续措施，全省经济运行基本稳定，能源消费短期下行后回升态势明显，叠加极端高温天气释放超常降温用能需求，全省能源消费主要指标增速明显加快。1～10 月，河南全社会用电量 3286 亿千瓦时，同比增长8.3%，增速比全国高 4.5 个百分点，扭转了自 2011 年以来连续 10 年低于全国的局面，其中 8 月全社会用电量历史性突破 400 亿千瓦时、达到 421 亿千瓦时，同比增长 29.8%，较全国高 19.1 个百分点，增速居全国第 2 位；1～10 月，全省电厂耗煤量同比增长约 10.5%，天然气消费在全球供应短缺的环境下逆势增长 7.2%，保持了较快增速（见图 2）。初步判断，随着河南经济运行持续回升，支撑能源消费持续增长的有利因素明显增多，预计2022 年全省能源消费总量约为 2.4 亿吨标准煤，较上年平稳增长。

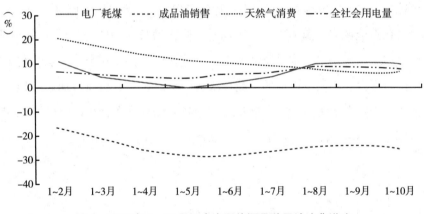

图 2　2022 年 1～10 月河南主要能源品种累计消费增速

资料来源：行业初步统计。

3. 能源供需平稳有序，机组燃料供应和出力达到历史最高水平

2022 年，是全国及河南能源保供形势极为严峻的一年，迎峰度夏期间，面对自 1961 年有完整气象记录以来历史最强的极端高温考验，河南强化统筹协调和供需衔接，充分发挥煤炭"压舱石"作用，多措并举保障电力、

油气资源平稳供应，能源供需整体平稳有序，切实保障了经济社会发展和群众生活用能需求。一次燃料供应达到最高水平，全省电煤库存提前完成国家发展改革委下达的 900 万吨存煤目标，未发生缺煤停机，迎峰度夏期间发电所需燃料得到有效保障。常规电源开机达到最高水平，大负荷时段全省燃气机组全开机顶峰发电，地方电厂实行同质化管理，省内电源做到应发尽发。煤电机组出力达到最高水平，大负荷时段煤电机组减发率降至 7.6%，充分发挥了顶梁柱作用。整体来看，由于早做准备、措施有力，全省煤电油气运总体平稳有序，有力保障了能源电力稳定供应。

（二）2022年河南能源行业发展情况

1. 着力"保量"与"稳价"，煤炭兜底保障作用充分发挥

着力增产增储，煤炭供应能力得到提升。2022 年，河南持续抓好煤炭增产保供，推动停产停建煤矿尽快恢复生产，释放先进煤炭产能，抓好煤矿安全生产，煤炭兜底保障作用充分发挥，全省能源供应的"基本盘"更加稳固。生产方面，加快推动平煤集团夏店矿配套选煤厂、梁北二井、郑煤集团告成矿产业升级改造、神火集团梁北煤矿选煤厂改扩建等项目。储备方面，着力推进中原大型煤炭储备基地建设，南阳（内乡）储备园区一期改扩建新增静态储备能力 50 万吨。初步判断，2022 年全省原煤产量约 1 亿吨，同比增长 5%。

着力稳定价格，市场运行保持相对平稳。贯彻落实国家发展改革委关于煤炭市场价格形成机制要求，明确将 600～760 元/吨（5500 千卡，含税）作为河南省动力煤出矿环节中长期交易价格合理区间。持续加强市场监管，组织煤炭企业和发电供热企业首次实现了中长期供需合同全覆盖，省内动力煤到厂价格稳定运行在 900~1000 元/吨，稳定了煤炭和发电供热市场预期，为全省经济发展稳中向好提供了保障。

2. 注重"稳供"与"增储"，油气保障调峰能力明显提升

多措并举保障资源供应，油气供需整体平稳。油气生产方面，省内企业以稳产为主，全省原油、天然气产量保持相对稳定，初步预计 2022 年原油

产量 190 万吨，天然气产量 2 亿立方米，与上年基本持平。供应销售方面，强化省外天然气资源保障，持续做好天然气需求侧管理和供暖季监测调度，优先保障民生用气需求，初步预计天然气消费量 130 亿立方米，同比增长6.5%；成品油供应销售受油价较高、疫情防控、新能源汽车销售渗透率提高等因素影响，延续相对收缩态势，初步预计成品油销售量 1320 万吨，同比下降 22.2%。

持续完善储气调峰体系，保障应急能力明显提升。2022 年，河南持续完善"地下储气库、沿海大型 LNG 储罐、省内区域储气中心"三级储气调峰体系，其中，濮阳文 23 储气库二期工程开工建设、进展顺利，江苏滨海储罐项目已完成顶片吊装，中石油平顶山盐穴储气库先导试验工程一期地面施工已全部完成，全省天然气保障应急更有底气。

3. 统筹"保供"与"转型"，电力行业引领作用有力彰显

电力负荷超预期增长，全力以赴打赢度夏保供攻坚战。2022 年度夏以来，在经济加快恢复和持续高温影响下，河南用电负荷高峰到来之早、持续之长、增幅之大、降温负荷之高前所未有，6 月即三创历史新高，较上年最高负荷时间提前 22 天；全网负荷有 20 天突破 7000 万千瓦，是全国第五个用电负荷突破 7000 万千瓦的省份；全网最大负荷达到 7792 万千瓦，较上年增加 975 万千瓦、增长 14.3%，增幅居全国第 1 位；全网最大降温负荷达 3730 万千瓦，占比 48%，超全国平均水平约 10 个百分点。面对电力负荷超预期增长的严峻形势，河南统筹发、供、用多向发力，充分发挥政策机制宏观调控作用、煤电基础保障和兜底作用、各类电源和储能有效支撑作用、电网资源配置平台作用、负荷侧资源灵活调节作用，成功应对 5 轮次高温大负荷和 15 次强对流天气严峻挑战，打赢了度夏保供攻坚战。初步判断，在经济持续向好带动下，2022 年河南全社会用电量预计达到 3910 亿千瓦时，同比增长 7.2%左右。

突出转型与创新，加快构建新型电力系统。促进煤电行业持续健康发展，出台支持煤电企业纾困解难政策机制，在国内首次实施煤电机组增加调相功能改造，统筹推动煤电节能降碳改造、灵活性改造、供热改造"三改

联动"，助力煤炭消费有序减量替代，截至 2022 年 10 月全省煤电装机占比 55.9%，较年初下降 3.7 个百分点。重大电力工程项目加快推进，南阳—荆门 1000 千伏特高压交流线路投入运行，开工建设驻马店—武汉特高压工程、平顶山鲁山抽水蓄能电站、许昌能信煤电等项目，助力畅通产业链供应链循环。电力市场建设稳步推进，出台《河南省电力市场运营基本规则（试行）》，首次启动现货市场模拟试运行、结算试运行，探索中长期市场连续交易模式，创新推进中长期分时段标准化交易，预计全年市场化交易电量突破 2000 亿千瓦时。

4. 协同"供给"与"消纳"，可再生能源发展质量持续提升

推动以"量"调结构，可再生能源装机与发电量再上新台阶。2022 年，河南因地制宜推动可再生能源规模化开发利用，有效发挥了调结构促转型的作用。截至 2022 年 10 月，全省可再生能源发电装机 4697 万千瓦，较上年末增加 657 万千瓦，增长 16.3%，装机占比 40.1%，较上年末提升 3.7 个百分点；可再生能源发电量 697 亿千瓦时，同比增长 32.1%。其中，风电、光伏等新能源装机首次突破 4000 万千瓦，光伏装机突破 2000 万千瓦，光伏超过风电成为全省第二大电源。光伏装机中，分布式光伏装机突破 1500 万千瓦，达到 1526 万千瓦，约占七成，较 2021 年底增加 596 万千瓦。初步判断，2022 年河南可再生能源发电装机将突破 4800 万千瓦，同比增长 19%，可再生能源发电量突破 800 亿千瓦时，达到 830 亿千瓦时，同比增长 25.8%。

促进以"率"提质效，新能源消纳利用保持合理水平。2022 年，河南以促进新能源消纳利用为核心，持续提升电力系统调峰平衡能力，全省新能源利用率保持在合理水平。截至 2022 年 10 月，全省新能源弃电量合计 5.87 亿千瓦时，年累计新能源利用率为 98.81%，保持在较高的合理水平。其中，在 2022 年 4 月的春季小负荷日午间腰荷时段，全省风电、光伏出力突破 1800 万千瓦，达到同时刻全省用电负荷的 48.3%；在 2022 年 12 月冬季供热期午间时段，全省风电、光伏出力突破 1900 万千瓦，达到 1966.7 万千瓦，年内第四次创下历史新高。

（三）2022年河南能源发展成效特征

1.守住"保"的底线，保障了能源安全可靠稳定供应

2022年，是迎峰度夏保供工作形势极其复杂、矛盾极其突出的一年。从全球来看，俄乌冲突下国际能源形势严峻复杂程度前所未有，煤油气资源供应面临多方面挑战；从全国来看，极端高温天气持续时间之长、影响范围之广、强度之大前所未有，主要流域"汛期反枯"历史罕见，出现大范围供电紧张局面，省外能源支援供应面临高度不确定性；从河南来看，经济发展稳中向好，电力消费增速近十年来首次高于全国平均水平，全省用电负荷高峰到来之早、持续之长、增幅之大、降温负荷之高前所未有，保供形势异常严峻。

面对极端严峻的能源保供形势，河南坚决贯彻习近平总书记关于能源保供的重要指示精神和省委、省政府决策部署，充分发挥政企行业协同、一次及二次能源协同、源网荷储协同作用，打赢了迎峰度夏保供攻坚战，保障了全省能源安全可靠稳定供应。及早谋划扛牢能源电力保供责任，省委、省政府召开专题会议协调部署，聚焦电煤运输、发供用多环节出台硬核举措，确保不限电、不断电。一次能源供应做到"保量、稳价"，推动全省临停煤矿有序复产、在建煤矿逐步投产，落实好煤炭市场价格监测制度和生产流通成本调查制度，度夏期间电煤供耗均达历史最高水平。省内常规电源提供坚实支撑，实现了燃煤、燃气和水电等能并尽并、能发满发，以全省67%的常规电源装机承担了80%以上的高峰出力，有效应对了极热无风、晚峰无光、新能源机组出力极低的严峻形势。省外来电提供大力支援，在全国电力供需全面紧张情况下，外电入豫规模有38天超过1000万千瓦，最大增购省外电力700万千瓦，最高达到1461万千瓦、占全省用电负荷近1/5。大电网提供坚强保障，度夏提前竣工110千伏及以上电网工程105项，配电网工程5932项，新增变电容量933万千伏安、配变容量127万千伏安，线路长度1.2万千米，有效发挥了电网资源配置平台作用。负荷管理提供可靠保底，坚持"需求响应优先、有序用电保底"，采用市场化手段引导工业用户自愿有偿错避峰85.6万千瓦，保障全省居民清凉度夏。

2. 夯实"稳"的基础，助力全省稳大盘、挑大梁

2022年第二季度，受超预期因素影响，全国及河南经济下行压力有所增大。5月底全国稳住经济大盘电视电话会议及时提振市场信心，7月底中央政治局会议明确提出，经济大省要勇挑大梁。河南保持战略定力，推出了"三个一批""万人助万企""四个拉动""四保"管理等牵引性举措，为全国稳住经济大盘作出了河南贡献。能源是国民经济发展的物质基础，2022年河南能源行业在扩投资、优服务、助兴农等方面彰显担当，为稳住经济大盘作出了能源贡献。

扩大投资加劲发力稳经济，坚持"项目为王"，加快实施新能源提质、清洁能源外引、煤电转型升级、电力网源储优化、煤炭稳产增储、油气保障能力提升"六大工程"，建立能源低碳转型项目库，入库项目116个，总投资3103亿元。加快形成有效投资和实物工作量，西气东输三线河南段工程开工建设，平顶山叶县盐穴储气库先导试验工程、江苏滨海 LNG 储罐项目进展顺利，能源领域灾后恢复重建加快推进，初步判断，预计2022年河南能源重大项目完成投资约780亿元。持续优化能源电力服务，加快"阳光业扩"深化落地，大力推广"三零""三省"办电服务，"获得电力"连续四年被评为全省营商环境优势指标，落实特困行业小微企业和个体工商户用电阶段性9.5折优惠政策，积极推行"欠费不停供""产业园区电等企业"系列服务。电力护航守好"中原粮仓"，开辟排灌机井业扩报装绿色通道，有力服务长时间高温天气全省农电机井抗旱浇灌用电需求，全力服务高标准农田建设，降低农业生产用电成本，助力牢牢守住粮食安全。

3. 拓展"进"的态势，点燃高质量发展的绿色引擎

2022年，河南深入实施绿色低碳转型战略，通过发展绿色能源、壮大绿色产业、做强绿色交通、创新绿色技术、倡导绿色生活，积极培育现代能源产业新优势，不断把绿色低碳发展带来的机遇转化为科技创新的动力、新兴业态的活力、产业发展的竞争力，推动绿色低碳转型不断取得新进展。

以分布式光伏为发力点推动新能源迅速增长，截至2022年10月，河南新能源装机达到4287.7万千瓦，较上年末新增654.7万千瓦，占全口径净增装机的108%，成为新增电源装机的绝对主体。其中，光伏装机达到2155万千瓦，较上年末新增599.4万千瓦，占净增新能源装机的91.6%；分布式光伏装机到1526.2万千瓦，较上年末新增596.5万千瓦，占新增光伏装机的99%。抢先布局绿色价值链创新链，加快构建覆盖全省的智能充电网络，实现全省县域电动汽车充电站及国家规划"十三纵十三横三环"高速公路快充网络河南境内充电站全覆盖；积极推进氢能产业布局利用，开展郑州国家氢燃料电池汽车示范城市群、郑汴洛濮氢走廊建设，实施一批新能源制氢项目；宁德时代洛阳生产基地开工，比亚迪、上汽新能源汽车布局郑州，龙子湖新能源实验室批复建设，以大市场引导产业链、供应链、要素链、创新链加速完善。全面推行绿色生产生活方式，推进郑州等4个千万平方米地热供暖规模化利用示范区建设，推动终端用能电能替代，全年完成替代电量66亿千瓦时；加快推进农村能源革命，全面完成兰考农村能源革命试点建设总体方案重点任务，通过中国工程院评审并得到充分肯定。

二 2023年河南能源发展形势与展望

2022年，河南能源行业着力保供应、稳经济、促发展，为全省经济发展"全年红"提供了坚实能源支撑。党的二十大擘画了以中国式现代化全面推进中华民族伟大复兴的宏伟蓝图，2023年是全面贯彻落实党的二十大精神开局之年，也是加快实施"十四五"规划承上启下的关键一年，统筹发展和安全，加快规划建设新型能源体系，面临一系列新机遇、新挑战。河南将全面贯彻党的二十大精神，科学把握战略机遇和风险挑战，着力在补短板、强弱项、固底板、扬优势上下功夫，预计全省能源发展继续保持总体平稳、稳中有进的良好态势。

（一）面临形势

1. 保障能源安全有力有效优势显著，但能源安全新旧风险交织、不确定性增加

能源是工业的粮食、国民经济的命脉。习近平总书记强调，"能源安全是关系国家经济社会发展的全局性、战略性问题"[1]，"能源的饭碗必须端在自己手里"[2]。党的十八大以来，习近平总书记站在统筹中华民族伟大复兴战略全局和世界百年未有之大变局的高度，统筹发展和安全两件大事，提出了能源安全新战略，为能源高质量发展指明了方向，为守牢能源安全提供了遵循。尤其是近年来，面对国际能源市场波动加剧，党中央、国务院未雨绸缪，果断采取一系列务实举措，形成有效抵御国际能源价格大幅波动的"防火墙"。河南省坚决贯彻落实党中央决策部署，立足以煤为主的基本省情，先立后破、一体打好"控煤、稳油、增气、引电、扩新"组合拳，在降碳的同时确保能源安全。各级地方政府、国有能源企业和用能市场主体，讲政治、顾大局，聚焦源网荷多侧发力，为保供应、保民生作出重要贡献。整体来看，全国及河南做好能源安全保障工作具备显著的政治优势、制度优势、组织优势，能够持续做到为经济发展有效护航。

但同时应看到，新形势下能源安全新旧风险交织，供需双侧各类传统、非传统、显性、非显性风险因素急剧增多，区域性、时段性能源供需紧张问题时有发生，对能源电力保供提出了新要求。从供给侧看，煤电等支撑性电源的规模仍需合理增长，针对机组非计划停运及降出力的措施需要进一步完善；新能源发电在关键时刻的顶峰能力差，保供能力和电网友好性仍需进一步提升；外电入豫争取难度不断加大、竞争激烈，通过省间现货市场、省间临时互济等应急跨省购电的量价不确定性大。从需求侧看，负荷峰谷差不断增大，尖峰负荷持续时间呈下降趋势，满足短时尖峰负荷需求将占用极大系统资源；度夏期间民生降温负荷接近总负荷的 50%，负荷对温度的敏感性显著增大。

2. 推动能源绿色低碳转型条件良好，但系统调节能力和消纳机制仍需提升完善

绿色低碳转型关乎可持续发展、关乎未来命运。习近平总书记强调，

---

① 《习近平：积极推动我国能源生产和消费革命》，《人民日报》2014 年 6 月 14 日。
② 《大河奔涌，奏响新时代澎湃乐章——习近平总书记考察黄河入海口并主持召开深入推动黄河流域生态保护和高质量发展座谈会纪实》，《人民日报》2021 年 10 月 24 日。

"要把促进新能源和清洁能源发展放在更加突出的位置"，"在经济发展中促进绿色转型、在绿色转型中实现更大发展"。①近年来，我国及河南省高度重视促进新能源高质量发展，《"十四五"现代能源体系规划》《"十四五"可再生能源发展规划》《"十四五"新型储能发展实施方案》等政策意见相继出台，有力保障新能源在"碳达峰、碳中和"历史机遇中发挥更大作用。河南省深入实施绿色低碳转型战略，大力发展新能源，新能源装机规模从1000万千瓦到突破2000万千瓦用时29个月，从2000万千瓦到连续突破3000万、4000万千瓦用时仅分别为13个月、12个月，规模、增速位居全国前列。利用后发优势满足增量需求，河南工业化、城镇化起步较晚，人均用能水平仅为全国的70%，新增的用能需求可以主要通过绿色能源来满足，2022年1~10月，河南新能源新增发电量145亿千瓦时，占全社会新增用电需求的50%，实现了新增用电需求主要靠新能源来满足。整体来看，河南推动能源绿色低碳转型政策条件好、存量条件实、增量条件优，有能力推动能源结构持续快速优化升级。

但同时应看到，新形势下推动能源绿色低碳转型、推动新能源高质量发展仍存在一些制约因素，对源网协调、供需协作、量率协同提出了更高要求。从灵活调节电源看，河南抽水蓄能电站、燃气机组电站等灵活电源装机占比不足5%，新能源装机占比已达到37%，灵活电源装机规模有待加速提升。从电网运行看，外电入豫直流的逆调峰特性加大午间腰荷时段新能源消纳难度，外来电的功率曲线与新能源出力的匹配度需要进一步优化；分布式光伏快速发展但调控手段相对匮乏，电网运行复杂性增加，需要持续提升其可观可测可控水平。从市场机制看，研究显示当新能源电量渗透率超过15%时，为消纳新能源增加的调节能力等系统成本将快速增加，目前河南新能源电量渗透率已达到18%，需要探索完善促进新能源消纳的电力市场机制和价格体系。

---

① 《习近平在中共中央政治局第三十六次集体学习时强调　深入分析推进碳达峰碳中和工作面临的形势任务　扎扎实实把党中央决策部署落到实处》，《人民日报》2022年1月26日。

3. 促进能源创新提质发展面临重大机遇，但技术引领和能效提升仍需强化

创新是第一动力、节能是第一能源。习近平总书记强调："要把现代能源经济这篇文章做好，紧跟世界能源技术革命新趋势，延长产业链条，提高能源资源综合利用效率。"① 河南大力实施"十大战略"，把创新摆在发展的逻辑起点，努力在能源产业新赛道上起跑领跑、在新领域里发力抢滩。拟组建河南省新能源商用车等产业创新中心，建成许昌许继、安阳金风、信阳明阳等风机制造基地，拥有陆上最长 94 米叶型生产线，光伏产业基地集聚效应初显，建成从原材料到光伏电池板产品的全链条生产线，平高、许继、中航锂电等企业储能市场份额快速增长。与此同时，大力发展低碳高效产业，发挥终端环节的节能放大效应。河南严控"两高"项目盲目发展，在全国率先开展用能权有偿使用和交易，推动能源资源向优质高效项目倾斜，加快产业向"绿色、减量、提质、增效"转型，打造绿色低碳产业集群、产业生态，终端电气化水平提升至 27% 以上。整体来看，河南促进能源创新创效发展面临难得的政策机遇、产业机遇、技术机遇，有把握有机会推动更多能源产业产品在国内大循环和国内国际双循环中成为中高端、关键环。

但同时应看到，当前全球可再生能源、储能、氢能、智慧能源、碳捕集与封存等新兴能源技术正在以前所未有的速度加快迭代，能源高效利用方式深刻变革，推动能源高质量发展不进则退、慢进亦退、不创新必退。从创新能力看，仍需有效激发河南能源领域创新活力，绿色低碳技术创新中心、重点实验室、中试基地等创新平台与发达省份相比仍有较大差距，关键核心技术自主化水平仍有待提升；能源创新链产业链仍需加强，高新技术企业数量相对较少，亟须加快推动能源产业基础高级化、产业链现代化。从效率水平看，河南六大高耗能行业的能耗占规模以上工业的比重在 80% 以上，传统产业能耗水平需要进一步降低；全省公路货运量占比为 88.9%，较全国平均水平高 15 个百分点，交通运输结构仍有待优化，还有较大节能提效空间。

---

① 《习近平在参加内蒙古代表团审议时强调：扎实推动经济高质量发展　扎实推进脱贫攻坚》，《人民日报》2018 年 3 月 6 日。

（二）2023年河南能源发展研判

1. 能源需求稳中向好，能源供需保持平稳

2023年，是全面贯彻落实党的二十大精神开局之年，河南经济运行的有利因素明显增多。从发展大势上看，河南经济长期向好的基本面没有改变，经济强劲反弹前景可期。从增长动力上看，"四个拉动"深入推进，经济增长后劲十足。从项目支撑上看，引领性重大项目不断涌现，经济发展具有强大支撑。整体来看，"三个一批""项目为王"等系列举措逐步进入效果显现期将带动能源需求平稳增长。初步预计，2023年河南能源需求有所增长，消费总量达到2.45亿吨标准煤。随着能源供需预警体系不断完善、保障机制不断健全、保供措施不断落实，预计能源供需整体保持平稳有序。

2. 煤炭供需平稳有序，煤炭价格相对稳定

煤炭生产方面，随着在建煤矿逐步投产、临停煤矿有序复产，煤炭生产能力稳步提升，预计2023年河南煤炭产量约1亿吨，实现小幅增长。煤炭需求方面，经济发展稳中向好稳定煤炭需求基本面，煤炭不合理利用逐步缩减，消费总量保持基本稳定。煤炭价格方面，在优质产能加速释放、长协煤稳定兜底情况下，煤炭价格保持相对稳定。

3. 油气消费稳步增长，成品油价格高位震荡

油气需求方面，随着经济发展稳中向好，保物流畅通持续发力，预计2023年油气消费稳步增长，其中，成品油销售量预计1395万吨、同比增长5.7%，天然气消费量预计135亿立方米、同比增长4%。油气生产方面，省内油气田继续保持稳产基调，预计原油产量190万吨左右，天然气产量2亿立方米左右。成品油价格方面，全球地缘政治形势复杂，国际油价支撑与阻力并存，预计2023年国际油价仍将维持较高位波动，河南省汽、柴油零售价格也将高位震荡。

4. 电力消费较快增长，局部时段存在供电缺额

2023年，预计全省经济发展稳中向好，电力需求将保持较快增长态势，初步测算，2023年河南全社会用电量4130亿千瓦时，同比增长5.6%左右，全网最大负荷达到 8300 万千瓦左右。电力供应方面，全省电源装机进一步增长，预计突破 1.2 亿千瓦，但由于新能源出力、外电支援的不确定性，预计电力供需进一步趋紧，局部时段存在供电缺额，整体将呈现"平时充盈、尖峰短缺、区域趋紧"态势。

5. 可再生能源发电装机快速增长，发电量迈上新台阶

随着河南中东部平原集中式风电建设、"千乡万村驭风行动"分散式风电建设、屋顶分布式光伏建设持续推进，预计 2023 年全省新增可再生能源发电装机 500 万千瓦以上，总规模将达到 5500 万千瓦，同比增长 13%，全省可再生能源发电量有望突破 1000 亿千瓦时。

表 1　2022~2023 年河南省能源发展预测

	能源总量 （亿吨标准煤）		煤炭 （亿吨）		原油、成品油 （万吨）		天然气 （亿立方米）		非化石能源（万吨标准煤）
	生产	消费	生产	消费	生产	消费	生产	消费	利用量
2022 年总量	1.1	2.4	1	2.0	190	1320	2.0	130	4100
2022 年增速	—	—	—	—	0	−22.2%	0	6.5%	19%
2023 年总量	1.1	2.45	1	2.0	190	1395	2.0	135	4600
2023 年增速	—	—	—	—	0	5.7%	0	4%	12%

三　统筹发展和安全，加快规划建设新型能源体系的对策建议

党的二十大擘画了以中国式现代化全面推进中华民族伟大复兴的宏伟蓝图，历史使命催人奋进。当前，世界能源格局在政治、经济、科技等因素影响下重塑，河南能源发展面临难得的历史机遇，也面临重大的风险挑战。河南应全面贯彻落实党的二十大精神，完整、准确、全面贯彻新发展理念，深入推进能源革命，积极稳妥推进"碳达峰、碳中和"，协同推进降碳、减污、扩绿、增长，统筹发展和安全，加快规划建设新型能源体系，为建设能

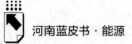

源强国作出河南贡献，为奋力谱写新时代中原更加出彩绚丽篇章提供能源支撑。

（一）完善能源产供储销体系，全方位提升能源安全保障能力

面对新形势下能源资源供应、外电入豫规模等各类不确定性，河南需要以立为先，发挥好煤炭煤电安全托底保障作用，增强能源供应链稳定性和安全性，强化自身保供能力和基础设施建设，有效应对各类传统及非传统风险，全方位提升能源安全保障能力。

稳定煤炭油气生产供应，发挥好煤炭煤电安全托底保障作用。推动安全有保障的骨干煤矿满产稳产，加大油气田精细勘查力度，保证煤炭油气生产维持在较高水平。优化调整煤炭运输结构，积极推进铁路专用线建设，有效抵御各类风险对煤炭运输的影响。加强与中石油、中石化等上游供应商沟通衔接，进一步扩大西气东输、榆济线、鄂安沧濮阳支线等管道气资源入豫供应量。夯实保障性电源基础，在豫南、豫中东等电力缺口较大地区有序建设高效清洁的保障性支撑煤电项目，形成在建一批、新开一批、储备一批的梯次项目格局，充分发挥好传统能源特别是煤炭、煤电的调峰和兜底保供作用。

着力提升能源供应链弹性和韧性，增强能源系统平稳运行能力。统筹政府、企业、社会各方力量，加强一、二次能源协同，聚焦源网荷多侧持续发力。进一步建立健全煤炭、石油、天然气储备体系，因地制宜推进中原大型煤炭储备基地建设，完善"地下储气库、沿海大型 LNG 储罐、省内区域储气中心"三级储气调峰体系，确保能源供应保持合理的弹性裕度。加强电煤中长期合同履约监管，推动建立电煤、燃气等燃料供应双储机制，强化煤电、气电等常规机组调度管理，严禁实施不合理检修计划，全力压减非停和受阻规模。

适度超前布局能源基础设施，有效化解中远期短缺风险。扩大省外清洁能源引入规模，加快陕电入豫第三直流工程进度，对接国家"西气东输、北气南下、海气登陆"战略推进日照—濮阳、苏皖豫等输气管道建设，多元引入西气、俄气、川气、海气、晋气、陕气等资源，构建多品

种、多方向、多渠道的能源外引通道。优化完善主干电网，提升城乡配电网抗灾保供能力，布局一批坚强局部电网，强化核心区域和重要用户的电力安全保障。

健全能源安全风险管控体系，提升能源安全监测预警能力。强化底线思维和风险意识，重点关注能源生产、运输供应、市场变化、极端天气等风险因素，建立健全煤炭、油气、电力等供需预警机制。强化应急体系建设，做细做实保供方案，形成有效抵御各类风险的政策措施工具库，防范化解各类传统、非传统安全风险。加强应急保障电源、管网互联互通等基础设施建设，持续强化重点区域、重点时段能源电力安全可靠供应。

加强精细化用能管理，确保民生和公共用能需求。引导终端用户合理用能，宜煤则煤、宜气则气、宜电则电、宜热则热，构建多元化终端用能体系，发挥不同能源品种互补特性，降低主要靠单一能源品种满足需求带来的短缺风险。推动全社会加强节约用电用能，形成节约高效的生产生活方式，加强负荷管理能力建设，提升需求侧用户响应能力，加大民生用能保障力度，提升全社会用能水平。

（二）打造清洁低碳生产消费体系，加快能源绿色低碳转型

面对以煤为主的能源生产消费结构和新能源的快速发展，河南需要加强重点行业的化石能源清洁高效利用，因地制宜推动可再生能源规模化开发利用，着力提升新能源消纳和存储能力，推动能源结构持续优化升级。

加强化石能源清洁高效利用，推动煤炭煤电绿色升级。科学控制煤炭消费总量，加快煤炭资源从燃料属性向原料和燃料耦合属性转变，持续强化石油原料使用属性，开展天然气燃烧高值化利用技术革新与示范。促进新能源与传统能源优化组合，推动煤电联营和煤电与可再生能源联营，支持新增风光发电指标向煤炭及煤电企业倾斜布局，实现系统能效提升、企业经营质效提升。加快煤电机组节能降碳改造、灵活性改造、供热改造"三改联动"，推进高效煤电产能替代落后煤电产能，持续优化煤电结构。

遏制"两高"项目盲目发展，推动重点行业绿色低碳用能。强化能效

约束，严控"两高一低"项目，着力压减过剩落后产能的能源消费尤其是化石能源消费。加快重点行业绿色化改造，在钢铁、有色、建材、化工等行业推广节能低碳工艺、技术及装备，加快提升传统产业的能源利用效率，探索建立绿色用能监测与评价体系，大力发展循环经济，有序引导工业企业和园区高效开发利用分布式可再生能源。

因地制宜推动可再生能源规模化开发利用，优化省内能源供应结构。积极推动新能源高质量发展，根据全省新能源建设项目和布局规划，滚动提出新能源消纳指引，引导各地区新能源开发规模、布局和时序。因地制宜发展生物质能、地热能等其他可再生能源，促进可再生能源非电化利用，探索推进农村清洁能源开发利用。

着力增强电力系统调节能力，提升风电光伏发电消纳水平。加快南阳天池、洛阳洛宁、信阳五岳、平顶山鲁山等抽水蓄能电站建设，加快推进辉县九峰山、嵩县龙潭沟、林州弓上等抽水蓄能电站前期工作。推进新型储能建设与布局，促进新能源与储能一体化发展，提高新能源友好并网和有效支撑能力。完善新能源富集区域网架结构，提升县域农村地区分布式电源接入能力，着力推动电网主动适应大规模集中式新能源和量大面广的分布式能源的发展。

（三）构建现代能源产业体系，提升产业链供应链现代化水平

面对能源产业发展不进则退、慢进亦退、不创新必退的竞争环境，河南需要加快绿色低碳技术研发和推广应用，积极培育能源新兴业态，着力壮大清洁能源产业链条，加快数字技术在能源领域应用，持续做好现代能源经济这篇大文章。

强化科技创新引领，加快绿色低碳技术研发应用。抓住科技创新这一关键变量，依托省内外高校、研究院所、高新技术企业等力量，推进绿色低碳技术创新中心、省实验室、重点实验室、中试基地、工程技术研究中心等创新平台建设。聚焦芯片、新材料、新能源等领域前沿技术发展方向，组织实施重大科技专项、创新示范专项等重大项目，加大"卡脖子"、迭代性、颠

覆性技术攻关力度。注重开放创新，加大力度引才、引智、引育，推动绿色低碳技术、高效用能技术研发和推广应用，以科技含量提升发展"含绿量"和质量。

发展能源新兴业态，培育现代能源新优势。围绕综合能源系统、"新能源+"、电动汽车及智能充电网络、新型储能、虚拟电厂、负荷集成商等新兴能源服务业态和新型市场主体，积极开展能源领域商业模式的"万众创新"，推动新产业、新业态、新模式蓬勃发展。推动源网荷储和多能互补试点项目建设，稳步加快储能设施建设，因地制宜鼓励可再生能源开发利用与农业、渔业、采矿塌陷综合治理区等融合发展，实现各类经济、社会和环境综合效益。

着力壮大清洁能源产业链条，打造优势产业集群。深入开展清洁能源产业链补链强链延链专项行动，加强产业链供应链上下游协同，形成上中下游一体、各环节相互配合的完整产业链条，打造优势产业集群。前瞻谋划布局、大力发展低碳高效产业，培育壮大智能装备、新能源、节能环保、新能源汽车等战略性新兴产业，加快布局储能、氢能利用及碳捕集、利用与封存等未来产业，立足河南产业基础和市场优势，努力在新赛道上起跑领跑、在新领域里发力抢滩。

加快数字技术应用，提升能源系统数字化智慧化水平。加快推动人工智能、大数据、元宇宙等数字技术在能源领域的创新应用，促进发输配用各领域、源网荷储各环节、多能互补各系统间的智慧联动，大幅提高能源开发利用效率。加大河南能源大数据中心应用力度，持续积累可用、有用、好用、实用的能源大数据资产，为能源行业安全低碳经济转型赋能。

（四）建设现代高效能源治理体系，全面提升能源治理效能

面对体制机制仍待完善、市场化配置仍需优化等情况，河南需要把改革创新作为应对当前能源发展面临新问题新挑战的关键举措，深化价格形成机制市场化改革，持续优化能源领域营商环境，加强能源治理制度建设，充分激发能源发展内生动力。

优化能源资源市场化配置，深化价格形成机制市场化改革。加快构建和完善中长期市场、现货市场和辅助服务市场有机衔接的电力市场体系。深化燃煤发电、燃气发电上网电价市场化改革，探索建立容量充裕度保障机制，提高常规电源"保供电、顶出力"积极性。明确紧急情况下电网调度原则、省间临时电价与成本疏导机制，完善抽水蓄能价格形成机制，建立新型储能价格机制。健全以绿电消费为导向的市场机制，依托绿电交易、绿证制度、碳排放权交易、可再生能源超额消纳量交易等多渠道体现新能源发电的绿色价值。

持续优化营商环境，激发能源市场主体活力。深化能源领域"放管服"改革，落实外商投资法律法规和市场准入负面清单制度，放宽能源市场准入，吸引社会投资进入能源领域。深入开展"万人助万企"，降低能源项目尤其是新能源项目的非技术成本，加快形成有效投资。健全有利于全社会共同开发利用可再生能源、建设新型储能的体制机制和政策体系，大力推动可再生能源大规模、高比例、高质量、市场化发展。

加强能源治理制度建设，打造高质量发展政策环境。加强能源新型标准体系建设，抢先制定重点行业碳排放强度控制标准，建立完善的碳排放统计、核查体系，摸清全省碳排放家底、产业链碳足迹。强化政策协同保障，完善和落实财税、金融、生态环境保护等政策，推进排污权、用能权、用水权、碳排放权市场化交易，推动能源要素向优质项目、优质企业、优质产业集聚。加强项目建设施工和运行安全监管，防范化解能源领域安全生产重大风险，持续优化营商环境，保障国家能源规划、政策、标准和项目有效落地。

参考文献

习近平：《努力建设人与自然和谐共生的现代化》，《求是》2022年第11期。

习近平：《高举中国特色社会主义伟大旗帜 为全面建设社会主义现代化国家而团结奋斗——在中国共产党第二十次全国代表大会上的报告》，2022年10月16日。

任平：《能源的饭碗必须端在自己手里——论推动新时代中国能源高质量发展》，

《人民日报》2022年1月7日,第5版。

　　章建华:《完整准确全面贯彻能源安全新战略　科学有序推进能源绿色低碳高质量发展》,《党建》2022年第5期。

　　曹红艳、周雷、齐慧、王轶辰:《牢牢抓住能源转型牛鼻子——正确认识和把握碳达峰碳中和(下)》,《经济日报》2022年8月31日,第1版。

　　国家发展改革委、国家能源局:《"十四五"现代能源体系规划》,2022年1月29日。

B.2

新时代的河南能源发展

——党的十八大以来河南能源发展历史性成就

河南能源蓝皮书课题组*

摘　要： 能源是攸关国家安全和发展的重要领域。党的十八大以来，河南能源行业贯彻落实习近平总书记关于能源发展重要指示精神和视察河南重要讲话精神，主动作为，奋勇争先，取得历史性成就，为全省实现"两个确保"奋斗目标提供了强力支撑，为加快规划建设新型能源体系提供了坚实基础。本文全面分析了党的十八大以来河南能源踔厉奋发、砥砺前行的非凡十年历程，系统总结了全省贯彻落实能源安全新战略和建设能源强国战略，能源发展呈现的新突破、新风貌，以及形成的"河南模式""河南成就"，并全面学习领会党的二十大精神，提出了新形势下河南能源发展方向。

关键词： 能源安全　能源结构　新型能源体系　河南省

　　十年栉风沐雨，十年华丽巨变。党的十八大以来，习近平总书记多次就能源发展做出重要指示，为我国能源产业高质量发展指明了前进方向、提供了根本遵循。党的二十大报告强调，要积极稳妥推进"碳达峰、碳中和"，

---

　*　课题组组长：魏澄宙、王承哲。课题组副组长：田春筝、王玲杰、杨萌、白宏坤。课题组成员：邓方钊、李虎军、张艺涵、杨钦臣、刘军会、邓振立、宋大为、柴喆、路尧、于昊正、陈兴。执笔：杨钦臣，工学硕士，国网河南省电力公司经济技术研究院工程师，研究方向为能源发展战略与农村能源。

深入推进能源革命，加快规划建设新型能源体系，对能源高质量发展提出了更高的要求，对能源工作做出了新部署新安排。河南能源行业坚持以习近平新时代中国特色社会主义思想为指导，深入贯彻落实"四个革命、一个合作"能源安全新战略，统筹能源安全和绿色低碳转型，能源生产和利用方式发生巨大变革，能源发展取得历史性成就，为加快建设能源强国贡献了河南力量和河南智慧，为构建新型能源体系创造了有利条件。十年来，河南以年均 1.3% 的能源消费增速支撑了年均 7.1% 的经济增长，能耗强度累计下降 37.2%，为全省经济数次跨越和民生福祉增进提供了坚强能源保障，以实际行动谱写新时代中原更加出彩的绚丽篇章。

一 踔厉奋发，能源安全保障能力跃上新台阶

"有一定之略，然后有一定之功。"习近平总书记指出，能源安全是关系国家经济社会发展的全局性、战略性问题，对国家繁荣发展、人民生活改善、社会长治久安至关重要；[1] 能源的饭碗必须端在自己手里。[2] 奋进十年，河南能源行业不断夯实能源安全基石，倾力保供，能源产业链供应链保持稳定，安全保障能力跃上新台阶。

（一）能源供给能力和质量显著提升，稳稳端住"能源饭碗"

1.能源安全供给水平明显提高

党的十八大以来，河南能源行业始终把确保能源安全可靠供应摆在首要位置，逐步建立了多元供给的能源供应体系。煤炭优质产能持续释放，省内骨干煤企煤炭生产集中度达到 95%，煤矿的平均单井规模大幅提升，目前全省投入生产煤矿 100 处、产能约 1.2 亿吨，年均产量保持在 1 亿吨左右，居全国第 8 位；外购原煤规模明显提高，2021 年购买省外原煤量近 1.4 亿

---

[1] 《习近平：积极推动我国能源生产和消费革命》，《人民日报》2014 年 6 月 14 日。
[2] 《大河奔涌，奏响新时代澎湃乐章——习近平总书记考察黄河入海口并主持召开深入推动黄河流域生态保护和高质量发展座谈会纪实》，《人民日报》2021 年 10 月 24 日。

吨，比 2012 年提高约 0.2 亿吨。油气供应稳中有进，近年来省内原油、天然气产量分别保持在 200 万吨、2 亿立方米左右，同时，立足省内常规油气资源相对较少现状，不断加大省外油气资源采购力度，省外原油、天然气供应均占九成以上；近年来炼化能力逐步提升，原油加工量逐步提升至 915 万吨。电力装机实现跃升发展，全省发电装机从 0.58 亿千瓦跃升至 1.17 亿千瓦，实现翻番，年均增长 600 万千瓦左右，总装机居全国第 8 位；省内年发电量从 2597 亿千瓦时上升至 2931 亿千瓦时，年外引电量从 151 亿千瓦时跃升至 716 亿千瓦时，增长 3.7 倍。

2. 能源基础设施建设成果丰硕

党的十八大以来，河南能源基础设施建设实现跨越式发展，能源安全保障更为有力。加快推进电网工程建设，先后建成投产天中、青豫±800 千伏特高压直流工程，形成保障电力供应的疆电、青电入豫"双引擎"，省级 500 千伏"鼎"字形网架基本成形，500 千伏变电站覆盖所有地市，220 千伏变电站覆盖所有县，110 千伏变电站覆盖所有产业集聚区，动力电覆盖所有自然村，城乡配电网供电能力实现倍增，电网发展达到中部地区领先水平。加紧油气管输等设施建设，日照—濮阳—洛阳原油管道建成投产，洛阳石化扩能提质一期工程基本建成；对接国家西气东输、北气南下、海气登陆战略，建成以西气东输、榆济线、山西煤层气为主要气源，覆盖全省的"两纵三横"天然气长输管网，基本实现管道天然气县县通。加速推进充电基础设施建设，累计投运充换电站 3323 座、公共充电桩超过 6.27 万个，布局合理的电动汽车充电网络初步形成。

（二）能源供应弹性和韧性显著增强，牢牢把握"底线思维"

1. 能源储备应急体系不断健全

党的十八大以来，河南能源行业统筹省内外能源资源，充分考虑可能面临的风险和极端天气，适度超前布局，加大储备力度，能源综合应急保障能力显著增强。煤炭储配能力建设渐成规模，逐渐建立了区外调入和自建大型储配基地相结合的储备体系，依托国家浩吉、瓦日、宁西等运煤通道，不断提高煤炭调入的运力，建成投运义马、鹤壁、南阳（内乡）三个相同规模的煤炭储备基地，一期工程静态储备能力总计 150 万吨，动态储配能力总计 3000 万吨/年，增强了极端条件煤炭供应保障能力。储气能力建设取得跨越式突破，建成"引海气入豫、租地下库容、建区域中心"储气体系，濮阳文 23 储气库一期工程、南阳等 6 座区域 LNG（液化天然气）应急储备中心等建成投产，江苏滨海储罐项目、平顶山盐穴储气库等先导工程开工建设，形成"储气有层次、调峰有力度、应急有保障"的天然气保障体系。

2. 电力系统调峰体系逐步完善

党的十八大以来，河南能源行业坚持底线思维和问题导向，着力加强电力系统调节和需求侧响应能力建设，打造了稳定可靠的电力系统调峰体系。系统调峰能力不断增强，煤电、气电、水电装机分别净增 1402 万千瓦、188 万千瓦、15 万千瓦，推动天池、洛宁、五岳抽水蓄能项目开工建设，建成投运国内首个电网侧 100 兆瓦分布式电池储能示范工程，全面推进全省煤电机组灵活性改造，电力系统调峰能力与稳定性明显增强。健全调峰辅助服务市场和激励机制，电力调峰辅助服务、储气设施"两部制"气价的运营模式基本确定。需求响应能力大幅提升，在全省范围内组织开展需求侧响应工作，充分挖掘需求侧潜力，合理引导电力用户高峰时刻用电，实现需求响应签约负荷 1000 万千瓦，占全社会最高负荷的 12.8%。

二 革故鼎新，能源绿色低碳转型开创新局面

"绿水青山就是金山银山。"习近平总书记指出，发展清洁能源，是改善能源结构、保障能源安全、推进生态文明建设的重要任务；[1] 要把促进新能源和清洁能源发展放在更加突出的位置。[2] 蓄势十年，河南能源行业充分

[1]《习近平向第八届清洁能源部长级会议和第二届创新使命部长级会议致贺信》，新华社，2017 年 6 月 7 日。
[2]《习近平在中共中央政治局第三十六次集体学习时强调 深入分析推进碳达峰碳中和工作面临的形势任务 扎扎实实把党中央决策部署落到实处》，《人民日报》2022 年 1 月 26 日。

挖掘清洁资源潜力，着力推动能源生产、消费结构绿色低碳转型，有序落实"双碳"目标行动，扎实推进节能减排，能源绿色低碳转型迈入快速发展阶段。

（一）由点及面，绿色能源发展实现华丽蜕变

1. 风电等新能源发电实现跨越式发展

党的十八大以来，河南省不断加大对新能源产业发展的支持力度，以风电、太阳能发电为代表的新能源行业实现跃升式发展。十年来，河南新能源行业取得骄人成绩，发电装机从 22 万千瓦跃升至 4229 万千瓦，增长 191 倍，成为省内第二大电源。其中，风电装机从 15 万千瓦跃升至 1878 万千瓦，增长 122 倍；太阳能发电装机实现从零到 2096 万千瓦的历史性跨越。十年来，从弱小到主体，河南新能源行业已成为发电装机新增主体，新增发电装机占新增总装机的 71.3%，大幅超过全国平均水平，新能源发电迈入增量主体时代。十年来，从量变到质变，河南新能源行业取得高质高效发展，风电、太阳能发电设备利用小时数不断创新高，2021 年分别达到 2120 小时、1034 小时；发电利用率一直保持在较高水平，2021 年达到 98.3%、99.9%，超过全国平均水平。

2. 氢能及其燃料汽车产业链初具规模

党的十八大以来，河南相继出台氢能产业相关行动方案、支持高质量发展等政策文件，依托省内骨干龙头企业，着力构建氢能产业链竞争优势。氢能产业链已初具规模，作为化工大省，依托煤焦化、氯碱、合成氨等产业优势，化工企业副产氢年产量达 55 万吨；随着产业链上下游企业相继落地，燃料电池电堆、空气供应系统、70 兆帕储氢瓶、固态储氢设备、氢气管束拖车、加氢站建设及运维等领域发展已初具规模。氢燃料电池汽车已示范应用，河南省以郑州为中心城市，洛阳、新乡、濮阳等城市环绕的国家氢燃料电池汽车推广应用示范城市群已获国家批准，将形成以客车为主、货运和特种车等氢燃料电池汽车全面发展的格局，目前已有 223 台氢燃料电池公交车分别在 20 条公交线路投入运营。

（二）由供到需，能源结构逐步向低碳化转变

1. 能源生产结构向低碳多元方向演进

党的十八大以来，结构优化调整贯穿河南经济和能源发展，全省能源生产结构实现由整体单一向低碳多元方向转变，绿色低碳转型步伐快于全国平均水平。非化石能源占比大幅攀升，2012~2021年，非化石能源在能源生产结构中占比从 3.7% 跃升至 23.0%，上升 19.3 个百分点，增幅较全国大 10.2 个百分点；煤炭占比逐步下降，从 90.2% 降至 73.2%，下降 17 个百分点，降幅较全国大 7.8 个百分点；油气占比从 6.1% 降至 3.8%。电力装机结构逐步趋向绿色清洁，2012~2021年，火电装机占比从 92.9% 降至 65.7%，下降 27.2 个百分点，降幅较全国大 10.3 个百分点；风电、太阳能发电、生物质发电等新能源装机占比持续上升，从 0.4% 跃升至 32.7%，上升 32.3 个百分点，增幅较全国大 11.3 个百分点。

2. 能源消费结构向清洁低碳加快转变

党的十八大以来，随着能源消费革命进程的加快，河南能源消费结构持续优化升级，清洁低碳转型成效显著，绿色低碳结构与全国差距明显缩小。消费总量得到有效控制，2012~2021年，全省能源消费总量从 2.09 亿吨标准煤增长至 2.35 亿吨标准煤，年均增长 1.3%，低于全国 1.7 个百分点，低于河南 2000~2012 年年均增速 7.1 个百分点，消费增速明显放缓。清洁低碳转型步伐加快，2012~2021年，煤炭消费占比从 80.0% 降至 63.3%，下降 16.7 个百分点，降幅较全国大 4.2 个百分点，煤炭占比与全国的差距缩小至 7.3 个百分点；天然气、水电、新能源发电等清洁能源消费比重从 8.5% 跃升至 21.0%，上升 12.5 个百分点，增幅较全国大 1.5 个百分点，清洁能源占比与全国的差距缩小至 4.5 个百分点。用能电气化水平持续提升，2012~2021年，全省全社会用电量从 2748 亿千瓦时增至 3647 亿千瓦时，年均增长 3.2%，较能源消费增速快 1.9 个百分点；电能占终端能源消费比重提高 5 个百分点左右，增幅超过全国平均水平。

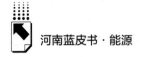

（三）由耗转效，重点领域节能降耗成效明显

1.综合能源利用效率显著提高

党的十八大以来，河南认真学习贯彻习近平生态文明思想，把节能降耗作为推动绿色低碳发展的重要抓手，以提升能效水平为核心，推动节能降碳工作取得显著成效，以年均1.3%的能源消费增速保障了年均7.1%的经济增长。能源利用效率大幅提高，2012～2021年，全省单位GDP能耗累计下降37.2%，年均下降5.0%，其中，"十二五"期间累计下降22.9%，"十三五"期间累计下降25.0%，均超额完成全省节能降耗目标；2021年全省万元GDP能耗为399千克标准煤（当年价），是全国的87%左右。能源加工转换效率稳步提升，2020年，全省总效率达到了69.6%，保持较高水平，其中，发电及供热转换效率为46.8%，提高了约4.8个百分点；炼焦效率为95.7%，提高了约4.1个百分点；炼油效率达到98.4%，提高了约0.8个百分点。十年来，河南能源清洁高效利用成效显著，节约用能5000万吨标煤，减少二氧化碳排放1.3亿吨，节约资源和保护环境的生产生活方式正加速形成。

2.重点耗能行业节能成效良好

党的十八大以来，河南大力推动重点领域节能提效，开展煤电机组节能标杆引领活动等系列专项行动，能源行业减排能力持续提升，主要污染物排放强度大幅下降。工业节能对全社会节能推动作用明显，2012～2021年，全省规上工业单位增加值能耗累计降低57.1%，年均下降9.0%，累计降幅高出同期单位GDP能耗降幅19.9个百分点，占全社会节能量绝大部分。主要耗能工业企业单位产品能耗持续下降，2012～2021年，烧碱、电石、合成氨综合能耗分别下降1.6%、14.3%、6.3%，水泥综合能耗下降9.8%，平板玻璃综合能耗下降23.2%，单位铝锭综合交流电耗下降0.9%。煤电供电煤耗优于全国平均水平，在全国率先完成燃煤电厂超低排放改造，淘汰落后煤电机组近800万千瓦，煤电机组平均供电煤耗降至300克标准煤/千瓦时，优于全国平均水平。特别是"十三五"以来，河南生态环境得到大幅改善，

2021 年全省 PM_{10}、$PM_{2.5}$ 浓度分别降至 77 微克/立方米、45 微克/立方米，比 2015 年分别下降 39.4%、41.6%，空气质量优良天数比例达到 70.1%，环境空气质量达到有监测记录以来最高水平。

三 创新竞进，能源产业链现代化推动新跨越

"苟日新，日日新，又日新。"习近平总书记指出，要靠自己的努力，大国重器必须掌握在自己手里，要通过自力更生，倒逼自主创新能力的提升。① 竞进十年，河南能源行业把创新摆在发展的逻辑起点，坚持"创新是第一动力"理念，发挥企业技术创新主体作用，能源技术不断迭代创新，产业链现代化水平实现跨越式提升。

（一）能源技术取得关键突破，坚持谋创新"靠自己"

1. 能源领域技术装备水平不断提高

党的十八大以来，河南依托省内骨干企业和科研院所，大力推动能源科技创新，能源行业技术水平与竞争力明显提升。龙子湖新能源实验室揭牌成立，聚焦新能源及其智能化转型，重点在风光电高效转化、生物质能源及材料、氢能"制—储—用"体系、新型电池与规模储能、低碳工业及用能变革、多能互补智慧能源系统等六大方向开展研究，打造新能源"产—储—用"创新链条。能源装备特色产业集群发展，建设了中原电气谷、南阳濮阳石油装备制造基地、许昌洛阳等风电装备产业集群、洛阳安阳等光伏产业集群、南阳濮阳新乡等生物质能产业集群，大幅提升优势产品的竞争力。煤矿智能化建设全面铺开，截至 2021 年，全省累计建成 51 个智能化采煤工作面、49 个智能化掘进工作面和 12 处省级智能化煤矿，全省采煤机械化程度超过 95%，掘进装载机械化程度超过 92%，其中，郑煤机集团高端大采高及薄煤层采煤机装备达到国际先进水平。

---

① 《习近平考察三峡工程：大国重器必须掌握在我们自己手里》，新华网，2018 年 4 月 25 日。

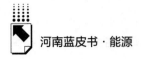

2. 电网安全和智能化水平全面提升

党的十八大以来，河南电力系统建设实现跨越式发展，电网运行的技术、管理、控制能力全面提升，电网安全和智能化保持较高水平，为奋进新型电力系统建设新的赶考之路奠定了坚实基础。保障特高压交直流混联电网安全稳定运行，攻克大电网安全控制技术，加快坚强智能电网建设，在全国率先迈入特高压交直流混联电网新阶段，同时强化特高压交直流混联电网运行分析诊断能力。提升电网调控智能化水平，在全国率先建成省地县一体化电网调度控制系统，10千伏以上电网运行状态实现全感知，实现万兆到市、千兆到县、百兆到站所通信带宽互联，智能变电站占比和配电自动化覆盖率稳步提高。实现设备智能化运检，推广无人机自主巡检，实现设备巡检图像自动识别，实施变电站（换流站）智能巡检，探索实施"地空联合"智能巡检模式。

（二）能源产业实现智慧升级，牵住数字化"牛鼻子"

1. 示范建成全国首个农村能源革命试点

2018年，国家能源局正式批复《兰考县农村能源革命试点建设总体方案（2017—2021）》。试点批复以来，河南政企联合全力推进能源革命试点建设，清洁供给能力和智能化水平取得显著提升。实现绿电"身边取、本地用"，保障新能源全额消纳，兰考新能源年发电量占全社会用电量比重从21%提高到94.1%；开展变电站级源网荷储示范应用，2022年4月首次实现全域5×24小时全清洁能源连续供电。首创农村能源互联网平台，累计接入电热气油等数据4068万条，建成"能源监测、运营指挥、公共服务"三个功能中心，实现全县域、全品类、全链条能源运行可观可测。试点批复以来，兰考电能占终端能源消费比重从37.5%提高到64.5%、可再生能源占一次能源消费比重从22%跃升至75%，已成功探索出数字化助推农村能源转型发展新路子。

2. 率先建成全国首家省级能源大数据中心

习近平总书记指出："要实施国家大数据战略，加快建设数字中国。"[1]

---

[1] 《习近平在中共中央政治局第二次集体学习时强调　审时度势精心谋划超前布局力争主动　实施国家大数据战略加快建设数字中国》，新华社，2017年12月9日。

河南省深入贯彻落实总书记指示精神，先行先试、锐意创新，率先建成全国首家省级能源大数据中心。构建大数据辅助决策体系，实现全省域能源数据的统一归集管理，探索了能源大数据政企联动新模式，构建"能源—电力—经济—环境"大数据辅助决策体系。开发多元多维应用场景，包括能源监测预警、充电智能服务、智慧电力环保、乡村振兴电力指数等应用场景和"中原智充"手机终端应用，全力服务能源经济运行、污染防治和脱贫攻坚等重大决策部署落实落地。作为能源革命和数字革命加速融合的平台载体，河南省能源大数据中心已成为驱动能源生产方式、消费方式深度变革的新引擎。

四 实绩惠民，能源普遍服务水平展现新作为

"国以民为本，社稷为民而立。"习近平总书记指出，坚持以人民为中心的发展思想，维护人民根本利益，增进民生福祉，不断实现发展为了人民、发展依靠人民、发展成果由人民共享，让现代化建设成果更多更公平惠及全体人民。[①] 精彩十年，河南能源行业坚持人民至上、民生优先，着力提高能源基本服务均等化水平，让能源发展成果更多地惠及全体人民。

（一）始终心怀国之大者，助力全面推进乡村振兴

1.助力全省脱贫攻坚

党的十八大以来，河南坚持能源发展和精准扶贫有机结合，全力助推脱贫攻坚和乡村振兴取得成效。推动全省农业灌溉用电设施建管体制有效落地，从根本上破解了农业灌溉用电难、管护难等历史性问题。做到提前实现新一轮农网改造，提前一年实现全省6492个贫困村、53个贫困县电网脱贫"两提前"，农村用电条件不断改善。全部26个黄河滩区搬迁安置区外部电

---

① 《高举中国特色社会主义伟大旗帜 为全面建设社会主义现代化国家而团结奋斗——在中国共产党第二十次全国代表大会上的报告》，2022年10月16日。

源配套工程顺利竣工。光伏扶贫效益硕果累累，累计建成光伏扶贫项目267.6万千瓦，覆盖110个县（市、区）40.6万户贫困户，扶贫电站总规模、带贫人口总数均居全国第一，实现年均增收25亿元，1万多个村集体拥有了持续20年的稳定集体收益，已成为贫困村集体经济"破零"的重要产业支撑。创新扶贫光伏运维模式，主动开展扶贫光伏电站运行数据分析，精准研判故障、低效电站，定时推送电站运维周报，大幅提升发电利用效率。

2.助力乡村全面振兴

党的十八大以来，河南能源行业全力服务乡村振兴战略，持续巩固脱贫攻坚成果，助力推动乡村振兴。创新构建乡村振兴电力指数，构建农业发展、产业兴旺、生活富裕"三位一体"乡村振兴电力指数，全面感知农村居民活动状态、透视农业产业经营活动，形成乡村振兴电力指数体系，被国家乡村振兴局作为典型在全国推介。推进能源产业化示范建设，依托能源项目建设，带动上下游产业链完善升级，增加财政收入与劳动就业，兰考仪封、谷营、产业集聚区三个示范片区分别初步形成"清洁能源+农业产业化""多能互补+特色旅游""能源互联网+工业强县"的能源产业化典型模式。

（二）始终常怀为民之情，着力改善民生用能条件

1.民生用能条件不断改善

党的十八大以来，河南始终把保障和改善民生作为能源发展的根本出发点和落脚点，着力加强民生用能基础设施建设。清洁取暖工作成效显著，实现北方平原地区散煤取暖基本"清零"；在集中供热管网覆盖区域外，"宜煤则煤、宜气则气、宜电则电"协调推进清洁取暖，完成清洁取暖"双替代"改造548万户，并出台居民清洁取暖电量优惠政策，明确优惠电量来源，惠及用户1940万户。供电服务水平实现大跨越，推动用电集约管控平台全覆盖，"终端只上一套"典型经验在全国推介；电力营商环境成为金招牌，推广"三零、三省"办电模式，郑州、洛阳分获全国"获得电力"标杆、优秀城市。智慧化用能服务试点示范，依托兰考农村能源互联网平台试

点推进"能源互联网+"种植、商超、居民等特色场景建设,提供涵盖用能在线监测、问题诊断、精细化管理的一揽子能源解决方案,助力用户用能成本降低 10% 左右。

2. 生活用能水平显著提高

党的十八大以来,河南能源供应保障能力不断增强,叠加人民生活水平不断提高,居民用能需求全面提速。2012~2021 年,全省人均生活能源消费量从 244 千克标准煤增至 382.7 千克标准煤,年均增长 5.1%,快于能源消费年均增速 3.8 个百分点。其中,人均生活用天然气从 10.7 立方米增至 37.8 立方米,增长 2.5 倍;人均生活用液化石油气从 8.7 千克增至 13.9 千克,增长 60%;人均生活用电量从 402.4 千瓦时增至 703.6 千瓦时,增长 75%;人均生活用热力从 0.4 百万千焦增至 0.9 百万千焦,翻了一番;而人均生活用煤从 67.9 千克降至 31.9 千克,减少一半以上。十年来,河南人均生活用能水平显著提高,同时随着绿色低碳转型步伐的加快和环保意识的增强,居民生活用能结构持续向清洁化转变。

五 凝心聚力,能源行业治理效能开辟新路径

"分则力散,专则力全。"习近平总书记指出,要构建高水平社会主义市场经济体制,充分发挥市场在资源配置中的决定性作用,更好发挥政府作用。[①] 求变十年,河南能源行业坚持久久为功,主动发力,持续完善能源领域政策,同时依靠市场机制不断促进行业高质高效发展,切实开辟出一条治理效能提升新路径。

(一)发挥制度优势,能源体制机制改革纵深推进

1. 电力体制改革稳步前行

党的十八大以来,河南电力体制改革全面铺开,主动发挥政府作用,深

---

① 《高举中国特色社会主义伟大旗帜 为全面建设社会主义现代化国家而团结奋斗——在中国共产党第二十次全国代表大会上的报告》,2022 年 10 月 16 日。

入推进体制机制改革，取得了令人瞩目的成就。电力体制改革全面铺开，出台了河南电力体制改革综合试点方案和多个专项方案。完成省级电力交易机构股份制改造，搭建流程规范、运作透明、信息充分、便于监管的交易平台，推动构建统一开放、竞争有序的电力市场体系，电力直接交易全面启动。建立科学的输配电价形成机制，合理核定了第一、第二、第三监管周期输配电价水平。实现增量配电改革试点省辖市全覆盖，试点数量位居全国第一，市场主体数量、交易电量规模居全国前列。完成农电代管体制改革，全省所有县级供电企业划转省电力公司直管，取消了代管体制，城乡各类用电全面实现同网同价，城乡电力服务均等化水平显著提升。

2. 油气体制改革扎实推进

党的十八大以来，河南油气行业改革有序推进，脚踏实地走出了一条基于河南省情实际的创新发展道路。有序开放油气管网设施，原油、成品油管网设施向第三方开放，天然气管网实现"输销"分离，成立了河南省天然气管网公司，统筹建设省级干线管道，集约输送和公平服务能力显著提升。创新储气运营"河南模式"，率先提出"租地下库容、引海气入豫、建区域中心"天然气储气设施建设模式，被国家誉为"河南模式"向全国推广。完善居民用气定价机制，由最高门站价格管理改为基准门站价格管理，实现了与非居民用气基准门站价格机制相衔接。

（二）利用市场力量，能源行业主体活力加速释放

1. "能跌能涨"市场化电价机制初步形成

河南稳妥推进全国统一的电力市场建设，在全国首批完成电力直接交易合同的改签换签工作，形成了价格反映市场供求、引导资源合理配置的有利局面。燃煤发电上网电价更加市场化，燃煤发电标杆上网电价转为"基准价+上下浮动"的市场化价格机制，形成有效反映电力供求变化、与市场化交易机制有机衔接的价格形成机制。工商业用户全部进入电力市场，按照市场价格购电，取消工商业目录销售电价，充分发挥市场在资源配置中的决定性作用。

2. "绿色能源"参与市场化机制更趋完善

近年来，河南持续完善可再生能源市场环境，因地制宜利用市场化手段调整行业参与电力市场方式，可再生能源消纳水平不断提高。可再生能源发展的市场环境持续改善，根据河南实际情况，建立健全可再生能源电力消纳责任权重考核机制，逐步形成持续稳定的可再生能源市场需求，保障合理消纳，并连续两年超额完成国家下达的可再生能源电力消纳责任权重指标。分布式发电市场化交易试点稳步推进，推动以竞争性招标方式确定新建风电、光伏发电项目上网电价，兰考、鹤壁、禹州三地入选国家级分布式发电市场化交易试点。同时，推进分布式新能源参与调峰辅助服务市场，将省内10（6）千伏及以上电压等级并网的分散式风电、分布式光伏（不含扶贫项目）纳入市场主体范围，参与河南电力调峰辅助服务市场管理，推动新能源项目通过市场化方式优先购买煤电企业调峰资源，促进电力行业整体健康发展。

结　语

踔厉奋发十年路，奋楫争先再起航。党的十八大以来，河南能源行业保持战略定力，围绕"碳达峰、碳中和"目标，聚焦绿色低碳转型，统筹发展和安全取得历史性成就。新时代非凡的十年，河南能源生产更趋多元，安全保障能力明显增强，能源消费更加绿色，利用效率稳步提升，产供储销体系建设不断加强，逐步建立了清洁低碳、安全高效的能源体系。同时应看到，随着全面建设社会主义现代化国家迈上新征程，河南能源发展步入新阶段，能源供需将长期面对省内资源匮乏、传统能源产能结构性过剩等诸多问题，能源保供及清洁替代任重而道远，要实现"碳达峰、碳中和"仍需要付出巨大努力。

"备豫不虞，为国常道。"当前，世界百年未有之大变局加速演进，世界之变、时代之变、历史之变的特征更加明显。在新的历史方位上践行新时代能源行业的历史使命，河南能源行业将继续高擎习近平新时代中国特色社会主义思想伟大旗帜，深入贯彻落实党的二十大精神，以习近平生态文明思想和"碳达峰、碳中和"要求为指导，纵深推进能源革命，锚定能源强国建设和新型能源体系建设目标，加快构建绿色多元能源供应体系，加速推进能源消费低碳化转型。同时，进一步突出问题导向和系统观念，既要有防范风险的"先手"，也要有应对和化解风险挑战的"高招"，不断提高解决能源发展矛盾问题的能力，保持能源产业链供应链稳定，推动全省能源高质量发展，推动生态文明建设再上新台阶。

参考文献

习近平：《高举中国特色社会主义伟大旗帜　为全面建设社会主义现代化国家而团结奋斗——在中国共产党第二十次全国代表大会上的报告》，2022 年 10 月 16 日。

习近平：《把握新发展阶段　贯彻新发展理念　构建新发展格局》，《求是》2021 年第 9 期。

楼阳生：《牢记嘱托　奋勇争先　更加出彩》，2022 年 8 月 28 日。

河南省人民政府：《关于印发河南省"十四五"现代能源体系和碳达峰碳中和规划的通知》，2021 年 12 月 31 日。

河南省统计局：《清洁能源快速发展　节能降耗成效显著——党的十八大以来河南能源发展成就》，2022 年 9 月 29 日。

行业发展篇
Industry Development

B.3
2022~2023年河南省煤炭行业
发展形势分析与展望

李虎军 司佳楠*

摘　要： 2022年，面对复杂的煤炭供需形势，河南煤炭行业贯彻落实党的二十大精神和省委、省政府决策部署，坚持"保量"和"稳价"两手抓，积极挖掘增产潜力，加快推进储煤设施建设，及时出台中长期合同全覆盖等政策，为稳住经济大盘提供坚强有力的能源支撑。2023年，是全面贯彻落实党的二十大精神开局之年，河南经济发展总体向好。初步判断，全省煤炭产能有序释放，煤炭中长期合同价格总体平稳，煤炭供需整体平衡。党的二十大提出，要加强煤炭清洁高效利用，协同推进降碳、减污、扩绿、增长，河南煤炭行业应扛牢能源保供和绿色转型双重任务，突出稳、绿、优、新，充分发挥煤炭"压舱石"作用，确保煤

---

* 李虎军，工学硕士，国网河南省电力公司经济技术研究院高级工程师，研究方向为能源电力规划与供需分析；司佳楠，工学硕士，国网河南省电力公司经济技术研究院工程师，研究方向为电力市场与供需分析。

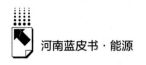

炭行业在"变"中行稳致远，为现代化河南建设提供优质可靠的能源保障。

关键词： 煤炭行业　保量稳价　稳产增储　河南省

2022 年，面对全球煤炭市场供需紧张、煤炭价格高位运行、夏季极端高温及疫情反复等复杂严峻的内外部环境，河南煤炭行业深入贯彻落实党的二十大精神和省委、省政府决策部署，全力做好煤炭增产增供，持续完善煤炭产供储销体系，促进煤炭价格逐步回归合理区间，确保了能源安全稳定供应。2023 年，河南经济发展和能源需求总体向好，河南应充分发挥煤炭"压舱石"作用，以煤炭供应"保量""稳价"和清洁高效利用为重点，扛牢能源保供和绿色转型双重任务，保障煤炭生产、加工、流通、消费全环节平稳运行，提升煤炭行业转型升级和创新发展能力，为河南省经济持续稳中向好提供坚强能源保障。

一　2022年河南省煤炭行业发展情况分析

2022 年，河南煤炭行业深入贯彻落实党中央国务院关于能源保供的决策部署，着力在煤炭稳产、增储、保供、稳价方面发力，煤炭产量稳中有升，一批煤炭重大基础设施加快建设，首次实现了发电供热企业煤炭中长期合同全覆盖，把煤炭兜底保障作用落到实处，全省煤炭供应的"基本盘"更加稳固。

（一）煤炭生产总量保持稳中有升

2022 年，河南省贯彻落实国家关于煤炭稳产增供的政策要求，在保障安全的前提下推动省内煤矿有序复产增产，省内煤炭生产总量稳中有升。1~10 月，省内煤炭产量为 8136.1 万吨，较上年同期增长 5.1%。分阶段看，1~5 月，受安全、改造等因素影响，全省煤炭产量阶段性回落，同比增长

-2.5%;6月,随着省内煤矿安全改造项目的竣工验收,以及省内新增产能的稳步推进,省内煤炭产量较上年同期明显上升(见图1)。第三季度,全省加快推进煤炭稳产增供,省内煤炭产量2513.8万吨,同比增长13.5%。初步判断,2022年全省原煤产量为1亿吨左右,同比增长5%。

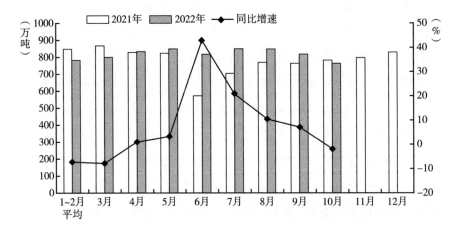

图1　2021年和2022年1~10月河南省原煤产量及同比增速

资料来源:国家统计局公布数据。

(二)煤炭基础设施建设加快推进

2022年,河南把煤炭稳产增储作为重中之重,按照"三个一批"要求,加快实施重大项目建设。煤矿建设方面,加快推动平煤集团夏店矿配套选煤厂、梁北二井、郑煤集团告成矿产业升级改造、神火集团梁北煤矿选煤厂改扩建等重点项目,平煤集团梁北二井项目进入联合试运转。同时,加快推进现有老旧矿井开展智能化改造,助力煤炭生产减人增效。煤矿安全改造方面,积极争取更多中央预算内资金用于煤矿安全改造项目,加快项目实施进度。煤炭储备基地建设方面,加快推进南阳(内乡)储备基地一期改扩建铁路专用线及配套系统建设,年底前预计新增静态储备能力50万吨。加快推进豫西储备基地项目建设,具备新增60万吨储煤条件。加快推动南阳西峡、周口、信阳淮滨、济源等煤炭储备基地前期工作,2022年底前全部具备开工建设条件。

（三）煤炭价格基本稳定在合理区间

2022 年，河南省坚决贯彻落实党中央、国务院关于做好煤炭保供稳价的工作部署，省内煤炭价格整体回落，波动范围明显缩小，为全省经济稳中向好发展提供了保障。从全国看，受国际煤炭价格大幅上涨影响，1～10月，全国共进口煤炭 2.3 亿吨，同比下降 10.5%。2 月以来，国家密集出台《关于进一步完善煤炭市场价格形成机制的通知》《关于明确煤炭领域经营者哄抬价格行为的公告 2022 年第 4 号》《关于做好 2022 年能源中长期合同签订履约工作的通知》等政策文件，煤炭价格水平保持比较稳定的态势。从省内看，河南省发布《关于贯彻落实国家发展改革委煤炭市场价格形成机制有关事宜的通知》，明确将 600～760 元/吨（5500 千卡，含税）作为河南省动力煤出矿环节中长期交易价格合理区间；持续加强市场监管，组织煤炭企业和发电供热企业首次实现了中长期供需合同全覆盖，省内动力煤炭价格逐步稳定至 900～1000 元/吨（见图 2），稳定了煤炭和发电供热市场预期，保障了发电供热用煤供应的长期稳定性、可靠性和可持续性。

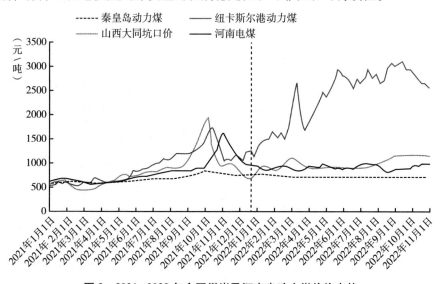

图 2　2021～2022 年全国煤炭及河南省动力煤价格走势

资料来源：国家统计局公布数据。

（四）煤炭供需总体保持基本稳定

煤炭供应方面，2022年，国家大力支持煤炭行业增产保供，督促产煤省将增量落地形成常态化的产能，加大煤价调控力度引导动力煤价格回归绿色区间，明确发电供热企业年度用煤应实现中长期供需合同全覆盖，督导地方国有企业、民营企业严格执行中长期合同，为河南省做好煤炭供应奠定了基础，有效缓解了全省煤炭市场供需紧张局面。煤炭需求方面，受超预期因素、极端高温等影响，煤炭消费波动较大，消费增长保持在合理区间，全省煤炭产销量基本持平。其中，上半年受全国多地疫情散发、跨省货运周期拉长、楼市低迷等因素影响，全省粗钢、钢材、水泥、平板玻璃产品产量分别下降10.9%、7.9%、2.5%、6.2%，全省用煤需求低于上年同期水平。入夏期间，受经济加速回升、持续性大范围高温天气、外来电力不足等因素影响，全省电煤消费明显增加，通过采取各种调节手段，全省电煤库存长期保持在可用天数大于20天的较高库存（见图3），有力保障了电力的安全稳定供应。第四季度，随着省内稳产、增储、保供、稳价等措施的稳步实施，全省煤炭供求关系持续改善，煤炭供应有效满足了经济社会的发展需要。

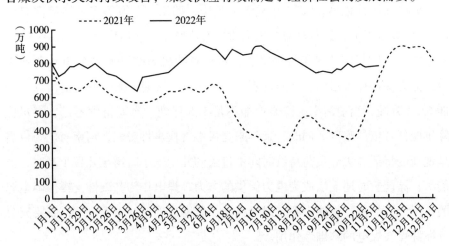

图3　2021~2022年河南省电煤库存走势

资料来源：国家能源局河南能源监管办公室公布数据。

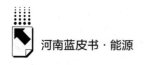

二 2023年河南煤炭行业发展形势展望

煤炭是河南的主体能源和重要工业原料,党的二十大报告指出,要加强煤炭清洁高效利用,协同推进降碳、减污、扩绿、增长。2023年,河南煤炭行业在保障能源安全、煤炭煤电上下游协同发展、煤炭清洁高效利用、行业数字化转型等方面面临一系列新机遇新挑战。全省煤炭行业将深入落实党的二十大精神,积极推动煤炭行业高质量发展,预计煤炭生产能力持续提升,煤炭价格基本面保持相对稳定,煤炭供需总体相对平衡。

(一)2023年河南省煤炭行业发展形势

1.煤炭在能源转型中稳定器的作用更加显著

从国际看,受俄乌冲突影响,欧盟国家纷纷转向供给相对有保障且廉价的煤炭,多国加大煤炭购买力度,造成近年来国际煤价节节攀升。2022年9月,澳大利亚纽卡斯尔港5500千卡动力煤炭价格突破440美元/吨,刷新历史高位。从国内看,2021年以来,受经济复苏、极端气候等因素影响,国内能源供需持续偏紧。2022年夏天,重庆、四川、上海等多地连续多日气温高达40度以上,连日高温让电力供应急剧紧张,四川作为水电第一大省,水电在丰水期遭遇了多年最少来水,占全省装机80%的水电发电量急速下滑,能源保供任务艰巨。从省内看,"十三五"时期,河南累计退出煤炭产能6334万吨,当前河南省煤炭产能不足1.5亿吨,产能裕度不足,煤炭保障供应任务依然艰巨。同时,近年来受极端气候事件影响,河南省电力供需呈现新的特征,尖峰负荷持续时间由过去的几十个小时增至几百个小时,新能源、储能暂时还无法成为电力保供的主力,煤电作为基础性支撑保障电源的作用无以替代。整体来看,煤炭仍然是能源安全的"压舱石",需要充分发挥好煤炭煤电的基础性作用。

2.支持煤炭行业健康发展的政策机制更加完善

在煤炭行业上游,2022年《关于进一步完善煤炭市场价格形成机制的通知》明确，长协价中枢由535元/吨上调至670元/吨，涨幅达25%，煤企盈利水平较2017~2020年有明显提升，全省骨干企业的负债率将继续下降。2022年10月，河南省人民政府办公厅《关于优化煤炭资源配置的实施意见》提出，为解决煤矿后备资源短缺、采掘接续紧张等突出问题，河南将进一步优化煤炭资源配置，对适宜整体开发的煤炭资源，采取竞争性方式出让，并优先向安全、绿色的煤矿配置资源，这将有效解决全省资源枯竭煤矿难题，筑牢煤炭稳产保供基础。在电力等煤炭行业下游产业，2022年河南省人民政府办公厅《关于促进煤电行业持续健康发展的通知》聚焦煤电企业融资困难、燃料成本上升、价格疏导不畅等突出问题，提出12项举措，支持煤电企业纾困解难，促进煤电行业持续健康发展。《河南省贯彻落实稳住经济一揽子政策措施实施方案》提出"十四五"期间加快推进新增煤电项目规划建设，重点在豫南、豫东布局一批对电力系统安全保障作用强、条件成熟的煤电项目，改善全省供电紧张的局面。整体来看，一系列政策措施有利于稳定煤炭市场上下游预期，提高煤炭、煤电行业盈利能力和健康发展水平。

3. 煤炭清洁高效利用的绿色转型路径更加明确

河南省以煤炭为主的能源结构决定了煤炭行业的重要性，《关于"十四五"推动石化化工行业高质量发展的指导意见》《河南省"十四五"现代能源体系和碳达峰碳中和规划》等重要政策文件相继出台，为河南省新时期煤炭清洁高效利用指明了方向。煤炭柔性生产方面，面对能源绿色低碳转型过程中的弹性需求与突发事件冲击，亟须探索煤炭资源的柔性保供与韧性生产能力，促使煤矿由高产、高效矿井向柔性矿井转变，确保全年煤炭供应安全。燃煤发电方面，煤电机组作为河南省主力电源除担任电力供应主体责任外，还要为可再生能源消纳提供灵活调峰服务，煤电将向超高参数燃煤发电、高灵活智能燃煤发电以及燃煤高效低成本多污染物联合控制方向发展。现代煤化工方面，因地制宜推进煤化工与"绿氢""绿电"等产业协同发展，利用煤化工加工过程中所排二氧化碳纯度高、捕集成本低等特点，开展二氧化碳规模化捕集与封存、驱油驱气和制氢等技术应用示范，推动煤化工与电力、建材、冶金、盐化工、节能环保等行业耦合发展，打破传统煤化工、天然气化工和石油化工行业壁垒，提高资源循环利用效率，形成适合区域性资源禀赋的新型集群产业。未来，全省煤炭行业应在升级换代、低碳利用、负碳固碳和跨界融合等方向开展工作，坚定走煤炭高效利用之路。

4.煤炭智能化数字化转型需求更加迫切

煤矿智能化建设能够实现机器人、人工智能等新一代信息技术与现代煤炭开发技术的深入融合，实现煤矿少人、无人开采。根据2020年国家发展改革委等联合印发的《关于加快煤矿智能化发展的指导意见》，到2035年，我国各类煤矿将基本实现智能化。河南紧抓煤矿智能化发展机遇，出台了《河南省煤炭智能化建设三年行动方案（2021—2023年）》，全国71处首批智能化示范矿井中河南已建成3处，建成安全生产标准化达标煤矿131处，生产煤矿达标率100%，提升开采效率，促进减人增效。煤炭行业数字化转型以煤矿智能化建设为基础，基于"数据+算力+算法+应用场景"，可解决煤炭"产、运、储、销、用"全过程、全生命周期涉及的技术难题。协同煤矿智能化建设和数字化转型，可提升煤炭企业生产组织与管理能力，打破既有上下游合作链条，促进煤炭行业转型升级，促进跨部门、跨区域的生态圈合作与相互渗透，使煤炭工业焕发持久的生命力。

（二）2023年河南省煤炭行业发展预测

2023年，河南省将紧紧围绕煤炭增产、保供、稳价和安全等重点领域，积极探索煤炭行业发展新路径，努力推动煤炭行业高质量发展，为推动河南省"两个确保""十大战略"重大决策部署落地，服务现代化河南建设提供坚强支撑。

煤炭生产能力显著提升。随着全省煤矿核增产能释放、在建煤矿逐步投产、临停煤矿有序复产，全省全年生产原煤总量将达到1亿吨左右。

煤炭消费总量保持基本稳定。按照《关于完整准确全面贯彻新发展理念做好碳达峰碳中和工作的意见》，河南省将在国家下达的"十四五"煤炭消费总量控制目标下，加快煤炭减量步伐，坚决遏制"两高"行业盲目发展，科学控制煤炭消费增长，推动煤炭清洁高效利用。与此同时，河南省在稳经济一揽子政策等利好影响下，经济发展稳中向好，煤炭需求的宏观基本面也将持续改善。总体来看，2023年全省煤炭消费总量保持基本稳定。

煤炭价格基本面保持相对稳定。在长协煤稳定兜底情况下，中长协煤炭价格基本保持稳定，下游电厂供煤得到保障，库存可维持较高水平。随着煤炭资源优先向长协煤倾斜，参与电煤保供煤矿数量不断增多，从而挤占市场煤空间，市场煤价格存在小幅上涨的空间。

煤炭供需总体相对平衡。2023年，在国家各项保供政策指导下，产煤省份将深入推进煤炭增产增供和安全生产工作，稳步释放煤炭产能，预计国内动力煤库存充足、煤炭物流保通保畅，为河南外购煤炭创造了良好的外部条件。同时，省内煤炭生产能力不断释放，预计原煤生产总量在1亿吨左右，煤炭供应相对充足。综合来看，2023年全省煤炭需求整体维持2022年水平，而煤炭供应将有所增长，煤炭供需总体趋于相对平衡。

三 河南省煤炭行业发展对策建议

党的二十大报告提出，要深入推进能源革命，加强煤炭清洁高效利用，加快规划建设新型能源体系。2023年，面对煤炭行业发展新机遇新挑战，河南煤炭行业应深入贯彻党的二十大精神，突出稳、绿、优、新，发挥煤炭"压舱石"作用保障能源安全，促进煤炭清洁高效利用和减污降碳，提升煤炭产业链韧性和发展质量，推动煤炭科技创新发展，服务全省经济社会发展和能源转型大局。

（一）突出"稳"字，夯实煤炭行业供应保障能力

煤炭是关系国计民生的重要初级产品，煤炭占河南省能源消费的比重达到60%以上，提升煤炭保供能力，对于保障能源供应安全，稳定经济发展意义重大。一是扎实推进煤炭增产增供。坚决贯彻落实煤炭增产增供政策，重点保障全省骨干煤矿稳产满产，助力达产率较低的煤矿进一步释放产能。

二是加大煤炭外购力度，鼓励用煤企业和晋、陕、内蒙古等煤炭主产省份签订战略合作协议，形成可持续的煤炭供应格局。优化煤炭运力结构，借助省内骨干重载铁路运输能力，持续降低中长距离公路运输量，推动铁路专线与煤矿、储运基地、用煤企业充分衔接。三是加快省内煤炭储运基地建设。坚持因地制宜的发展方向，推动在煤矿、用户、交通枢纽等地建设煤炭储运基地，推动煤矿、物流等企业新建、改扩建储备基础设施，持续提升煤炭储运和应急保障能力。四是超前布局规划煤电项目，继续淘汰老旧煤电，发挥煤电在保障电力系统安全运行的"压舱石"作用。

（二）突出"绿"字，提升煤炭行业低碳发展能力

"双碳"背景下，可再生能源替代化石能源是必然趋势，煤炭高质量发展必须顺应这一历史进程。一是充分利用煤矿采空区、枯竭煤矿发展风电、光伏等可再生能源，实现煤矿转型与综合能源开发、生态保护和产业转型相协同，加快构建源网荷储一体化和多能互补发展新格局，探索煤炭采空区、枯竭矿井二氧化碳封存技术。二是科学推进传统能源和新能源一体化发展。加快在运煤电机组"三改"联动，提升电力系统调节水平。推进新增风电、光伏等新能源建设指标向传统能源企业倾斜，促进一体化协同发展。三是科学推进煤炭消费减量替代。强化重点行业用能监测预警，加快淘汰传统行业落后产能，坚决遏制"双高"产业盲目发展，着力压减"双高"企业煤炭消费量。大力推进钢铁行业、建材行业用煤及农村散煤替代。四是加强工业节能降碳管理。在工业领域推广节能低碳技术和工艺，完善绿证认证制度，引导工业用户和各类园区充分开发利用分布式可再生能源，探索建立以碳排放总量和碳排放强度为约束的减排机制，促进绿色制造体系建设。

（三）突出"优"字，提升煤炭行业整体发展能力

以煤为主的基本省情，决定了河南省不仅要充分发挥煤炭在能源系统中"压舱石"作用，还需不断优化煤炭产能布局，推进煤炭清洁高效利用，提升煤炭行业的整体发展水平。一是推进煤炭产能从规模性控制向结构性优化

转变，持续淘汰落后产能，加快释放优势煤种产能，分类处置 30 万吨/年以下矿井，确保煤炭年产能维持在 1.4 亿吨左右。二是推动煤炭产品结构性优化，加快骨干煤炭企业非煤产业转型升级，加快布局高性能纤维材料、碳基半导体基地，延长产业链。三是加快煤炭和煤化工一体化发展。以低碳化、多元化、高端化为导向，在新技术研发及规模化利用方面尽快形成突破，提高煤炭的综合利用效能。四是创新煤矿循环经济新模式，探索尾矿、半生矿及煤矸石综合利用，强化煤矿采空区综合治理。

（四）突出"新"字，提升煤炭行业创新发展能力

做好煤炭发展大文章，必须推动煤炭科技创新发展，不断突破煤炭清洁高效低碳利用关键技术。一是加快形成创新引领优势。超前开展前沿科学和体制机制研究，以数字化、智能化、信息化为方向，开展资源整合和技术攻关，加快推动行业从传统技术应用向创新策源方向转型。二是推进煤炭产业数字化融合发展。紧抓数字化转型机遇，加快煤矿智能化改造、设计和绿色矿山建设，提高智能化绿色煤矿比重，提高煤炭生产效率和安全水平。三是推进降碳技术应用。强化在碳捕集与封存技术应用、二氧化碳驱替煤层气、加氢制甲醇等方面技术攻关和示范应用，进一步扩展煤炭清洁低碳利用新空间，力争走在全国乃至世界前列。四是加快制度创新，加强能耗双控政策与"双碳"目标衔接，争取尽早实现能耗"双控"向碳排放"双控"转变，形成促进减污降碳的合理政策机制。

参考文献

国务院：《"十四五"节能减排综合工作方案》，2021 年 12 月 28 日。

国务院：《2030 年前碳达峰行动方案》，2021 年 10 月 24 日。

国务院办公厅：《关于进一步盘活存量资产扩大有效投资的意见》，2022 年 5 月 19 日。

工业和信息化部等六部门：《关于"十四五"推动石化化工行业高质量发展的指导

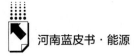

意见》，2022年3月28日。

国家发展改革委：《关于进一步完善煤炭市场价格形成机制的通知》，2022年2月24日。

国家发展改革委，《关于明确煤炭领域经营者哄抬价格行为的公告2022年第4号》，2022年4月30日。

国家发展改革委：《关于强化中长期合同管理确保电煤质量稳定的通知》，2022年7月13日。

国家发展改革委等：《煤炭清洁高效利用重点领域标杆水平和基准水平（2022年版）》，2022年4月9日。

河南省发展改革委：《河南省人民政府办公厅关于促进煤电行业持续健康发展的通知》，2022年8月23日。

河南省发展改革委：《关于贯彻落实国家发展改革委煤炭市场价格形成机制有关事宜的通知》，2022年6月23日。

河南省人民政府：《河南省"十四五"现代能源体系和碳达峰碳中和规划》，2021年12月31日。

河南省人民政府：《河南省全面加快基础设施建设稳住经济大盘工作方案》，2022年7月28日。

河南省人民政府：《河南省贯彻落实稳住经济一揽子政策措施实施方案》，2022年5月31日。

河南省人民政府：《河南省用能权有偿使用和交易试点实施方案》，2022年4月26日。

河南省发展改革委：《关于加强能源和煤炭指标保障支持重大项目建设的通知》，2022年1月21日。

河南省人民政府办公厅：《关于优化煤炭资源配置的实施意见》，2022年10月10日。

B.4
2022~2023年河南省石油行业
发展形势分析与展望

路尧 邓方钊*

摘　要： 2022年，受国际地缘冲突和新冠肺炎疫情等超预期因素影响，国际油价高位震荡，省内成品油消费需求整体不振。面对各种风险挑战，河南全面贯彻落实党的二十大精神和党中央关于能源保供的决策部署，坚持稳中求进工作总基调，全力保障原油稳产和成品油供应，推动石油化工产业链延链强链，抢抓机遇布局绿色氢能产业，为稳住经济大盘做出了积极贡献。2023年，是全面贯彻落实党的二十大精神开局之年，经济发展的有利因素明显增多，成品油消费有望止跌回升、恢复增长。河南石油行业应抢抓历史机遇，在做好油品安全有序充足供应的同时，稳步推进石油化工行业绿色转型，加强科技创新培育现代产业集群，推动石油化工行业高质量发展。

关键词： 石油行业　保供稳产　绿色低碳　河南省

一　2022年河南省石油行业发展情况分析

2022年，面对错综复杂的外部环境、艰巨繁重的转型发展任务，河南

---

* 路尧，工学硕士，国网河南省电力公司经济技术研究院工程师，研究方向为能源电力经济与企业发展战略；邓方钊，工学硕士，国网河南省电力公司经济技术研究院工程师，研究方向为能源经济与电力供需。

石油行业全面贯彻落实党的二十大精神和省委、省政府决策部署，全力稳产增供保障原油及成品油供应，石油供需保持宽松态势，着力补链延链强链推动传统产业优化升级，加快推动石化产业绿色低碳转型，全省石油行业呈现稳中有进的良好态势。

（一）油品供需保持宽松平衡

成品油消费呈下降态势。2022 年，河南省新能源汽车规模不断增大，郑州、濮阳、洛阳等多个地市的新能源汽车市场渗透率超过 30%，高于全国 20% 的平均水平，新能源汽车对燃油车的替代作用逐步增强，同时受全省疫情防控影响，防控时段内人员出行和车辆流动大幅减少，全省成品油消费明显下降。1~10 月，全省成品油销售量约 1032 万吨，同比下降 26%。考虑全省经济发展态势和新能源汽车对燃油的替代效应，初步预计 2022 年全省成品油销售量 1320 万吨，同比下降 22.2%。

原油生产及加工保持相对稳定。原油生产方面，省内中原油田和河南油田资源枯竭，稳定产能是其主要生产目标，1~10 月，全省原油产量 160 万吨，同比增长 1.3%，保持基本稳定。原油加工方面，省内炼化产能相对充足，1~10 月，全省规模以上工业原油加工量 720.7 万吨，同比增长−2.9%，高于全国平均增速 1.6 个百分点。其中，规模以上工业汽油产量 177.0 万吨、同比下降 6.4%，柴油产量 173.1 万吨、同比下降 2.5%，煤油产量 40.1 万吨、同比下降 17.1%。初步判断，2022 年全省原油产量 190 万吨左右，原油加工量 915 万吨左右，与上年基本持平。

石油基础设施不断夯实。新增原油产能方面，中石化河南石油勘探局采油一厂南阳区域产能建设工程（官庄工区）开工，新钻采油井 204 口，勘探井 42 口，新增原油产能 25.68 万吨。新增成品油储备方面，河南瑞孚清洁能源有限公司新建成品油储备库项目，建设 6 座 5000 立方米，2 座 4500 立方米，以及 2 座 500 立方米地上立式内浮顶油罐，新增 4 万立方米成品油储备容量。新增输油管道方面，洛阳—新郑国际机场航煤管道项目开工，建成后将新增输油管道 185 公里，新增输量 330 万吨/年。

多措并举筑牢保供防线。在油品流通调度、标准化作业、油气田安全检修等方面持续发力，打造安全有序石油生产环境，确保了全省石油有序供应。一是畅通物流确保油品流通，针对疫情防控造成铁路运力紧张的客观局面，在向外确保柴油管输量稳定的前提下，积极与铁路部门沟通协调，加大输送力度。二是重点做好高温天气异常情况排查，对石油化工工艺、设备进行全覆盖检查和有效监控，持续优化生产。三是提升标准化管理水平，深化钻井、地面、检修等现场标准化作业，做好油气田安全检修，确保油气田安全生产。

（二）成品油价格呈现高位震荡

2022年以来，受俄乌冲突等国际地缘政治影响，国际原油价格强势上行，3~6月原油价格逐步达到顶峰，随着美联储加息引发市场对全球经济前景的担忧，下半年油气市场价格波动回落。总体来看，1~10月，国际油价冲击顶峰后呈现高位震荡小幅下降，整体价格水平高于上年同期45.5%（见图1）。受国际油价波动与价格联动机制影响，河南成品油价格高位波动后小幅下降。截至2022年10月，国内成品油价格共上调12次，下调7次，整体价格水平高于上年同期20.4%（见图2）。

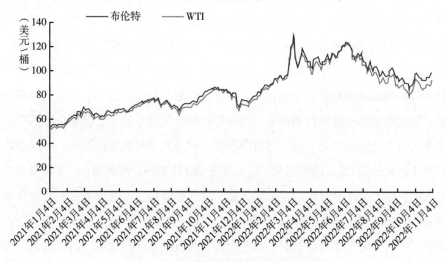

图1　2022年国际原油期货价格走势

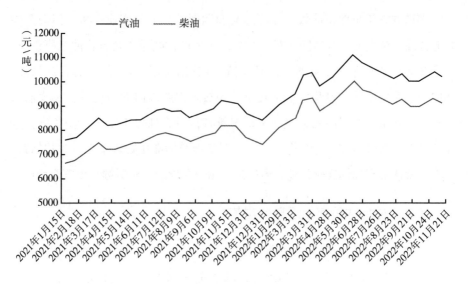

图2　2022年河南汽柴油价格调整情况

资料来源：《2022年国内成品油价格调整日历》，中国金融信息网。

（三）石化产业着力补链延链强链

石化产业链涉及面广、带动性强，涉及化肥农药、国防军工、日常用品等各方面（见图3），对于保障国民经济稳定运行至关重要。2022年，河南着力推动省内石化产业补链延链强链，取得一系列突破性进展。乙烯供应方面，洛阳石化全力推进百万吨乙烯项目落地，积极推进生物可降解聚酯材料（PBST）项目和芳烃产业链升级。石油基可降解材料供应方面，河南周口郸城重点建设石油基可降解材料研发、可降解材料应用技术研发、降解模拟试验三大平台。石油树脂供应方面，河南濮阳开工建设石油树脂生产基地，一期建设年产2万吨改性C5石油树脂及年产2万吨DCPD加氢石油树脂，二期建设年产2万吨多品级ASA高胶粉。为保障石化产品供应链稳定，河南省化工企业重点培育专、精的竞争优势。聚丙烯Y35X材料供应方面，洛阳石化积极应对疫情，调整生产方案转产增产该材料，生产出国内外首款不含塑化剂、有机锡的高端医卫用"中国红口罩"，卫生、安全、环保的突出优点成就了新的"洛阳制造"。

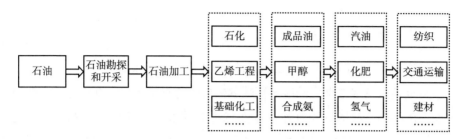

图3 石化行业产业链示意

（四）发力抢滩布局绿色氢能产业

石化企业具有生产低成本氢气的优势，河南省作为化工大省，焦炭、甲醇、合成氨、烧碱等产业年副产氢气约55万吨，品质好、价格低，为省内石化行业依托氢能实现绿色低碳发展提供了充足保障。在副产氢基础上，发力布局可再生能源制"绿氢"，是传统石化企业绿色转型的重要路径。2022年1月，中原油田风电制氢等4个项目列入全省第一批可再生能源制氢示范项目，该项目可有效盘活中原油田井场等土地资源，为郑汴洛濮氢走廊节点城市及周边地市提供充足"绿氢"供应。郑州城市群燃料电池车示范应用启动实施，郑州市氢能科技产业园开工建设，是郑州市首座集加油、加氢于一体的综合能源加注基础设施。中石化新乡南二环油氢电合建站开工建设，是河南首座集油、氢、电、光伏于一体的综合加能站，助力石化行业绿色低碳发展。

二 2023年河南省石油行业形势展望

党的二十大报告指出，要加大国内油气资源勘查力度，推动国内增储上产，深入推进能源革命，有计划分步骤实施"碳达峰、碳中和"，协同推进降碳、减污、扩绿、增长，这对河南石油化工行业来讲，既是机遇也是挑战。河南石油化工行业将全面贯彻落实党的二十大精神，持续做好原油稳产及油品供应，着力优化升级产业链条，预计2023年河南石油供需将继续保持整体平衡的态势。

（一）面临形势

1.行业上游增储上产，为全省石油充足供应提供了新保障

从近期全球多地爆发的能源短缺危机看，化石能源仍将发挥基础支撑和兜底保障作用。我国石油对外依存度高达70%以上，只有不断提升石油的自给能力，才能端牢能源饭碗。近年来，随着我国油气行业增储上产"七年行动方案"的稳步实施，国内石油行业不断加大上游勘测开发投资和技术投入力度，上游勘探规模不断扩大，我国原油产量已连续三年保持正增长。受益于国际油价持续攀升，2022年石油行业经营业绩全面回升，为行业增加上游勘探投资、增储上产注入了活力。国务院《2030年前碳达峰行动方案》提出，要加快推进煤层气、页岩气等非常规油气资源规模化开发，党的二十大报告提出，要加大国内油气资源勘查力度，推动国内增储上产，更好发挥重要能源资源自给能力。当前，河南省正处于工业化中期向工业化后期快速推进的攻坚期，石油消费仍将保持增长，国内石油勘探能力的持续提升和非常规资源的开发，将为河南省油品充足供应提供保障。

2.绿色低碳技术迭代，为石化行业创新发展开创了新局面

加快构建资源消耗少、环境污染低、科技含量高的绿色低碳生产体系，是石化行业实现"碳达峰、碳中和"目标的内在需求。我国《科技支撑碳达峰碳中和实施方案（2022—2030年）》明确指出，要研究突破一批碳中和前沿和颠覆性技术，形成一批具有显著影响力的低碳技术解决方案和综合示范工程。石化行业涉及的诸如碳捕集、利用与封存及二氧化碳资源化利用、高效催化分离技术、节能降碳技术、氢能技术、可降解塑料技术、原油冶炼短流程技术、多能耦合过程技术、废弃化学品循环利用、现代控制和信息技术等关键技术领域将得到进一步重视，必将推动石化行业科技创新形成多点突破、由点及面的新发展格局。以氢能为例，《关于"十四五"推动石化化工行业高质量发展的指导意见》明确将可再生能源制氢作为石化行业的发展重点，河南省抢抓氢能产业发展重大机遇，着力打造郑汴洛濮氢走廊，提出到 2025 年氢能产业链相关企业达到 100 家以上，氢能产业总产值突破 1000 亿元，将为河南石化行业创新发展开创新局面。

3. 多维行业深度融合，为传统石化产业升级提供了新模式

石油化工产业链条广，可与资源综合利用、电力、新能源、新材料等行业深度融合发展，开创传统石化行业融合升级新模式。石化行业和电力、新能源行业耦合发展方面，以风电、光伏、电化学储能、新能源汽车为代表的新能源产业带动了大量化学品的需求，拓展了石化产业发展空间。同时，石化产业也可以利用可再生能源代替石油等化石能源，降低碳排放量；利用化石能源的调节特性，解决新能源出力不稳定的问题。当前，中国石化集团提出"一基两翼三新"发展布局，以能源资源为基础，以现代化工和清洁油品为"两翼"，以新材料、新能源、新经济为新的增长极。中国石油集团正在加快推进从"油气"向"综合能源"的供应商转型，推动新材料、新能源快速发展。低碳经济时代，石油化工企业积极布局绿色甲醇、生物质燃料、绿氢、绿氨等脱碳燃料业务，多产融合发展为河南省推动石化升级改造，打造高端新型化工基地，谋划石化接续项目提供了新模式。

4. "双碳"目标约束趋紧，为石化产业政策制定带来了新课题

当前，河南仍处于工业化发展的中期，石化产业初级产品需求还仍未达到饱和状态，交通用油、生活用日化产品、产业升级用复合材料及功能性化学品等需求仍将保持刚性增长，还需要扩大乙烯等部分产品的生产规模。长远来看，在"双碳"目标下，能耗高、碳排放量大的存量产能面临着加速退出的风险，但在一定时期内仍将发挥创造价值、提供就业、稳定产业链供应链的作用，新增产能同样面临"盲目转型"、无序竞争、低水平重复建设的问题，亟须改变转型路径。如何更好地兼顾近期和长远、整体和局部，避免"一刀切"，有针对性地加快存量产能转型升级，优化增量产能布局，完善与"双碳"目标相适应的产业政策，降低碳排放强度和总量，并为未来的碳中和远景奠定基础，更好地促进行业清洁低碳转型，成为河南石化行业亟须面对和解决的新课题。

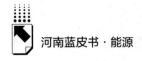

（二）2023年河南省石油行业供需形势研判

1. 原油产量保持基本稳定态势

中原油田、河南油田两大油田历经几十年的连续开采，油田开发接近尾声，目前已进入资源枯竭期，在充分挖掘现有资源潜力的基础上，预计2023年，河南省原油产量基本可保持190万吨左右。省内炼油企业所需原油仍需大量从省外调入，需继续加大与中石油、中石化等上游企业和周边省份对接，利用输油管道及其他输运途径积极争取入豫资源量。

2. 成品油供需保持宽松态势

需求方面，"双碳"目标下，电动汽车及替代能源的快速发展，成为影响石油消费快速增长的重要因素。同时，石化产品应用领域涉及国民经济各个方面，河南人均基础化工原料消费水平仍较低，具有较大发展空间。随着经济发展稳中向好，保物流畅通持续发力，居民出行、客运服务需求将继续提升，都将拉动石油消费需求增长。综合预判，2023年河南成品油销售量约为1395万吨，同比增长5.7%。油品供应方面，全国炼油产能充足，预计河南成品油供应保持宽松态势，省内炼厂成品油供应不足部分，可通过中石油兰郑长成品油管道、中石化齐鲁石化、延长石化及山东地方炼厂调入，成品油供需总体基本平衡。

3. 成品油价格仍将高位震荡

全球地缘政治形势复杂，国际油价支撑与阻力并存，整体来看，全球石油库存仍处于低位，供需整体偏紧的局面难以得到根本性逆转，预计2023年国际油价仍将维持较高位波动。综合判断，河南省汽、柴油零售价格走势与国际油价基本一致，将呈现高位震荡态势。

三 河南省石油行业发展对策建议

2023年是全面贯彻落实党的二十大精神开局之年，也是实施"十四五"规划承上启下的关键一年。面对复杂严峻国际环境、全球能源危机持续等多方面挑战，河南石油行业应全面贯彻落实党的二十大精神和习近平总书记重要讲话，多措并举保障石油及石化产品有序供应，提高石油行业本质安全水平，积极稳妥推动产业绿色低碳转型，积极培育现代产业集群，为加快规划建设新型能源体系贡献河南力量、石油力量。

（一）全力保障石油及石化产品有序供应

针对全球地缘政治复杂多变、石油供需紧张、市场不稳定等情况，河南石油化工行业应紧紧依靠国内统一大市场，持续做好保供稳价工作，加大勘探开发力度，多措并举增强石油及石化产品供应能力。一是充分挖掘省内两大油田生产潜力，加大油田区块精细勘查力度，依托"控递减"和"提高采收率"工程，保障石油持续稳产。二是立足省内省外两种资源有效保障油品需求，着力优化油品供给结构，多措并举保障石油资源平稳供应和价格稳定。加强油气市场分析，完善供需平衡预警机制，增强油气系统平稳运行能力。三是积极对接国家石化产业规划布局，谋划打造洛阳高端石化产业基地、濮阳新型化工基地、南阳特种石蜡生产基地等，提高省内成品油、乙烯、石蜡等产品产量，持续增强石油化工产业链韧性。

（二）着力提升石油化工行业本质安全水平

能源安全始终是党和国家关注的安全重点，党的二十大报告指出，要增强维护国家安全能力，确保粮食、能源资源、重要产业链供应链安全。石化产业是保障国民经济稳定运行的基础支柱产业，在产业链转型过渡的进程中，保障石化产品供应链安全意义重大。一是扎实做好输油管道安全，进一步加大督导检查力度，强化油气管道安全保护全过程的风险管控，落实好管道保护主体责任，彻底消除占压隐患，保障油品安全稳定供应。二是针对石化行业易燃易爆隐患，执行不间断巡检制度，从根源上减少危害因素，切实保障生产安全运行。三是加快核心部件关键材料研发，加强产业政策支持，推动产学研用结合，加大"卡脖子"技术攻关力度，推动石化行业供应链高质量安全发展。

（三）积极稳妥推进石化行业绿色低碳转型

在"双碳"目标和能源转型推动下，打造绿色油气田、绿色炼化产业、绿色储运体系、绿色循环体系，是石化行业迈向绿色低碳发展的重要路径。一是加速布局氢能、太阳能、风能、生物质能等可再生能源，推动省内两大油田从传统油气生产商向清洁综合能源服务商转型。打通制氢、储氢、运氢、用氢产业链，推进低碳制氢、低成本高效储运氢、油氢混合站建设，因地制宜推进太阳能、风能在油田矿区、加油站等的综合利用。适时推进生物航煤、生物柴油、燃料乙醇等生物质能规模利用。二是全面推进油气结构调整，平稳有序退出落后产能，增产特色石油产品，积极发展新能源业务，探索新材料和碳捕集、利用与封存等战略布局。三是加快推进行业减排降碳，以化工、石油开采等行业为重点，开展全流程清洁化、循环化、低碳化改造，努力推进"绿色油田""绿色炼厂""绿色加油站"建设。开展智慧化工园区试点，利用清洁生产、智能控制等先进技术改造提升现有生产装置，提高产品质量，推动节能减排。

（四）发力抢滩积极培育现代石化产业集群

培育现代石化产业集群是石化产业高质量发展的关键，河南省应打通化工产品运输链，保障化工产业发展供应链，构建化工高端产品制造产业链，打造一批具有竞争力的企业集团、化工基地和产业集群，培育形成具有中部地区特色的高端化工产业体系。一是培育高端石化产业集群，发展氟化工、氯碱化工等特色产业链，推动传统化工加快向精细化工转型。二是培育工新材料产业集群，围绕航空航天、新能源汽车、节能环保、医疗健康、消费升级等对高端化工新材料的需求，力争突破一批关键化工新材料以及关键配套原材料的供应瓶颈，通过技术改造和科研创新，优化提升现有材料性能，开发新产品，提升整体产业化发展水平。三是培育高端精细化工产业集群，发挥专用化学品领域的传统优势，推进树脂系列产品、油田化学剂等特色优势领域持续升级，培育一批产品质量优、附加值高、资源消耗低、环境污染小的细分行业领军企业。

参考文献

国家发展改革委：《"十四五"现代能源体系规划》，2022 年 1 月 29 日。

工业和信息化部等六部门：《关于"十四五"推动石化化工行业高质量发展的指导意见》，2022 年 3 月 28 日。

河南省人民政府办公厅：《关于印发河南省氢能产业发展中长期规划（2022—2035年）和郑汴洛濮氢走廊规划建设工作方案的通知》，2022 年 8 月 26 日。

中国石油经研院：《2021 年国内外油气行业发展报告》。

薛哲萌：《近期国际石油价格回顾与预测》，《国际石油经济》2022 年第 8 期。

B.5
2022~2023年河南省天然气行业
发展形势分析与展望

柴喆 刘军会*

摘 要： 2022年，河南省深入贯彻党的二十大精神，加快推进天然气管
网及储气设施建设，着力保障天然气安全稳定供应，有效应对了
全球范围内天然气资源紧张、全省天然气消费较快增长等挑战，
确保了全年天然气供需平衡。党的二十大报告提出，要加大油气
资源勘探开发和增储上产力度，加快规划建设新型能源体系，为
河南省天然气行业转型发展提供了遵循。2023年，在经济持续
恢复、能源清洁转型等多重有利因素影响下，预计全省天然气消
费将保持平稳增长态势，全年天然气消费量约135亿立方米，同
比增长4%左右。面对复杂多变的国际能源形势，河南应进一步
拓宽外引渠道，加强天然气管网建设，持续完善储气调峰体系，
强化政策统筹和引领作用，全面提升天然气供应保障能力，确保
产业健康有序发展。

关键词： 天然气行业 供应保障 外引渠道 储气调峰 河南省

一 2022年河南省天然气行业发展情况分析

2022年，河南省深入贯彻党的二十大精神，落实"疫情要防住、经济

---

* 柴喆，工学硕士，国网河南省电力公司经济技术研究院工程师，研究方向为能源经济与企业
发展战略；刘军会，工学硕士，国网河南省电力公司经济技术研究院工程师，研究方向为能
源经济与企业发展战略。

要稳住、发展要安全"的重大决策部署，全省经济运行总体向好，天然气消费量平稳增长。受俄乌冲突带来的国际形势动荡影响，全球范围内天然气资源紧张，河南天然气供需呈现紧平衡状态。整体来看，受益于全省天然气管网基础设施建设加快推进、价格机制不断完善以及服务质量不断提高，地市燃气公司智慧化转型加速推进，全省天然气供应保障能力不断增强，发展质效持续提升，全省天然气行业保持平稳健康发展的态势。

（一）天然气消费快速增长，供需关系呈现紧平衡

1.天然气消费保持较快增长

2022 年，河南高效统筹疫情防控和经济社会发展，经济运行总体稳定向好，工业生产、居民生活平稳有序，天然气消费需求稳步增长。分阶段看，第一季度，河南省天然气消费量 38.3 亿立方米，较上年同期增长 18.4%，保持了高速增长态势，其中 1 月受严寒天气影响，全省天然气消费 15.1 亿立方米，创单月历史新高。上半年，河南省天然气消费量 66.5 亿立方米，较上年同期增长 11.1%，较第一季度增速回落 7.3 个百分点，主要是受俄乌冲突影响，全球天然气供应短缺、价格上涨，天然气消费受到较大制约。1～10 月，受落实落细稳经济一揽子政策和接续措施的提振，省内工业企业运行态势持续回升，对天然气消费起到了稳定增长的作用，全省天然气消费 105 亿立方米，较上年同期增长 7.2%。第四季度，受全省清洁取暖持续推进的作用，冬季天然气消费需求仍有较大增量。初步预计，2022 年全省天然气消费量 130 亿立方米，同比增长 6.5%。

2.天然气生产量保持相对稳定

随着河南两大油田逐步进入枯竭期，省内天然气以稳产为主，同时采取有力措施实现降本增效。第一季度，受疫情反复影响，省内天然气企业生产放缓，天然气产量 0.49 亿立方米，同比下降 9.5%。上半年，全省天然气产量为 1.0 亿立方米，同比下降 3.7%，较第一季度收窄 5.8 个百分点。1～10 月，全省天然气产量为 1.69 亿立方米，同比下降 2%。初步判断，全年全省天然气产量为 2 亿立方米，与上年基本持平。

3. 全年供需呈现紧平衡态势

自俄乌冲突引发国际能源供应局势动荡以来，全国天然气供应处于紧平衡状态。随着俄罗斯对中国天然气增供和国内天然气生产持续挖潜，国内液化天然气（LNG）现货价格企稳回落，价格远低于国际天然气现货价格，天然气供应紧张局面总体有所好转，但仍处于紧平衡状态。从河南来看，随着应对新冠肺炎疫情措施不断持续，经济逐步复苏，省内天然气需求逐步释放、消费增长较快，由于省内超过98%的天然气需要从省外调入，年初河南中长期协议签订工作启动较早，预定了供暖季的增量保证民生用气，且随着省内储气设施注气并发挥作用，全省储气调峰能力大幅提升。综合考虑全省生产侧和消费侧情况，预计第四季度全省天然气仍处于紧平衡状态。

（二）天然气基础设施不断完善，保供能力稳步提升

2022年，河南省科学谋划推进天然气管网建设，持续完善储气调峰体系，持续加强与国内外气源合作，不断加强天然气供应保障能力。一是积极推进重大管道工程建设。2022年5月，西气东输三线中段天然气管道工程（河南段）打火开焊，三线中段项目自南阳市西峡县进入河南境内，途经省内西峡、内乡、邓州、新野和唐河5个县（市），河南境内线路全长238.18千米，该工程是继西气东输一线、二线之后，西气东输管道系统途经河南省的又一能源动脉。同时，河南省主动与国家管网公司沟通衔接，积极争取尽快启动苏皖豫输气管道前期工作。二是持续完善三级储气调峰体系。积极构建"地下储气库、沿海大型LNG储罐、省内区域储气中心"三级储气调峰体系，开工建设濮阳文23储气库二期项目，推动叶县盐穴储气库先导性试验进度，积极对接中海油加快建设江苏滨海大型LNG储罐项目。三是加强省内管道互联互通。有序推进省内支干线项目，周口—漯河输气管道全线贯通，镇平—邓州输气管道干线基本完成敷设，开工建设三门峡—伊川、伊川—薛店、博爱—长垣等输气管道。

（三）智慧化转型加速推进，经营质效显著提高

2022 年，河南省天然气行业加快智慧化转型步伐，各地市相继搭建了燃气安全管控平台，强化天然气网络信息系统互联互通和数据共享，切实提升智慧燃气服务水平。周口天然气公司构建以地理信息系统、数据采集与监视控制系统为主的智慧燃气安全运营管控平台，实现大数据分析、云计算以及数据互联互通，搭建了一批"看得见、摸得着、用得上"的智慧应用场景，形成了周口市天然气管网"一张图"，逐步搭建完成周口天然气管网的安全"生命线"。商丘新奥燃气构建"以场景为基础、以物联为关键、以数据为资源、以平台为载体、以智能为目的"覆盖城市天然气企业的五大业务场景，利用数字化技术手段，形成全场景、全过程的智慧管理体系，完成了从传统的"靠人管安全"模式向"靠智能系统管安全"模式的转变。豫南燃气公司依托大数据技术，打造了"1+3+N"智慧燃气新模式，即一个智慧燃气大数据中心、三大平台（生产运营平台、客户服务平台、智慧工程管理平台）、N 个模块（智慧燃气各分级管理模块），实现城市燃气服务向智慧化转变。

二　2023年河南省天然气行业发展形势展望

当前，国际天然气市场供需形势严峻，国内天然气行业在增储上产、增拓来源等努力下，展现出较强的韧性和活力，发展态势稳中有进。2023 年是全面贯彻落实党的二十大精神开局之年，经济发展的有利因素明显增多，天然气消费需求预计将不断释放，在加快规划建设新型能源体系目标下，天然气政策支撑体系将不断完善，省内天然气行业的发展环境逐步向好。但也要看到，基础设施不完善、国际天然气市场波动、省内市场化不健全等因素制约着行业的健康发展。综合来看，预计 2023 年河南省的天然气需求继续保持稳健增长态势，在多维供应体系保障下，整体供需形势可基本保持平稳有序。

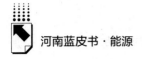

（一）面临机遇

1.天然气能源转型桥梁作用进一步凸显

研究显示，在加快规划建设新型能源体系、推动实现"碳达峰、碳中和"目标过程中，天然气将在电力、交通、工业等领域承担起能源转型过渡桥梁的作用。在电力领域，在新能源大规模发展的背景下，天然气发电运行灵活、启停时间短、爬坡速度快，是绝佳的灵活调节电源，且燃气发电的碳排放量仅相当于同热值煤炭排放的50%左右，可起到保障电力稳定供应和减污降碳的作用。在交通领域，1升汽油与1立方米天然气的热量基本相当，天然气汽车的燃料成本仅为燃油汽车的50%~70%，天然气汽车的碳排放量和有害气体排放量明显较少，天然气汽车将与电动汽车共同推动河南省交通领域低碳化转型。在工业领域，天然气主要用于冶金、食品制造、陶瓷等行业中的工业窑炉和工业锅炉，用以替代高碳的燃煤。在能源清洁低碳转型的要求下，天然气将在河南省能源转型中起到桥梁和支撑作用，具有广阔的发展空间。

2.天然气消费需求潜力不断释放

近年来，河南省天然气消费量不断增加，从2017年的104.07亿立方米增加至2022年的130亿立方米，年均增长率为4.5%，保持了中高速增长。从人均消费量来看，河南省天然气人均消费量为123立方米，仅为全国平均水平的54%左右。河南省人口基数大，新型城镇化战略、乡村振兴战略将促进燃气消费需求快速释放，天然气消费具有较大上涨空间。从天然气消费空间布局来看，河南省加快实施"气化乡村"工程，推动城区管道天然气向重点乡镇、农村新社区延伸，县域内城乡管网互联互通水平逐步提升，全省重点乡镇燃气管网全覆盖基本实现，天然气消费空间布局更加均衡。从气源保障来看，随着国家"西气东输"管线、全省天然气"1+2+6"三级储气调峰体系等设施加速落地，河南天然气产供储销体系逐步完善，天然气的市场需求潜力将进一步被激发并得到有效保障。

3. 管道燃气经营环境进一步改善

2022 年 6 月，河南省人民政府办公厅发布了《关于进一步规范全省管道燃气经营加强安全管理的意见》（以下简称《意见》），提出要通过开展管道燃气经营企业特许经营评估，推进全省管道燃气经营企业规模化、集团化整合，到 2025 年基本形成"一城一企、一县一网、城乡一体"的管道燃气建设经营格局。其中，重点要规范特许经营授予，通过市场竞争择优选择燃气经营企业，建立市场清出机制，依法依规淘汰一批合同履约差、供应保障弱、安全投入少、服务质量低、风险管控水平不高的企业。《意见》的出台将有利于推动燃气行业并购重组，逐步淘汰一批小、散、乱的燃气公司，规范市场经营秩序，提升管理服务水平，促进管道燃气城乡统筹协调发展。

（二）面临挑战

1. 基础设施网络基本形成，互联互通仍存在短板

河南省天然气基础设施网络基本形成，但仍存在一些系统性、结构性的问题，使得互联互通水平仍存在短板。从建设运营主体来看，国内天然气跨区管网、省内长距离管线、市内管网分别由国家管网公司、省级天然气管网公司、市县级天然气公司负责建设和运营，市场主体多元、互联互通性不足，特别是城市大工业用户受制约较大，对天然气安全供应和市场消费产生一定影响。从天然气基础设施完善度来看，河南省内基础设施主干网络尚未完全建成，地市间互联互通管道和县域支线有待进一步完善，城乡"最后一公里"建设滞后。总体来看，全省现有的天然气供应体系难以满足人民物质生活和社会发展的需要，亟须统筹建设完善天然气基础设施。

2. 用气成本有所抬升，产业下游企业经营承压

2022 年以来，受国际供需形势紧张影响，国际天然气价格不断飙升，国内天然气行业下游主体的用气成本不断提升，一些体量较小、发展能力较差的燃气公司面临气源采购价格高、采购议价能力弱、盈利能力差的困境，很难满足"燃气经营企业要有不低于保障其年用气量 5% 的天然气应急储备"的要求，难以在关键时刻保障稳定供气。在发电领域，即使在正常天

然气价格水平下，燃气电厂的发电成本也高于燃煤电厂，在全球天然气市场供应紧张和价格大幅上涨的情况下，燃气发电项目存在上网电价高和气源保证困难的经营难题。在玻璃、陶瓷、工业锅炉等生产领域，天然气合成氨的成本较无烟煤高35%，天然气制甲醇的成本较无烟煤高66%，煤化工的经济性优势明显。当前，全球天然气市场运行受复杂地缘政治的影响明显增大，天然气价格整体维持在较高水平，将进一步降低天然气的可负担性，导致国际、国内天然气产业下游企业承压运行。

3. 天然气市场不健全，尚未形成完善成熟机制

当前，国内已经成立了国家管网公司，初步开展了市场化改革，但与欧美发达国家相比，国内天然气市场的政策法规、监管和市场体系还需要进一步完善，仍然存在市场竞争性不足、监管体系需进一步完善的问题。其中，天然气竞争性环节尚未实现市场化定价，政府定价导向性强，需要在客观反映生产和需求关系、实现合理成本分摊方面继续完善。另外，河南省天然气先后完成存量与增量气、居民与工业用气的价格并轨运行，初步建立了政府监管与市场化调节互相补充的定价机制，但燃气电厂调峰定价等市场化定价机制方面尚需进一步完善。

（三）2023年河南省天然气供需形势预测

1. 天然气消费保持稳步增长

2023年，随着"四个拉动""五链耦合"稳经济促发展的成效逐步显现，河南省工业有望实现较快增长，工业用气需求进一步向好。随着"气化河南""气化乡村"等战略的实施，城乡居民燃气需求将保持稳定增长。总体来看，经济稳步向好、用户持续增加、应用领域广泛、清洁低碳替代等是促进天然气消费增长的主要因素，预计2023年全省天然气消费量约135亿立方米，同比增长4%左右。

2. 天然气供需基本保持平稳

俄乌冲突等地缘政治角力对全球天然气市场正常运行的影响逐步增强，但考虑到我国逐步加大油气资源勘探开发和增储上产力度，稳步拓展多方气源，其对国内的影响整体可控。预计 2023 年全省两大油田的天然气产量继续保持稳产基调，预计年产量维持在 2 亿立方米左右。随着省内燃气管网、储气应急调峰体系的持续完善以及天然气入豫通道的进一步拓宽，河南省天然气供应保障能力将不断提升，预计 2023 年全省天然气供需基本保持平稳。

三　河南省天然气行业发展对策建议

当前，全球能源供需形势正在发生深刻的变化，党中央高度重视能源安全工作，党的二十大报告提出，要加大油气资源勘探开发和增储上产力度，加快规划建设新型能源体系，习近平总书记多次强调"能源的饭碗必须端在自己手里"①。河南省天然气行业应抓住"双碳"历史契机，进一步拓宽外引渠道，加强天然气管网建设，强化政策统筹和引领作用，全面提升天然气供应保障能力，确保行业健康有序发展。

（一）巩固拓宽外引渠道，增强天然气供应保障能力

2022 年 2 月，河南省人民政府发布了《河南省"十四五"现代能源体系和碳达峰碳中和规划》，明确了天然气行业在现代能源体系中的重要作用和定位。河南省作为天然气资源匮乏省份，应当在完善省内天然气市场发展的同时，巩固扩宽天然气的外引渠道。一是以强化省外天然气资源保障为重点，继续加强与中石油、中石化等上游供应商沟通衔接，进一步扩大西气东输、榆济线、鄂安沧濮阳支线等管道气资源入豫供应量，协调中海油以代输、串换等方式为河南提供更多气源。二是推动河南省天然气储运公司开展国际采购，进一步拓宽天然气入豫渠道，积极与俄罗斯、卡塔尔、非洲等天然气生产区沟通协作，争取签订中长期协议稳定气源供

---

① 《大河奔涌，奏响新时代澎湃乐章——习近平总书记考察黄河入海口并主持召开深入推动黄河流域生态保护和高质量发展座谈会纪实》，《人民日报》2021 年 10 月 24 日。

应。三是强化天然气需求侧管理，做好供暖季需求监测调度工作，及时梳理调整调峰用户清单，保障迎峰度冬天然气供应，按照"保民生、保公用、保重点"的原则，加强天然气应急管理，合理调配资源，优先保障民生用气需求。

（二）加强基础设施建设，完善天然气储备调峰体系

河南省天然气资源匮乏，对外依存度较高，应充分抓住低碳发展的新契机，科学制定符合省情的中长期发展规划和实施路径，谋划管网设施建设，进一步完善应急调峰储气体系。一是加强与国家相关部委沟通衔接，尽快完善印发"河南省'十四五'天然气发展规划"，加强与国家管网公司沟通合作，积极配合做好西气东输三线中段（河南段）相关协调服务工作。二是持续完善县域支线及互联互通管网，积极协调解决项目建设中遇到的问题。三是深入贯彻习近平总书记关于天然气产供储销体系建设的重要指示精神，构建"地下储气库、沿海大型 LNG 储罐、省内区域储气中心"三级储气调峰体系，积极推动文 23 储气库二期项目，打造中原储气库群。根据国家沿海 LNG 接收站建设布局和河南省储气调峰需求，进一步加大国内骨干油气企业沟通衔接力度，全面形成与省内天然气消费水平相适应的储备能力。

（三）完善政策机制建设，促进天然气行业健康发展

当前，河南省基本建立了适应省情的天然气行业市场机制，但在价格形成、调峰成本引导等方面仍需要进一步完善。一是加快市场化改革进程，优化完善天然气上下游价格联动机制，鼓励工业园区、大用户天然气直供政策，大幅降低工业和发电领域用气价格。二是探索将调峰成本纳入总成本，实行天然气调峰价即时联动机制，制定调峰季节天然气终端价格随调峰气采购量和购气价格调整的即时联动方案，调动燃气企业调峰积极性，通过政策支持和市场调节两种手段来推动储气库健康发展。三是强化工业领域"煤改气"鼓励政策，积极引导工业和城市燃气领域推广应用天然气。

参考文献

国家能源局石油天然气司、国务院发展研究中心资源与环境政策研究所、自然资源部油气资源战略研究中心：《中国天然气发展报告 2022》。

国家发展改革委：《"十四五"现代能源体系规划》。

国务院办公厅：《要素市场化配置综合改革试点总体方案》。

河南省人民政府办公厅：《关于进一步规范全省管道燃气经营加强安全管理的意见》。

河南省人民政府：《河南省"十四五"数字经济和信息化发展规划》。

河南省发展改革委：《河南省全面加快基础设施建设稳住经济大盘工作方案》。

河南省发展改革委：《河南省"十四五"新型基础设施建设规划》。

B.6
2022～2023年河南省电力行业
发展形势分析与展望

邓振立 符 玉 李虎军*

摘 要： 2022年，面对复杂严峻的电力保供形势，河南电力行业坚决贯彻习近平总书记关于能源保供的重要指示精神，坚决落实省委、省政府能源保供工作部署，站位全省稳经济、促发展、保民生的大局，确保了电力供应平稳有序，为全省经济社会发展提供了坚强电力保障。2023年，随着全省经济回稳向好、能源转型步伐加快，电力保供、低碳转型改革发展的前景更好、任务更重、难度更大，预计全社会用电量将迈上4000亿千瓦时台阶。电力行业应坚决贯彻落实党的二十大精神，以更高站位、更实举措、更活机制，坚定不移做好能源转型和电力保供工作，全力构建清洁低碳、安全高效能源体系，为实现"两个确保"奋斗目标提供坚强电力保障。

关键词： 电力行业 电力保供 能源转型 河南省

一 2022年河南省电力行业发展情况分析

2022年，在河南省委、省政府的坚强领导下，河南电力行业站位全省

---

* 邓振立，工学硕士，国网河南省电力公司经济技术研究院工程师，研究方向为能源电力供需与市场分析；符玉，中级职称，郑州热力集团有限公司郑州市颖达热力工程设计有限公司；李虎军，工学硕士，国网河南省电力公司经济技术研究院工程师，研究方向为能源电力规划与供需分析。

稳经济、促发展、保民生的大局，统筹协调、通力合作、连续奋战、攻坚克难，确保了电力供应平稳有序，行业价值形象充分彰显，呈现"电量快、负荷高、保供难、协作好、成效亮"的年度特征，以电力保供的"稳"支撑经济发展的"进"。

（一）电力需求实现高速增长

电量增长"快"，扭转长期低于全国的局面。2022年1~10月，河南全社会用电量3286亿千瓦时，同比增长8.3%，较全国平均增速高4.5个百分点，扭转2011年以来连续10年低于全国的局面，进入全国前5位。从迎峰度夏看，全省全社会用电量和增速均创下历史新高，度夏单月和月均用电量均历史性突破400亿千瓦时，6~8月用电量同比增长17.5%，较全国增速高10.4个百分点，其中，6月、8月用电量增速高居全国第2位。从全国对比看，2022年1~10月，河南用电量增速在31个省（区、市）中居第5位，比2021年同期提升19个位次；在中部及周边11个省份中居第3位（见图1），比2021年同期提升7个位次。总体来看，2022年，全省牢固树立"项目为王"的鲜明导向，持续推进"三个一批""万人助万企"等一系列政策，经济运行呈现"企稳向好、蓄能进位"态势，初步预计2022年河南全社会用电量将达3910亿千瓦时左右，同比增长7.2%。

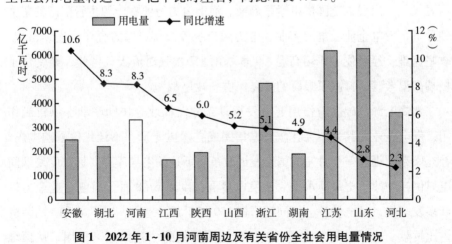

图1　2022年1~10月河南周边及有关省份全社会用电量情况

负荷涨幅"高"，五创历史新高。2022 年迎峰度夏，受持续极端高温天气、产业经济恢复增长等因素影响，河南用电负荷高峰到来之早、持续之长、增幅之大前所未有，继广东、江苏、山东、浙江之后，成为全国第五个用电负荷突破 7000 万千瓦的省份。到来之早前所未有。用电负荷 6 月即三创历史新高，近 10 年来最大负荷首次在 6 月创历史新高，较上年度夏最高负荷时间提前 22 天。持续之长前所未有。全省共 64 天最高气温超过 35℃，省内多地高温持续天数突破历史极值，用电负荷连续 5 次创历史新高，20天超过 7000 万千瓦，尖峰负荷持续时间创"十三五"以来历年之最。增幅之大前所未有。8 月 5 日用电负荷攀升至 7792 万千瓦，较上年最大负荷增加 975 万千瓦，涨幅居全国第 1 位。从历史期看，"十二五"以来，河南最大负荷在 2011 年、2013 年连续突破 4000 万、5000 万千瓦，在 2017 年突破 6000 万千瓦，于 2019 年达到"十三五"期间最高水平 6902 万千瓦，在经过 2020 年新冠肺炎疫情叠加极端凉夏、2021 年极端暴雨灾害影响后，2022年突破 7000 万千瓦，接近 8000 万千瓦，用电潜力得到充分释放。

（二）电力保供彰显责任担当

2022 年迎峰度夏保供工作极不平凡，是近年来形势最严峻复杂的一年。全国经历了有完整气象记录以来持续时间最长、范围最广、强度最大的极端高温天气，出现大范围供电紧张局面。河南电力行业在能源主管部门的坚强领导下，发电企业、电网企业、电力用户统筹协调、通力合作、连续奋战、攻坚克难，经受住了 5 轮高温、8 场暴雨、7 次强对流天气考验，经受住了极端高温考验，打赢了艰巨的度夏保供"攻坚战"。

常规电源基础保障作用充分发挥，充分发挥政企协同联动保供机制作用，发电企业尤其是中央驻豫发电集团成立保供专班，不计代价采购电煤、补充库存，提前一个月完成国家发展改革委下达的电煤库存目标，度夏期间电煤供耗均达历史最高水平。从发电量看，度夏 6~8 月，煤电企业全力以赴多发多供，发电量较上年同期增加 160 亿千瓦时左右，以不足 60% 的装机占比贡献了近 80% 的发电量，发挥了能源保供的"顶梁柱"作用。从顶峰出力看，面对极热无风、晚峰无光、新能源机组出力极低的严峻形势，精心开展电力电煤联合优化调度，全省煤电机组出力率最高提升至92%，创历史最高水平，燃气和水电等常规电源能发满发，以全省67%的装机容量提供了80%以上的高峰电力支撑。

电网配置资源平台作用充分发挥，在全国电力供需全面紧张的情况下，国家电网公司举全网之力组织西北、华北7省份超500万千瓦电力紧急驰援河南，度夏期间共计38天外电入豫超过1000万千瓦，最大增购省外电力700万千瓦。负荷高峰时段，外电入豫直流送电功率首次达到满额，入豫电力合计占全省用电负荷的近1/5。在豫南持续高温用电需求提升、川渝电力供需紧张、三峡入豫电力不及预期的情况下，创造性实施灵宝直流反送，最大提升豫南供电能力180万千瓦，发挥了重要支撑保障作用。

（三）能源转型做好标杆引领

电力供给清洁转型步伐加快。装机方面，截至2022年10月，全省全口径装机11722万千瓦，其中风电、光伏发电装机突破4000万千瓦，占全口径发电装机比重达36.4%，较2021年底提升3.8个百分点（见图2）；新增装机627万千瓦，占全口径净增装机的103%，成为新增电源装机绝对主体；发电量方面，全省全口径发电量2802亿千瓦时，同比增长15.4%。其中，风电、光伏发电量493亿千瓦时，同比增长31%，新增发电量114亿千瓦时，占新增用电量的45.6%。

光伏装机突破2000万千瓦，超过风电。当前，在国家明确支持中东部发展分布式光伏政策带动下，全省光伏装机实现超年初预期增长，截至2022年10月，装机总量达2155万千瓦，超过风电成为全省第二大电源。其中，分布式光伏装机突破千万千瓦，达到1526万千瓦（见图3），占光伏总装机比重突破70%，较2021年增加596万千瓦，新增装机高居全国第2位，占全省净增装机的98%。分布式光伏发电量突破100亿千瓦时，2022年1~10月，全省分布式光伏发电量达到120亿千瓦时，同比增长100%，占全省新增发电量的比重为16%。

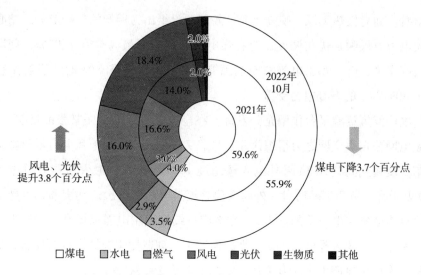

图 2　截至 2021 年底和 2022 年 10 月河南省全口径装机结构

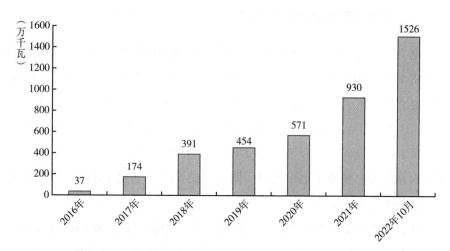

图 3　2016 年至 2022 年 10 月河南省分布式光伏装机容量

风电、光伏出力四创新高。河南新能源出力自 2021 年春季首次突破 1500 万千瓦以来，分别在 2022 年 2 月 26 日、4 月 21 日、12 月 10 日、12 月 12 日四创历史新高，突破 1900 万千瓦，达到 1966.7 万千瓦。2022 年 4 月 21 日，春季小负荷日午间腰荷时段全省新能源出力接近同时刻全省用电负荷的 1/2，千方百计调动全网调节能力保证了全额消纳。分地区看，全省共有 4 个地市新能源出力创历史新高,分别为安阳、鹤壁、开封、平顶山;全网新能源发电出力创新高时刻,鹤壁、驻马店等 5 个地市新能源出力超过同时刻用电负荷;平顶山、南阳等 7 个地市的新能源出力占同时刻用电负荷的 50% 以上。

积极服务可再生能源高质量发展。2022 年,河南省相继出台了《河南省电力源网荷储一体化和多能互补实施方案》《分布式光伏接入电网技术指导意见》《关于下达 2022 年风电、光伏发电项目开发方案的通知》《关于2022 年风电和集中式光伏发电项目建设有关事项的通知》《河南省"十四五"新型储能实施方案》《关于开展 2022 年度省级独立储能电站示范项目(第一批)遴选工作》等政策指导新能源高质量发展。电力行业相继开展了分布式光伏用户"可观、可测、可控"试点建设;拓展新能源云平台功能,加强新能源发电预测,用好用足系统调节能力提高新能源利用率;推动统调火电在国内首次实施增加调相功能改造,提升电网安全水平和新能源消纳能力;加快推进在建南阳天池、信阳五岳、洛阳洛宁、平顶山鲁山等抽水蓄能电站建设进度,力争尽早投产,提升系统灵活性调节能力;贯彻落实河南省新能源配储能政策要求、"十四五"新型储能实施方案,推进新能源与储能一体化发展,提高新能源友好并网和有效支撑能力。

(四)电力市场建设稳步推进

电力市场运营体系整体建立。2022 年 6 月,河南省发展改革委出台《河南省电力市场运营基本规则(试行)》,对中长期电能量市场、现货电能量市场、辅助服务市场、容量市场、电力零售市场等交易周期、组织方式、价格形成机制、市场计量和结算办法等进行了分类明确,为加快电力现货市场建设、规范电力市场运营和管理提供了基本遵循。

电力现货市场建设平稳起步。自 2021 年确定为第二批电力现货市场建设试点省份以来,河南省组建了政府部门牵头,电网企业、发电企业、售电公司、高校和第三方机构全面参与的电力现货市场建设工作专班,编制了电力市场建设"1+6+2"规则体系。6 月 27 日,正式启动河南省电力现货试

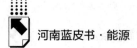

运行，相关交易平台系统构建已基本成熟，年底前预计将开展结算试运行，电力市场化改革迈入新阶段。

中长期交易实现连续运营。2022年，河南省加快推进省内市场化建设，9月首次通过"双挂双摘"方式成交中长期电量4300万千瓦时，标志着河南电力交易实现中长期市场连续运营，至此建立了涵盖八个交易品种、四类交易周期、四种交易方式的中长期电力市场体系。截至2022年11月，注册市场主体突破2.5万家，省内市场化交易累计成交电量1927亿千瓦时，同比增长47%，占省内发电量的60%，电力中长期市场平衡长期供需、稳定市场预期"压舱石"作用进一步凸显。

辅助服务市场优化完善。2022年6月，河南能源监管办发布《关于进一步完善河南电力调峰辅助服务市场交易规则的通知》，修订完善了市场补偿和考核奖惩机制，激励督促提升保供能力，确保机组"高峰顶得上、低谷降得下"。8月，河南能源监管办发布《推进兰考县域可调负荷资源参与电力调峰辅助服务市场交易试点的通知》，助力全国首个农村能源革命试点建设示范县新能源开发利用、现代农村能源体系建设。

（五）优质供电护航经济发展

服务经济发展措施有力。河南电力第一时间发布"稳经济、促增长、优服务"九项举措，落实特困行业小微企业和个体工商户用电阶段性9.5折优惠政策，积极推行"欠费不停供"等系列服务；全力服务积极解决全省1302家重要用户和首批"四保"重点企业涉电问题，及时跟进服务"三个一批"重大项目落地；"万人助万企""两稳一保"反馈问题办结率、满意率持续领先；创新开通向河南省委常委信息直报渠道，与省工信厅签署战略合作协议，联合构建河南工业用电指数，发挥电力"晴雨表"作用，服务政府精准决策，用坚强电力保障和暖心电力服务有效支撑了经济回稳向好。

加大投资力度提升支撑带动能力。充分发挥电力行业投资规模大、产业链条长、带动效应强的优势，围绕特高压、能源保供、新能源发展等领域，开工建设南阳—荆门、驻马店—武汉特高压工程、平顶山鲁山抽水蓄能电站、许昌能信煤电等项目，助力畅通产业链供应链循环，带动电源、电工装备等上下游超 400 家装备制造业企业"共振"发展。

电力营商环境持续优化。树立供电服务产品理念，上线"阳光业扩一站通"平台，实现报装全流程可视可控，大力推广"三零""三省"办电服务，持续提升办电便利度、压减办电时长、减少客户办电成本；全力支撑郑州航空港经济综合实验区打造郑州都市圈核心增长极，与行政区域划转同步调整供电管理范围；"获得电力"连续四年被评为全省营商环境优势指标。

最大限度保障经济社会用电需求。紧急抢购外电保障电力供应。站位稳住经济大盘的大局，坚持度电必争，积极争取国家电网公司紧急支援 8 亿千瓦时左右，紧急抢购省间现货电力，使得全省供电缺口由 32 天压降至 12 天。保障疫情防控科学有方。全力确保了防疫重点单位供电万无一失，不讲条件、不计代价以最短时间满足了郑州、安阳、许昌等地市新增方舱医院、集中隔离点用电需求。

（六）惠民工程增进民生福祉

守好"中原粮仓"彰显电力价值。站位保障国家粮食安全高度，第一时间专题部署出台抗旱保秋用电保障八项举措，开辟排灌机井业扩报装绿色通道，有力服务了 8 月以来大范围、长时间高温天气全省农电机井 12.89 万眼、泵站 487 座抗旱浇灌用电需求，在守好"中原粮仓"中彰显了电力价值担当。助力乡村振兴扎实有效。把促进农业增产丰产作为重大政治任务，全力服务高标准农田建设，安排年度配套电网设施专项资金，确保 2022 年高标准农田机井高压配套设施按期竣工，满足农田用电需求，提高农业生产效率和效益。

全力守护千家万户酷夏清凉。度夏期间，启动 24 小时应急值守工作机制，在设备运维、抢修服务战线投入 5.9 万名员工，顶风雨、战高温、斗酷暑抢修巡检，支撑了全省城乡居民日用电量连续突破 4 亿、5 亿、6 亿千瓦时的用电需求；重构郑州城区供电服务模式，在沿黄 8 个地市部署居民小区抢修复电数字化指挥平台，配备抢修队伍 1223 支、应急物资 13.6 亿元，得

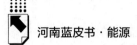

到省委、省政府充分肯定；提前实现全省各地市主城区居民小区停复电监测全覆盖，实现故障位置一键导航，有效提升抢修复电速度精度。

充电设施服务基础提速建设。全力推进电动汽车绿色出行"护航工程"建设，构建"无缝衔接、四项联动"的城乡一体化充电服务网络，实现全省县域电动汽车充电站及国家规划"十三纵十三横三环"高速公路快充网络河南境内充电站全覆盖，有效提升了全省电动汽车充电基础保障能力，推动新能源汽车产业提速提质发展，助力全国重要新能源汽车产业基地建设。

（七）保供长远之策前瞻谋划

百年变局之下全球能源供需格局发生新变化，习近平总书记就确保能源安全做出了一系列重要指示批示。面对未来电力保障严峻形势，河南电力行业在省委、省政府的高度重视和坚强领导下，遵循"电力先行、适度超前"的原则，按照"常规能源保供应、新能源调结构"的思路，积极开展中长期电力和电网发展战略研究系列专题工作，谋划河南电力保障的"长远之策"、扛稳电力保供的使命责任。

多方争取积极引入省外电力。加快推进第三直流建设工作。争取国家能源局同意，促成国家电网公司、电力规划总院按照±800千伏电压等级、豫中东地区单点落地方案建设陕豫直流特高压工程。积极谋划第四直流通道建设。河南省能源主管部门未雨绸缪、超前组织豫能集团赴内蒙古调研电力外送及配套资源情况，继续为谋划外电入豫第四通道夯实基础。充分发挥现有通道输电能力。积极协调青海省加快青豫直流第二批配套电源项目建设，计划2023年建成并网，预计年新增清洁能源发电量约111亿千瓦时；青豫直流重要支撑调峰电源120万千瓦羊曲水电站开工建设，计划2024年建成投运，有效提升青豫直流送电功率。

发挥煤电稳定托底保供作用。新增600万千瓦煤电获得国家同意。河南省发展改革委提前组织省内煤电项目优选，获得国家同意将在豫东、豫南等电力缺口较大地区安排建设600万千瓦的清洁高效煤电机组；谋划储备"十四五"后期及"十五五"煤电开工项目，力争遴选一批填补区域电力缺口、强化电网保障的支撑性电源和承担区域集中供热的民生热电项目。出台促进煤电行业持续健康发展的政策机制，聚焦煤电企业融资困难、燃料成本上升、价格疏导不畅等突出问题，有针对性地提出项目经营、开发、金融、财政等12项政策举措，支持煤电企业纾困解难、持续健康发展。

加快推进调峰能力项目建设。加快拟建项目前期工作，完成辉县九峰山、巩义后寺河、林州弓上共计450万千瓦抽水蓄能电站核准工作，并将于年底开工；预计2022年底完成嵩县龙潭沟180万千瓦抽水蓄能电站项目核准工作，加快其他纳规项目前期工作，争取2023年核准开工三门峡灵宝、济源逢石河、汝阳菠菜沟等390万千瓦抽水蓄能电站项目。积极开展新一批抽水蓄能选址。在纳入项目基础上，积极开展新一批具备实施条件的大型抽水蓄能站点；结合全省风光建设及消纳情况，筛选一批建设周期短、布局灵活的中小型抽水蓄能站点，积极布局、全面推进，为全省新能源高质量发展、新型电力系统建设保驾护航。

二 2023年河南电力行业发展形势展望

当前河南省产业基础雄厚、市场空间广阔、枢纽支撑有力、开放优势彰显，多领域战略平台融合联动的叠加效应持续显现。2023年，河南将深入贯彻落实党的二十大精神，锚定"两个确保"目标，全面实施"十大战略"，稳经济、促发展、化危机、应变局，全省经济将保持稳定增长态势。初步预计，2023年全省电力需求将保持平稳较快增长态势，统筹电力保供、低碳转型、改革发展的前景更好、任务更重、难度更大，全社会用电量将迈上4000亿千瓦时台阶，达到4130亿千瓦时，同比增长5.6%左右。

（一）2023年河南省电力行业发展形势

1. 锚定"两个确保"迎来新契机

确保高质量建设现代化河南、确保高水平实现现代化河南为电力行业高质量发展带来历史机遇和广阔空间。经济社会发展是电力需求增长的第一动力，河南省第十一次党代会确立了"两个确保"奋斗目标、全面实施"十大战略"。当前，国家战略叠加，具备重大发展势能；产业基础雄厚，具备强大实力保障；市场空间广阔，具备巨大内需支撑；枢纽支撑有力，具备广阔合作空间；开放优势彰显，具备强劲发展动能。未来，河南省将加快由新兴工业大省向先进制造业强省转变，新旧动能将协同拉动全省用电需求较快增长，制造业高质量发展将筑牢未来电力需求增长的基础、服务业快速发展与城乡居民用电稳步提升将夯实电力需求增长极，新基建新业态新模式发展将增添电力需求增长新动能。

2. 电力保障形势发生新变化

电力保供多方统筹协作特征更加明显。从近两年电力保供实际情况看，电力保供整体呈现"四大转变"：电源结构由以常规电源为主向新能源占比大幅提升转变；高峰时段负荷结构由以工业为主向降温负荷转变；保供重点向提升供电能力和强化负荷管理源荷双向发力转变，供需形势由总体平衡向紧平衡转变。在全国电力供需紧张的背景下，政府部门、发电企业、电网企业乃至电力用户统筹协调、通力合作是电力保供取胜的关键要素，在省间现货全面涨价的情况下充分利用省间电力交易平台积极申购区外电力仍是尖峰时刻电力保供的关键手段。

外电入豫送电波动性和不确定性增加。河南外电入豫通道的天中直流和青豫直流，清洁能源输送占比较高，清洁能源发电波动性受气候影响较大，长期存在送电高峰时段与受端电网尖峰时刻不匹配情况。2022年，河南跨区跨省送电电力电量呈现"双降"态势，按照中长期交易计划，青豫直流长期交易送河南电力为80万千瓦，仅为设计输送容量的10%；度夏期间省间中长期市场和现货市场竞争之激烈前所未有。"十四五"期间，全国中部、东部、南部省份供电紧张局面还将持续，送端省份送电能力有限且以风光发电等为主的送端电源相对单一脆弱，叠加煤价高位运行送电意愿减弱，将导致受端省份争取外电竞争更加激烈，叠加河南电价承受能力弱，外电入豫中长期、临时电力不确定性增加，加剧全省电力供需紧张局面。

极端天气越发成为影响电力供需的重要因素。2022年度夏，极端气候席卷全球，欧美地区多国出现"电荒"，全国多地遭遇了60年来最热的夏天，长江流域出现了60年来最严重的旱情，河南也经历了载入史册的高温热浪。未来，随着可再生能源发电占比持续提升，可再生能源发电受暴雨、大风、低温、热浪等极端天气等影响较大，将成为能源电力安全保供中的重要不确定因素，需加强与气象部门合作和联合预测预警，解决新型电力系统建设中的电力保供难题。

3. 能源绿色低碳转型遇到新挑战

2023年，河南省新能源装机占比将达到40%左右，作为第二主体电源，其顶峰能力不足、反调峰特性突出将进一步加重保供应促消纳难度。从新能源顶峰能力看，风电、光伏受"靠天吃饭"资源特性影响，"极热无风、极寒无光"现象显著。同时，还存在同等光照条件下光伏发电效率随温度升高而降低，风电晚峰出力随昼夜温差降低而减少的情况。在2022年7月底、8月初持续高温湿热天气期间，晚高峰时段新能源平均出力211万千瓦，占用电负荷的比例仅为3.8%，极端情况下全省新能源出力不足100万千瓦，天气较为炎热的关键时刻新能源存在"发不出、顶不上"情况；从新能源消纳情况看，河南新能源消纳压力逐步增大，调峰压力逐渐从后夜"单时段"向后夜和白天腰荷"双时段"转变，2022年上半年全省新能源弃电量已达5.2亿千瓦时，接近2021年全年总弃电量，其中3月新能源消纳困难尤其突出，共有18天出现弃风弃光。

4. 电力市场化运营实现新突破

2023年，河南省电力现货将正式开始运营，河南中长期和现货市场相结合、调峰和调频辅助服务市场协调出清、发电和用电双边参与的电力交易市场将初步建立。在全球能源格局发生变化、全国电力供需紧张的背景下，面对新能源调节能力和支撑能力不足问题，电力市场建设将更加注重资源优化配置功能建设，挖掘常规电源电力保供价值和需求侧响应的潜力。供给侧方面，将进一步完善公平兑现煤电企业保供贡献的保障机制，客观充分反映煤电机组电力供应保障价值，解决煤电企业"生存难、改造难、发展难、保供难"问题，保障煤电企业稳定经营，促进煤电行业持续健康发展；需求侧方面，将更进一步发挥电力市场作为需求响应载体作用，运用市场机制充分激发和释放需求侧灵活调节能力；服务新能源发展方面，完善适应新能源发展的消纳和交易机制，为新能源可持续发展创造良好的市场环境；逐步建立引导新型储能、抽水蓄能等灵活性资源建设市场机制，激发市场主体活力，助力新能源发展。

（二）2023年河南省电力行业发展预测

2023年，河南省电力行业将坚定不移落实能源安全、低碳转型、改革发展要求，全力以赴做好电力保供、能源转型、改革发展工作，积极对接河南省"两个确保""十大战略"重大决策部署，加快建设新型电力系统，服务现代化河南建设和能源低碳转型。

全社会用电量保持较快增长。2022年，全省牢固树立"项目为王"的鲜明导向，持续推进"三个一批""万人助万企"活动，谋划实施"四个拉动""五链耦合"，政策持续发力、逐渐显效，全省经济顶住了下行压力，呈现"企稳向好、蓄能进位"的发展态势。2023年，全省经济发展基础支撑有力、发展势能积蓄向好，全省电力需求将保持较快增长态势，初步测算，2023年全省全社会用电量4130亿千瓦时，同比增长5.6%左右。

电力供应保障能力显著提升。装机方面，全省电源装机进一步增长、电源结构持续优化。预计2023年河南电源总装机突破1.2亿千瓦，其中新能源装机新增500万千瓦左右，随着新能源配套储能政策的逐渐落地，其高峰供应能力将有一定提升。外电方面，随着青豫直流配套电源二期项目的逐步投产、送受两端网架结构的持续优化，外电保障能力将有所提升，但受全国供需形势紧张影响，不确定性风险增加。煤电发展"增量提速"，受俄乌冲突下欧洲能源危机、2022年川渝地区来水偏枯等影响，煤电发展重新引起高度重视，迎来新的"转机"，煤电项目发展有望"增量提速"。煤电经营有望持续好转。2021年第四季度以来，全国各地从保障电煤量价稳定、化解经营资金压力、加强体制机制创新等方面出台了一系列煤电稳供保价政策，政策效应已逐渐显效，2022年上半年煤电经营压力已好于2021年下半年、2022年下半年好于上半年，2023年有望走出谷底。

电力供需紧平衡态势仍将持续。2023年，预计河南最大负荷迈上8000万千瓦台阶，电力供需进一步趋紧，局部时段存在供电缺额，整体呈现"平时充盈、尖峰短缺、区域紧张"的态势，豫南地区保供形势仍最严峻。全省电力需求保持较快增长，叠加青豫直流配套电源建设进度滞后、外电入豫新能源顶峰出力不足外溢效应、华中区域电力供需紧张致使省间互保互济能力下降等因素影响，大负荷时刻仍将呈现局部性、时段性电力紧张，仅依靠省外临时外电应急支援，具有较大不确定性。2023年全省新能源装机预计将达到5000万千瓦左右；新能源出力有望突破2000万千瓦，叠加外电电力参与调峰能力有限，河南电网新能源消纳和电网调峰任务艰巨。

三 河南省电力行业发展对策建议

2023年，河南电力行业应全面贯彻落实党的二十大精神，完整、准确、全面贯彻新发展理念，围绕服务全省经济社会发展和能源转型大局，以"保安全、调结构、强互动、促发展"为着力点，做好增量提升、稳住存量保障、守住安全底线、适应多元主体，以更高站位、更实举措，扛牢电力保供首要责任，筑牢电力保供安全根基；以更广视野、更活机制，促进能源结构低碳转型，奋力开创新时代能源电力行业高质量发展新局面，为现代化河南建设提供坚强电力保障。

（一）保安全，扛牢电力保供首要责任

能源安全已上升至与粮食安全同等重要的战略高度。在全国电力供需形势全面趋紧的背景下，河南电力行业应深刻认识到做好能源电力保障工作的重要性、艰巨性和紧迫性。一是强化政企协同联动，凝聚全社会保供合力。站位保障全省电力供应、服务经济社会发展的全局高度，全力做好电力保供各项工作，为经济社会发展和人民美好生活用能提供坚强电力保障。二是推进电源建设布局，促进能源电力保障长治久安。按照"常规电源保供应、

新能源调结构"的思路,推进优化电源结构,夯实保障性电源基础,形成在建一批、新开一批、储备一批的梯次项目格局,力争在豫南、豫中东等电力缺口较大地区,有序建设高效清洁的保障性支撑煤电项目 600 万千瓦以上。三是优化电网结构,提升资源优化配置能力。围绕中原城市群"一核四轴四区"空间布局,实现电网协调均衡发展,满足电力潮流交换需求,提升南北互供能力,形成"分区清晰、运行灵活、东西互供、南北贯通"的供电格局,确保本地电源送得出、外省电力落得下。四是争取省外电力,提升跨区跨省输电能力。持续加强外电入豫通道建设,积极争取长期送电协议;努力拓展省间互保互济合作空间,全面释放现有疆电、青电入豫双引擎输电能力;加快陕豫直流前期进度并尽早开工,推动长南 II 回线路工程纳入规划实施,积极谋划第四直流输电通道。

(二)调结构,服务能源绿色低碳转型

新能源大规模发展将带来调峰压力,推动新能源消纳问题日益突出。未来电力系统长时、短时、瞬时调节能力将在一定程度上决定能源转型的广度、深度、进度,亟须加快系统调节能力建设,为新能源高质量发展保驾护航。一是积极推进煤电机组灵活性改造。在争取提前完成《河南省全面加快基础设施建设稳住经济大盘工作方案》提出的到 2025 年完成煤电机组节能、供热和灵活性改造 800 万千瓦目标基础上,再谋划一批,力争 2025 年煤电平均调节深度降至 35% 以下。二是加快推进抽水蓄能电站建设。确保南阳天池、洛阳洛宁、信阳五岳、平顶山鲁山、辉县九峰山等在建抽水蓄能电站按期投产;加快推进嵩县龙潭沟、林州弓上等抽水蓄能电站前期工作,力争 2030 年抽水蓄能装机规模达到 1500 万千瓦;三是加快新型储能建设。依托《河南省"十四五"新型储能实施方案》,进一步建立健全配套政策机制,引导社会投资主体建设储能项目;推进新能源与储能一体化发展,落实分地区差异化配置要求,提高新能源友好并网和有效支撑能力。四是完善区域电网主网架。逐步完善新能源富集区域、送出困难区域主网架构,提前谋划配套区域外送通道,强化县域农村地区分布式电源接入能力;五是积极服

务新能源高质量发展。根据全省新能源建设项目和布局规划，滚动测算提出新能源消纳指引，引导各地区新能源开发规模、布局和时序。

（三）强互动，推动供需两侧同向发力

当前，电力供需源荷两侧已由"源荷两确定"向"源荷两不确定"转变，供需两侧协调互动日益成为新时代助力节能提效、做好电力保供的有效调节手段。一是应树立节能是"第一能源"的理念。全面提升全社会节能节约意识，努力把节约用电、提高能效贯穿经济社会发展的全过程和各领域，紧抓河南产业结构偏重、用能企业数量多、涉及面广的特征，加快推动工业企业节能提效。二是完善电力需求响应工作制度和激励机制。按照"响应即补、多响多补"原则，制定梯次补贴标准，营造良好市场氛围；细化应邀客户刚性执行措施，引导用户按约执行、足额响应；以数字平台、创新机制最大范围科学调动离散性负荷资源，有序引导"时空交错"的负荷需求。三是出台面向尖峰时段用能权政策机制。加快优化用能权交易范围，推动能源要素向优质项目、优质企业、优质产业聚集，更好引导用户"削峰填谷"、改善电力供需状况。

（四）促发展，推动电力行业提质发展

当前正是构建现代能源体系的关键期，能源变革技术发展速度之快、辐射范围之广、影响程度之深前所未有，河南电力行业应以更高站位、更广视野、更活机制，奋力开创新时代河南能源电力行业高质量发展新局面。一是提升能源电力行业协调发展水平。加强政府机构、科研院所、产业链上下游企业交流合作、汇集优势资源，开辟新途径、挖掘新空间、培育新优势，打造能源电力行业协同发展共同体，提升河南能源电力产业基础高级化和产业链现代化水平。二是更加注重政策机制建设。加快形成保障煤电健康发展的长效机制，提高煤电企业"保供电、顶出力"积极性，确保高峰时刻"发得出、发得稳"，让清洁高效煤电"留得住"、新上先进煤电"有回报"；探索电力市场化保供机制，以河南省电力现货建设为契机，适时建立现货市场

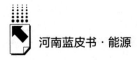

发现稀缺电力价格机制；在辅助服务中更加注重公平评价灵活性资源的价值，为新能源可持续发展创造良好的市场环境。三是在全力服务经济社会发展中奋勇争先。推动"阳光业扩一站通"应用全覆盖，紧密跟进全省产业转型升级、重大基础设施建设等项目审批，前移关口主动做好办电服务，服务现代化河南建设产业发展用电需求；巩固提升优质供电服务水平，促进各地市服务网格与行政区划深度匹配，确保服务保持先进水平；加大充电基础设施建设力度，构建布局合理、车桩相随的充电网络，满足群众充电需求，服务全省新能源产业发展。四是在服务乡村振兴中展现新担当新作为。积极服务高标准农田建设，优化供电结构、提升供电质量，在守好"中原粮仓"、保障国家粮食安全中展现新作为；提高农村地区供电服务水平，助力特色产业发展，做好群众致富路上的"电管家"，在推动电力服务乡村振兴中彰显"电助村美、村以电兴、民因电富"并展现新担当，创出河南典范、走在全国前列。

参考文献

国家发展改革委、国家能源局：《关于加快建设全国统一电力市场体系的指导意见》，2022 年 1 月 18 日。

国务院办公厅：《关于促进新时代新能源高质量发展的实施方案》，2022 年 5 月 14 日。

国家发展改革委、国家能源局：《"十四五"现代能源体系规划》，2022 年 1 月 29 日。

河南省人民政府：《河南省"十四五"现代能源体系和碳达峰碳中和规划》，2022 年 2 月 22 日。

河南省发展改革委：《河南省"十四五"新型储能实施方案》，2022 年 8 月 21 日。

河南省人民政府：《关于促进煤电行业持续健康发展的通知》，2022 年 8 月 30 日。

B.7
2022~2023年河南省可再生能源发展形势分析与展望

于昊正　张同磊　杨钦臣*

摘　要： 2022年，随着国家可再生能源总体规划和实施方案的陆续出台，可再生能源进入高质量跃升发展新阶段。河南省全面贯彻党中央、国务院决策部署，推动可再生能源跨越式发展，在风电、屋顶光伏、抽水蓄能、氢能、地热能等方面实现换挡提速，可再生能源利用水平不断提升，产业基础逐步夯实，有力支撑了全省能源转型升级。2023年，随着政策机制、市场环境的不断完善以及产业技术的持续进步，预计全省可再生能源将继续保持较快增长。河南可再生能源的发展逐步由"增量"向"量质同增"转变，应坚决贯彻落实党的二十大精神，坚持系统观念、多元利用、源网荷储协同发展，进一步提升可再生能源支撑保供能力，为谱写新时代中原更加出彩绚丽篇章提供绿色能源保障。

关键词： 可再生能源　绿色发展　能源安全　河南省

加快发展可再生能源、实施可再生能源替代行动，着力构建新新型电力系统，是推进能源革命和构建清洁低碳、安全高效能源体系的关键途径。2022年，面对复杂严峻的能源保供形势，河南全面贯彻落实党中央和省委、

---

* 于昊正，工学硕士，国网河南省电力公司经济技术研究院工程师，研究方向为配电网规划；张同磊，就职于河南省能源规划建设局，研究方向为新能源规划建设与管理；杨钦臣，工学硕士，国网河南省电力公司经济技术研究院工程师，研究方向为能源发展战略与农村能源。

省政府决策部署，坚持先立后破，深入推进能源革命，大力发展可再生能源，不断提升总体利用质效，在能源保障及绿色低碳转型发展方面取得了显著成效。2023 年，面对更加严峻的能源保障及新能源消纳挑战，河南应全面贯彻落实党的二十大精神，秉持绿色发展理念，统筹多元开发，坚持系统观念，聚焦高效利用，保障能源安全，推动可再生能源进入高质量跃升发展新阶段。

一 2022年河南省可再生能源发展情况分析

2022 年，国家出台一系列关于可再生能源发展的规划及实施意见，对可再生能源发展提出明确要求。河南充分承接国家相关规划及意见，坚持贯彻落实构建清洁低碳、安全高效能源体系的重要部署，加快推进全省能源绿色低碳转型发展。全省可再生能源装机规模持续扩大，总体利用水平不断提升。截至 2022 年 10 月，可再生能源发电装机 4697 万千瓦，占发电总装机的 40.1%，较上年底增加 3.7 个百分点；发电量 697 亿千瓦时，占全社会用电量的比重为 21.2%，较上年底提升 3.1 个百分点。

（一）开发规模持续扩大，总体利用水平显著提升

2022 年，河南新能源全面进入平价上网时代，面对项目补贴退坡、原材料成本上涨等不利因素，河南坚持"项目为王"理念，稳妥推进"三个一批"，通过市场调动各类主体的积极性，保质保量开展可再生能源发电项目建设，全省可再生能源发电装机增量再创新高。截至 2022 年 10 月，全省可再生能源发电装机规模达到 4697 万千瓦，较上年底增加 657 万千瓦，增长 16.3%，占全省发电装机的比重为 40.1%，较上年底增加 3.7 个百分点，占同期全省新增发电装机总量的 108%，成为新增发电装机绝对主体。其中，风电、光伏、生物质发电装机规模分别达到 1878 万、2155 万、255 万千瓦，分别新增 29 万、599 万、28 万千瓦（见图 1），新能源发电成为全省第二大电源主体。

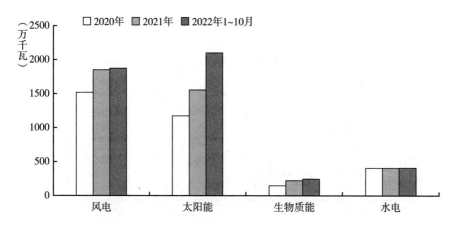

图1 截至2022年10月河南可再生能源装机增长情况

资料来源：河南能源监管办公布数据。

2022年，面对疫情多发散发、复产复工、灾后重建、连续高温天气等能源供给挑战，河南加快推动多元支撑的可再生能源发展格局，保障了可再生能源能用尽用，实现了可再生能源利用总量的提升。截至2022年10月，全省可再生能源发电量达到697亿千瓦时，较上年同期增加169亿千瓦时，同比增长32.1%，贡献同期全省新增用电量的67.6%；占全省用电量的比重为21.2%，较上年底增加3.1个百分点（见图2），可再生能源发电利用质效稳步提升。初步判断，2022年河南可再生能源发电装机将突破4800万千瓦，同比增长19%，可再生能源发电量突破800亿千瓦时，达到830亿千瓦时，同比增长25.8%。

（二）发展模式不断创新，分布式与乡村振兴融合发展

2022年，按照国家"千家万户沐光行动"相关要求，河南因地制宜推广户用光伏建设，以屋顶光伏项目为代表的分布式光伏快速发展。截至2022年10月，全省屋顶分布式光伏装机达到1526万千瓦，总量位居全国第四，仅次于山东、浙江、河北，较上年底增加596万千瓦，占可再生能源发电装机增量的90%左右，用户总量突破50万户。屋顶光伏试点、非试点地区齐头发展，自试点工作开展以来至2022年10月，试点地区屋顶光伏增

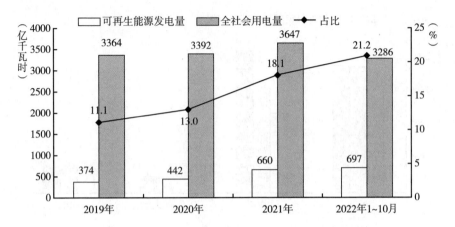

图2　2019年至2022年10月河南可再生能源发电量增长情况

量503万千瓦，增长176%，非试点地区屋顶光伏增量580万千瓦，增长142%，呈现齐头发展趋势。屋顶光伏助力民生效益显著，按照居民光伏户均装机面积100平方米、每平方米年租金30元测算，可实现居民户均年增收3000元，全省用户年增收共计约15亿元，扎实助力乡村振兴发展。

2022年，河南贯彻落实国家"千乡万村驭风行动"相关要求，在科学测算项目经济效益和社会效益基础上，支持企业创新探索商业模式，拓宽农民增收渠道，助力乡村振兴，以信阳市为试点探索分散式风电建设。一是编制全国首份实施方案《"千乡万村驭风行动"信阳落地实施方案》，明确分散式风电总规模、布点位置、储能配置等要素，优先以10千伏就近并网；二是率先开工首批试点工程，坚持"试点先行、梯次推进"的建设原则，最大限度简化或合并合规手续办理。信阳淮滨县目前已启动分散式风电项目建设，规划在17个乡镇、200个村建设92台单机6兆瓦的风机，总容量约55万千瓦，为河南"千乡万村驭风行动"探索出一套高效可行的建设新模式。

（三）多元格局渐趋优化，抽水蓄能全面提速发展

2022年，河南加快省内抽水蓄能电站建设。全省4座在建抽水蓄能电

站加快推进，南阳天池电站完成下水库蓄水验收，预计年底首台机组投产；洛阳洛宁、信阳五岳电站正在进行上下水库开挖和大坝填筑；平顶山鲁山电站加紧开展进场道路施工。全省 7 个拟建项目加快前期工作，辉县九峰山、林州弓上已完成核准批复，开展施工前准备工作；嵩县龙潭沟已取得可研阶段三大专题审查意见，正在加速办理土地手续等核准要件，灵宝窄口、巩义后寺河等已完成预可研审查，正在进行可研阶段工作，济源逢石河和汝阳菠菜沟正在开展预可研阶段工作。正在加紧谋划和选点新一批优质大型抽水蓄能站点和布局灵活的中小型抽水蓄能站点。

河南氢能产业试点推进。科学开展氢能规划布局，开展郑州国家氢燃料电池汽车示范城市群、郑汴洛濮氢走廊建设，加强氢能领域技术攻关及产业培育，实施了一批新能源制氢项目，涉及制氢、氢能综合利用、燃料电池核心部件等领域。地热、生物质高效利用，推进郑州等 4 个千万平方米地热供暖规模化利用示范区建设，加快生物质热电联产项目建设，全力支撑和完善全省可再生能源供暖体系。

（四）产业基础逐步夯实，试点带动效应初步显现

2022 年，河南省锚定"碳达峰、碳中和"目标愿景，紧抓发展机遇，逐步完善风电、光伏产业链体系。风电制造引入国内龙头企业，形成了许昌许继、安阳金风、信阳明阳、濮阳天顺等风机制造基地，拥有陆上最长 94 米叶型生产线，形成 4~7 兆瓦梯次主力机型，截至 2022 年 10 月已实现 400 万千瓦产能；襄县光伏产业基地集聚效应初显，建成从煤炭到制氢、制硅，从原材料到光伏电池板产品的全链条生产线；储能产业加速崛起，平高、许继、中航锂电等企业市场份额快速增长，宁德时代与河南签订战略协议并落地洛阳。河南牢牢把握农业大省自身定位，擦亮农村能源特色品牌，加强农村能源综合利用。持续高质量打造兰考农村能源革命试点，全面完成建设总体方案重点任务，由国家能源局委托中国工程院进行了全面评审，充分肯定并全面总结兰考农村能源革命试点经验，下一步将适时在全国范围内推广应用。加快推进永城、虞城、商水第一批农村能源革命试点建设，积极支持汝

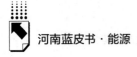

州、淅川等两批 11 个试点县开展多能互补型、智能园区型和产业融合型示范建设。

二 2023年河南省可再生能源发展形势展望

2023 年，面对更加严峻的能源保障和能源转型的新形势新要求，河南可再生能源将迎来由"增量"向"量质同增"转变的重大机遇期和攻坚期，随着政策机制、市场环境的不断成熟以及产业技术的持续进步，预计全省可再生能源将继续保持较快增长。

（一）发展机遇

1.高质量发展顶层设计指明道路

我国提出"双碳"目标后，围绕实现新能源大规模、高比例、市场化、高质量发展陆续出台了多项规划及实施方案，为未来十年甚至更长时间可再生能源发展提供了明确的发展路径和策略，将推动全省可再生能源由规模速度发展向质量效益发展转型。国家层面系列部署更加明晰。《关于促进新时代新能源高质量发展的实施方案》《中国应对气候变化的政策与行动》《2030 年前碳达峰行动方案》等文件提出大力实施可再生能源替代，在中东南部地区重点推动风电和光伏发电就地就近开发，2030 年全国风电和太阳能发电总装机容量将达到 12 亿千瓦以上。《"十四五"现代能源体系规划》《"十四五"可再生能源发展规划》等文件明确提出 2025 年非化石能源消费比重达到 20% 左右的总体目标，可再生能源电力总量和非水电消纳责任权重分别达 33%、18% 的消纳目标，新能源发电量增量占全社会用电量增量占比超 50% 的发电目标，还包括"千乡万村驭风行动""千家万户沐光行动"等九大行动。河南相应规划和实施方案更加聚焦。《河南省"十四五"现代能源体系和碳达峰碳中和规划》明确提出，2025 年全省风电、太阳能发电装机力争翻一番，可再生能源发电装机达到 5000 万千瓦以上，《河南省电力源网荷储一体化和多能互补实施方案》明确提出加快建设一批高比例消纳新能源的多能互补和源网荷储一体化示范项目,大力助推可再生能源高质量发展。

2. 非电利用规模化发展迎来契机

近年来,河南省充分发挥自身资源优势,加快可再生能源非电利用,推动构建可再生能源多元化发展新格局,随着技术和政策的不断完善,可再生非电利用进程进一步加快。一是地热能方面。《科技支撑碳达峰碳中和实施方案(2022—2030年)》提出加快研发太阳能采暖及供热技术、地热能综合利用技术,探索干热岩开发与利用技术,研发推广生物航空燃油、生物柴油、纤维素乙醇等技术。《河南省"十四五"现代能源体系和碳达峰碳中和规划》提出因地制宜开发地热能,到2025年,新增地热能供热(制冷)能力5000万平方米以上,提升生物质能利用水平,建立健全资源收集、加工转化、就近利用的生产消费体系。二是氢能方面。2022年3月,国家能源局印发《氢能产业发展中长期规划(2021—2035年)》,将氢能产业列为战略新兴产业和未来产业的重点方向。河南省委、省政府高度重视氢能产业发展,充分发挥工业副产氢资源优势,将发展氢能作为深入推动河南能源业及装备制造业高质量发展的重要举措,同年9月印发《河南省氢能产业发展中长期规划(2022—2035年)》《郑汴洛濮氢走廊规划建设工作方案》等规划政策,明确将氢能提升到能源战略高度、作为重点发展任务。近中期来看,河南省氢能产业经过一段时间发展布局,趋于功能聚合、空间布局集中、产业发展互补,氢能装备制造产业集群发展,产业竞争优势开始逐步显现。中长期来看,河南省重点打造氢能应用示范轴带,以郑州、开封、洛阳、新乡、濮阳为中心建设氢产业支撑点,为豫西、豫北和豫中南提供氢能供给保障,辐射形成串联陕、豫、鲁的黄河中下游氢能产业发展格局,带动氢能"产业集群"及"经济带"发展。这将为全省可再生能源的发展带来新的契机。

3. 行业配套政策体系日益完善

为促进可再生能源健康发展,落实"放管服"改革,健全市场机制,破除市场壁垒,营造公平开放、充分竞争的市场环境,河南省可再生能源建设开发的主动性将得到释放、市场竞争力将明显提升。一是完善"两个细则",促进新能源健康发展。新版《电力并网运行管理规定》《电力辅助服务管理办法》出台,明确新型储能独立市场地位,鼓励各类灵活性资源以及市场化用户参与市场,充分发掘供需两侧调节性能,服务新型电力系统建设。二是加快制定储能实施方案,为可再生能源的高效运行和消纳提供支撑和保障。河南省发展改革委印发《河南省"十四五"新型储能实施方案》,明确了要大力发展电源侧储能,有序发展电网侧储能,鼓励用户侧自建储能,鼓励发展集中共享储能,到2025年,力争新型储能装机规模达到220万千瓦。明确新型储能发展目标和重点任务。三是明确了消纳导向目标,释放可再生能源建设开发的主观能动性。国家发展改革委积极贯彻"双碳"目标要求,通过《关于2022年可再生能源电力消纳责任权重及有关事项的通知》明确各省份消纳权重,统筹可再生能源发展规模与利用率水平。河南省建立以可再生能源电力消纳责任权重为中心的管理模式,结合各地实际将全省责任目标分解至地市,提升可再生能源开发利用水平,促进各类市场主体共担消纳责任。四是优化市场化发展机制,降低项目管理交易非技术成本。依托国家可再生能源信息管理中心河南分中心,加强项目信息管理和生产运行信息统计,建立以项目库为基础的可再生能源开发建设管理机制,完善分布式发电市场化交易机制,规范交易流程,健全电力辅助服务补偿和分摊机制。

(二)面临挑战

1. 用电高峰期可再生能源有效供应不足

虽然可再生能源在清洁、低碳等方面具有明显的优势,但与化石能源发电相比,可再生能源受自然条件影响较大,其间歇性、波动性和随机性不仅会导致发电量减少,还会对电力系统安全和稳定造成不利影响。全球能源危机大变局下,极端高温席卷北半球,欧洲多国风电、光伏出力大幅下降,多国出现"电荒"。2022年入夏以来,河南电网用电负荷连创新高,全省电力供应紧张,用电晚高峰时段新能源平均出力为530万千瓦,占用电负荷的比例为8.6%；在7月底、8月初持续高温湿热天气期间，虽然全省风、光发电装机占比达到33%，但是受极热无风、晚峰无光特性影响，风光晚高峰时段新能源平均出力211万千瓦，占用电负荷的比例仅为3.8%，极端情况下全省新能源出力不足100万千瓦，电力负荷高峰时段保供关键时刻风光"发不出、顶不上"，新能源顶峰作用亟待发挥。如何在确保能源安全的前提下，稳妥有序推动可再生能源对化石能源的有效替代，成为河南能源转型面临的新课题。

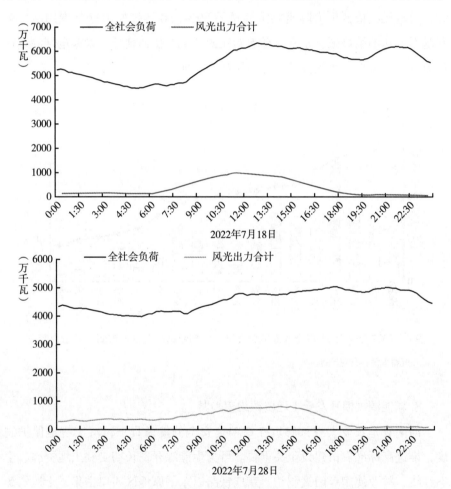

图3　河南典型日全社会用电负荷曲线与风光出力曲线

资料来源：行业统计。

2. 出力高峰期对系统调峰能力要求较高

河南省是重要的能源输入区域和电力受端,随机性、间歇性新能源发电和省外来电的高占比运行,导致河南电网调峰困难。2022 年 4 月 21 日春季新能源大发时刻,风电、光伏出力两创新高,可再生能源发电装机出力达到 1807 万千瓦,占同时刻全省用电负荷的 48.2%,全省有鹤壁、驻马店等 5 个地市新能源出力超过同时刻地区用电负荷(见图 4)。新能源出力创新高时,火电机组最低出力降至额定容量的 39%,其调峰能力已基本用尽,全网基本已达消纳极限。未来,随着新能源装机的快速增长,未来电网的调峰压力将更加突出,亟须提升电力系统的调节能力。

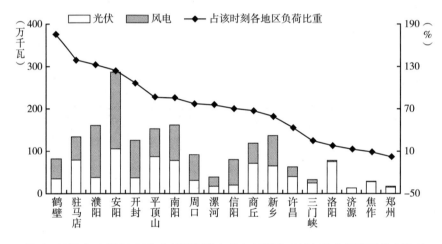

图 4　2022 年 4 月 21 日全省新能源发电出力创新高时刻各地市新能源出力情况

资料来源:行业统计。

3. 新能源规模开发受土地资源约束趋紧

河南省是农业大省,肩负扛稳粮食安全的使命责任,落实耕地保护制度,推进高标准农田建设至关重要。可再生能源开发长期受到土地资源、生态红线、林业使用等因素制约。京广铁路以东平原地区人口密集,土地资源相对紧张,京广铁路以西及大别山区域以山地、丘陵、山前平原为主,山区生态较为脆弱。随着生态文明建设要求的不断提升,后续大规模集中式光伏发电、风电等可再生能源在土地资源等方面约束进一步趋紧，存在项目找地难、落地难、推进难等情况，可再生能源发展空间受到一定限制。

（三）发展预测

2023年，河南省将进一步扩大可再生能源应用规模，统筹抓好可再生能源与传统能源协同发展，以创新和市场为驱动，着力提高可再生能源消费占比，着力提高可再生能源服务民生和乡村振兴水平，推动全省可再生能源高质量跃升发展。

风电装机方面，推进沿黄浅山丘陵和中东部平原集中式风电建设，紧抓"千乡万村驭风行动"开展分散式风电建设；光伏发电装机方面，屋顶光伏持续推进，新增工业园区、大型公共建筑屋顶光伏加快建设，总量增速较2021年、2022年有所减缓；抽水蓄能方面，天池电站首台机组投产发电，洛宁、五岳、鲁山等其他在建电站加快推进；生物质装机方面，依托生物质热电联产项目、城镇生活垃圾发电项目；氢能在交通领域替代规模逐步提高，车用氢气供应能力加快提升。总体来看，初步预测2023年全省新增发电装机500万千瓦以上，可再生能源发电装机总规模达到5500万千瓦左右，同比增长13%。

生产利用方面，根据2020年、2021年全省可再生能源装机和电力需求增长情况，预计全省可再生能源发电量同比增长19%左右。计及以电能形式转换利用的可再生能源以及区外清洁电力，预计2023年全省可再生能源利用总量达到4600万吨标准煤，同比增长约12%。

三　河南省可再生能源发展对策建议

2023年是全面推进河南省可再生能源进入高质量跃升发展新阶段、实现全省"十四五"发展目标的关键年，全省应坚持整体统筹、多元利用，坚持系统观念、区域协调，坚持科技引领、创新驱动，坚持市场导向、政策引导，持续提升可再生能源保供增供支撑能力，为河南省能源清洁低碳转型和现代化河南建设做出更大贡献。

1. 整体统筹、多元利用，推动可再生能源科学发展

持续扩大全省可再生能源装机规模和非电利用规模，坚持先立后破，统筹可再生能源发展与传统化石能源高效利用，加快规划建设新型能源体系，构建全省可再生能源多能互补、因地制宜、多元迭代、结构安全发展新局面。统筹可再生能源与国土空间、生态环境协调发展。持续推进屋顶分布式光伏发电开发，推动农光渔光互补、土地修复和生态治理等复合型的特色光伏工程实施，确保提升新建工业园区、新增大型公共建筑分布式光伏安装比例。推动沿黄风电4个百万千瓦风电基地建设，依托"千乡万村驭风行动"发展机遇推进分散式风电建设。高质量打造"一轴带、五节点、三基地"的郑汴洛濮氢走廊。加快建设全省中深层地热供暖规模化利用示范区及全省浅层地热能利用示范工程。引导加快存量生物质热电联产项目建设，开展生物质燃气示范工程建设。

2. 区域协调、强化支撑，优化可再生能源发展方式

优化提升电源与电网、可再生能源开发与消纳的关系，加快构建新型电力系统，加强能源产供储销体系建设，实现能源绿色低碳转型与安全可靠供应。统筹可再生能源与国土空间、生态环境协调发展。高效推进抽水蓄能电站建设，统筹水电开发和生态保护，在建抽蓄机组尽早投产，推动国家规划抽水蓄能电站项目核准等手续加快办理；加紧谋划新一批优质大型抽水蓄能站点纳入规划，筛选一批建设周期短、布局灵活的中小型抽水蓄能站点推进实施，更好服务全省新型电力系统建设。加快新型储能在电源侧、电网侧与用户侧多场景应用，科学引导可再生能源项目配套适当比例的储能系统，提升可再生能源消纳和存储能力，实现能源绿色低碳转型与安全可靠供应相统一。细化可再生能源电力消纳责任，坚持就地消纳，因地制宜灵活采用集中规模开发或分散式开发方式，考虑细化省、市、县三级消纳主体责任，纳入地方政府考核体系，不断提升可再生能源在电力消费中的比重。加强可再生能源富集地区电网配套工程及主网架建设，构建适应大规模分布式可再生能源并网和多元负荷接入的智能配电网。结合新型用电领域、电力需求侧响应、综合能源负荷等用能新模式，充分利用需求侧灵活性资源。引导可再生能源往负荷资源优、电网资源好的区域发展，促进局部资源优化配置。

3.科技引领、创新驱动，增强可再生能源内生动能

把科技创新作为可再生能源发展的根本动力，大力推动可再生能源技术进步、成本下降、效率提升，培育可再生能源新技术、新模式、新业态。在现有许昌、安阳、信阳、濮阳、开封风电基础上，打造配套风电装备全产业链，促进装备制造协同发展，支持省内优势可再生能源装备企业开发示范项目。抢抓新一轮绿色技术革命机遇，推动可再生能源与数字、信息等新技术融合发展，以河南能源大数据应用中心基地为依托，要充分运用云计算、大数据、物联网、移动通信、人工智能、区块链等数字技术，为可再生能源运行监测、各地消纳预警等做好科学决策支持，发挥信息技术在能源监管中的基础性作用。加强氢能领域技术攻关，充分发挥省内工业副产氢资源优势，依托龙头企业和科研机构，组织实施一批重大科技联合攻关项目，加强规划布局，占领氢能产业的技术高地。持续打造郑汴洛濮氢走廊，形成黄河中下游氢能产业发展格局。

4.市场导向、政策引导，提升可再生能源市场竞争力

充分发挥市场在资源配置中的决定性作用，建立以项目库为基础的可再生能源开发建设管理机制，降低非技术成本。建立健全分布式发电市场化交易机制，规范交易流程，健全电力辅助补偿和分摊机制。逐步提高可再生能源参与市场化比重，鼓励保障小时数以外电量参与市场，实现充分消纳。完善碳排放统计核算制度，健全碳排放权市场交易制度。积极引导绿色能源消费，坚持以绿为先，优先发展、优先利用可再生能源，调动全社会开发利用可再生能源的积极性，培育长期持续稳定的可再生能源市场。

参考文献

国家发展改革委、国家能源局：《"十四五"可再生能源发展规划》。
国家能源局：《2022年能源工作指导意见》。

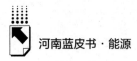
河南省人民政府：《河南省"十四五"现代能源体系和碳达峰碳中和规划》。

河南省发展改革委：《河南省可再生能源电力消纳保障实施方案》。

河南省发展改革委、国家能源局河南监管办：《关于印发〈河南省电力市场运营规则（试行）〉的通知》，2022 年 6 月 24 日。

河南省发展改革委：《河南省"十四五"新型储能实施方案》，2022 年 8 月 21 日。

崔磊磊等：《以农村能源革命推动区域崛起》，《能源评论》2022 年第 8 期。

能源安全篇
Energy Security

B.8
河南省煤炭煤电供需预警研究与建议

邓方钊　司佳楠　刘军会[*]

摘　要：　能源安全是国家安全的重要组成部分，煤炭煤电供应安全是保障能源安全的"压舱石"和"稳定器"。本文针对近年来国际能源格局加速调整、新型电力系统加快建设、能源电力供需趋紧的新形势，研究构建了河南省煤炭煤电供需保障预警体系。该预警体系紧抓"煤炭供需—煤电经营—电煤库存"一个链条，关注煤炭煤电、年内短期两个重点，构建一级预警指数、二级预警指数两个层级，实现了分时间尺度的预警，能够为电力运行计划制订、安全保供谋划争取时间、提供参考。基于预警指数体系，分析了当前能源电力供需特点，并着眼提升能源电力安全保供能力提出了有关对策建议。

关键词：　能源电力保供　煤炭煤电　供需保障　预警体系　河南省

---

* 邓方钊，工学硕士，国网河南省电力公司经济技术研究院工程师，研究方向为能源经济与电力供需；司佳楠，工学硕士，国网河南省电力公司经济技术研究院工程师，研究方向为电力供需与市场分析；刘军会，工学硕士，国网河南省电力公司经济技术研究院高级工程师，研究方向为能源经济与企业发展战略。

2021 年下半年以来，国际能源价格大幅上涨，国内煤炭、石油等一次能源价格持续高位运行，能源电力供需形势明显趋紧，供应保障面临挑战。党中央高度重视能源电力保供工作，指出"能源的饭碗必须端在自己手里"[①]，绝不允许再次发生大面积"拉闸限电"事件。国家能源局《2022 年能源工作指导意见》首次提出"强化预警、压实责任"，推进能源供需分析体系建设，强化苗头性倾向性潜在性问题研判。煤炭和煤电是我国能源电力安全的"压舱石"，开展基于煤炭煤电的河南省供需保障预警体系研究，建立相关供需预警指数，是完善能源供需预警的关键点、突破点、着手点。

一　建立煤炭煤电供需保障预警体系的背景与意义

开展煤炭煤电供需保障预警研究，是日益紧张的供需环境、亟待提升的供需预警水平、以煤为主的能源供需基础背景下保障能源安全的必然要求，对于提升河南一次、二次能源系统保障水平，有效应对煤炭煤电生产链供应链风险具有重要意义。

（一）从供需环境看，全球能源市场进入新的动荡变革期，供应紧张现象将持续

在能源供应链重组大背景下，全球能源供应将处于"紧平衡"状态。当前，世界百年未有之大变局加速演进，新冠肺炎疫情持续蔓延，全球进入新的动荡变革期，长期性和短期性、周期性和突发性因素交织叠加，导致全球能源供需失衡。一是低碳转型背景下全球化石能源产能扩张受限。近年来，全球油气上游投资整体呈现下降趋势，2020 年投资较 2014 年峰值（8900 亿美元）下降 60%，多国明确淘汰煤炭、煤电时间表，化石能源供给能力短期内难以恢复。二是地缘政治加速全球能源格局重塑，非俄地区能源

---

① 《大河奔涌，奏响新时代澎湃乐章——习近平总书记考察黄河入海口并主持召开深入推动黄河流域生态保护和高质量发展座谈会纪实》，《人民日报》2021 年 10 月 24 日。

争夺激烈。2022年俄乌冲突以来，西方国家在能源领域对俄罗斯实施多轮次制裁，欧盟对俄罗斯煤炭禁运，计划到2027年全面摆脱俄罗斯油气依赖，卡塔尔、沙特等非俄地区油气成为欧洲和日韩争夺焦点，国际能源供需格局和市场面临大切换，重组能源供应链成本高昂，国际油价、气价高位震荡，全球动力煤价格持续走高。综合判断，未来3~5年，全球能源供应将处于紧平衡状态，叠加极端气候事件频发，横跨多国的能源电力供应紧张局面有可能成为常态。

（二）从预警水平看，我国能源电力供需预警存在短板，预警体系仍需完善

我国能源电力供需预警体系仍需进一步完善。长期以来，我国能源电力生产运行形成了较为完备的供需监测预警机制，为保障能源电力稳定可靠供应发挥了较大作用，但供需预警机制仍需进一步完善。一是在预警方向上，现有的供需预警机制更多地关注能耗"双控"和产能过剩风险，但在产业链供应链安全风险和能源短缺风险的预警防控方面相对较为薄弱。二是在运行机制上，现有的生产运行监测预警机制在报送、监测方面较为完善，在预警、应急方面存在短板，《电力供需及电煤供应监测预警管理办法》对电网负荷、发电厂库存等信息报送提出了明确要求，对进入预警状态做出了规定，但从实际执行来看在预警和应急纠偏等方面的效果一般。

（三）从预警重点看，河南能源供需预警的关键对象在于煤炭和煤电，关键时间尺度在于年内短期预警

煤炭煤电供应预警、能源电力年内短期预警是当前河南预警工作的重点。2021年下半年以来，党中央多次提出做好能源保供稳价工作，对确保经济社会平稳运行具有重要意义，要统筹发展和安全，积极应对当前能源供应的突出矛盾，充分发挥煤炭的兜底保障作用，确保用电安全。一是从预警对象看，煤炭和煤电是我国能源电力安全的"压舱石"，煤炭占我国能源消费总量的56%，占河南能源消费总量的66%；煤炭发电量占我国用电总量

的 60%，占河南用电总量的 67%，煤炭煤电供需预警是做好能源电力供需预警工作最重要的抓手。二是从预警的时间尺度看，目前在短期运行调控（周度及以下）、中长期规划（年度及以上）等时间尺度上，已经形成了较为完善的能源电力供需滚动分析机制，但在"规划以下、运行以上"的年内时间尺度上（周度、月度、季度），预测预警工作仍有所欠缺。

二 基于煤炭煤电的河南省供需保障预警体系设计

借鉴生产价格指数（PPI）、采购经理指数（PMI）、中国电煤采购价格指数（CECI）等运行监测指数的概念，突出预警的功能，基于全国及河南煤炭生产消费、煤炭价格、电煤库存等客观可得数据，研究设计煤炭煤电的供需预警指数，对河南省煤炭供需、煤电经营、电煤库存等开展预警。

（一）构建原则

与常规的运行监测指数不一样，构建供需保障预警体系及相关指数，要能够充分发挥预警的功能，因而需要针对重点因素、重点环节进行特殊设计，主要遵循以下几个原则。

一是统筹监测和预警。兼顾常态监测和预警两大功能，且重点是预警，强化苗头性倾向性潜在性问题研判。

二是统筹多时间尺度。在周度、月度、季度不同时间尺度上分别开展预警，与现有的中长期规划、短期调控运行相补充。

三是统筹省内和省外。立足河南能源输入大省实际，统筹全国、河南两类供需环境，部分考虑能源进口因素影响。

四是统筹一次和二次能源。充分考虑煤炭一次能源和电力二次能源的耦合、传导作用，开展能源电力综合预警。

（二）体系设计

预警对象方面，关注"两个重点"。一是关注煤炭煤电，坚持"煤炭保能源安全、煤电保电力安全、常规电源保供应、新能源调结构"的发展定位,针对煤炭、煤电开展预警。二是关注年内短期,在周度、月度、季度三个时间尺度上开展监测预警,做到与中长期规划、短期运行调控相区别、相补充、相协调。

预警原理方面,抓住"一个链条"。聚焦"煤炭供需—煤电经营—电煤库存"保供链条,深入挖掘煤炭供需平衡、电煤价格及煤电企业经营压力、电煤库存状态三者之间的风险压力传导关系,构建综合反映一次能源(煤炭)及二次能源(电力)联动的预警体系。

预警体系方面,构建"两个层级"。一级预警指数包含季度、月度、周度三个时间尺度的指数,经二级预警指数合成得到;二级预警指数包含煤炭供需、煤电经营、电煤库存三个指数(见图1)。

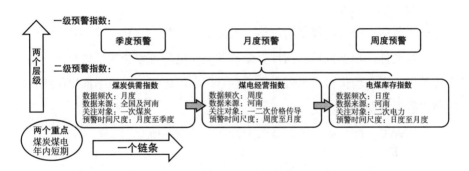

图1 基于煤炭煤电的供需保障预警体系

(三)二级预警设计

1.煤炭供需指数

输入数据。全国及河南煤炭生产(进口)量、煤电发电量等,每月滚动更新。

预警设计。根据全国及全省煤炭供应、消费平衡情况,来判定煤炭供需失衡积聚风险(见图2)。

输出警度。绿、蓝、黄、红四个警度,分别赋值0、1、2、3。

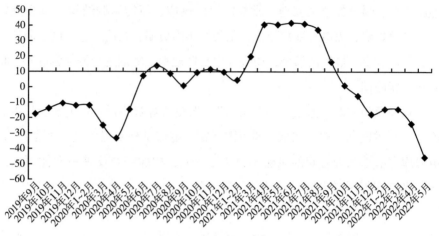

图 2　煤炭供需平衡情况

2. 煤电经营指数

输入数据。全省电煤平均价格，每周滚动更新。

预警设计。根据调研数据计算全省各燃煤电厂可承受的电煤价格，结合全省每周电煤平均价格，得到全省经营承压电厂比例，并根据该比例所在区间判定警度（见表1）。

输出警度。绿、蓝、黄、红四个警度，分别赋值0、1、2、3。

表 1　煤电经营预警判定

判据	0%~<1%的电厂承压	1%~<10%的电厂承压	10%~<30%的电厂承压	30%及以上的电厂承压
警度	绿色—0	蓝色预警—1	黄色预警—2	红色预警—3

3. 电煤库存预警

输入数据。全省各统调电厂存煤、日耗煤数据，每日滚动更新。

预警设计。根据4个库存指标来判定，各判据为并列关系，当满足任一判据时，即判定为相应警度；当根据不同判据出现不同警度时，以更高警度为准（见图3）。

输出警度。绿、蓝、黄、红四个警度，分别赋值0、1、2、3。

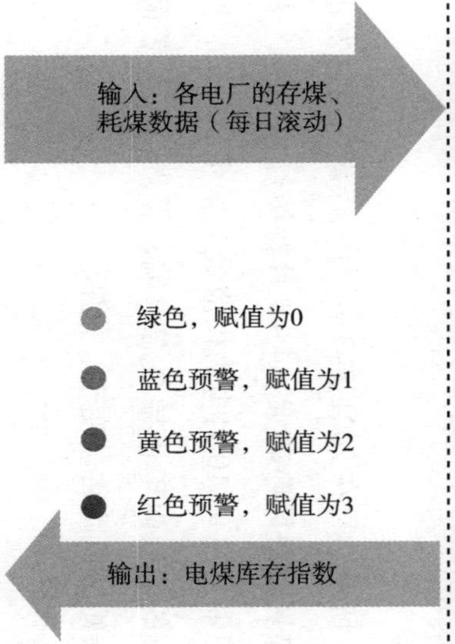

电煤库存预警判定

判据 / 警度	判据1: 30天平均耗煤可用天数	判据2: 全开机可用天数	判据3: 库存下降情况	判据4: 全开机低于7天的机组占比
绿色—0	正常	正常	正常	—
蓝色预警—1（满足右边任一判据，即为蓝色）	迎峰度冬、度夏期间，连续3天低于15天，其他时段连续3天低于20天	连续3天低于10天	库存连续3天下降，且3天累计降幅超过5%	全省煤电装机容量的30%
黄色预警—2（满足右边任一判据，即为黄色）	迎峰度冬、度夏期间，连续3天低于12天，其他时段连续3天低于18天	连续3天低于9天	库存连续3天下降，且3天累计降幅超过8%	全省煤电装机容量的35%
红色预警—3（满足右边任一判据，即为红色）	迎峰度冬、度夏期间，连续3天低于10天，其他时段连续3天低于15天	连续3天低于8天	—	—

输入：各电厂的存煤、耗煤数据（每日滚动）

- ● 绿色，赋值为0
- ● 蓝色预警，赋值为1
- ● 黄色预警，赋值为2
- ● 红色预警，赋值为3

输出：电煤库存指数

图3 电煤库存指数设计思路

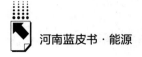

（四）一级预警设计

为更好地对能源电力综合保障能力进行预警，将二级预警指数合成分别形成季度、月度、周度3个一级综合预警指数（见表2）。

表2　一级预警设计合成方法

一级预警	合成方法	适用场景
季度预警	季度预警指数＝煤炭供需预警指数	每月滚动，重点看未来3个月态势
月度预警	月度预警指数＝0.4×电煤价格预警指数＋0.4×电煤库存预警指数＋0.2×煤炭供需预警指数	每月滚动，重点看下个月态势
周度预警	周度预警指数＝0.67×电煤库存预警指数＋0.33×电煤价格预警指数	每周滚动，重点看未来1~2周态势

注：当一级预警指数为0时，预警绿色；当在（0，1）区间时，预警蓝色；当在［1，2）区间时，预警黄色；当在［2，3］区间时，预警红色。

三　河南煤炭煤电供需运行特点及保障预警分析

（一）二级预警效果

1.煤炭供需预警

预警结果如图4所示。早在2021年3~4月，煤炭供需就发出黄、红色预警，预示着未来煤炭短缺风险较大；4~8月持续红色预警，表明煤炭短缺风险持续存在、积聚；在9~10月电力供应最为紧张的时段，原煤生产加劲发力，但供应缓解的信号尚未传导至需求端，煤炭供需预警降为黄、绿色，预示着未来煤炭短缺风险将会变小、化解。

2.煤电经营预警

根据调研数据，计算各电厂可承受的电煤价格，得到河南经营承压燃煤电厂占比与电煤价格（5500千卡动力煤）运行关系（见图5）。

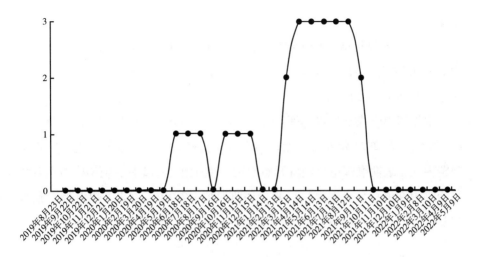

图 4　煤炭供需预警情况

注：1 为蓝色预警，2 为黄色预警，3 为红色预警。

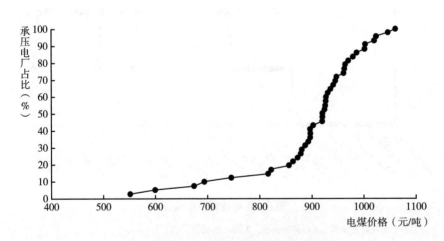

图 5　承压电厂占比与电煤价格运行关系

可以看到：

（1）当电煤价格低于 700 元/吨时，全省小于 10% 的燃煤电厂经营承压，此时火电经营有风险但整体可控。

（2）当电煤价格接近 900 元/吨时，约 30% 的电厂经营承压，且承压电厂占比呈现陡峭上升态势，此时省内燃煤电厂经营已处于大面积承压的边缘。

（3）当电煤价格为930元/吨时，约50%的电厂经营承压；当电煤价格为980元/吨时，约80%的电厂承压；当电煤价格为1060元/吨时，河南燃煤电厂基本全部亏损。

根据河南燃煤电厂经营承压占比与电煤价格运行关系，得到预警结果（见图6）。自2021年6月开始，河南电煤价格开启蓝色预警，进入非正常预警模式，表明燃煤电厂经营开始承压。2021年9~12月，河南煤电经营预警始终为红色，是燃煤电厂经营最困难时段。2022年以来，煤电经营预警在蓝、黄、红之间轮动，表明省内燃煤电厂经营仍然面临较大压力。

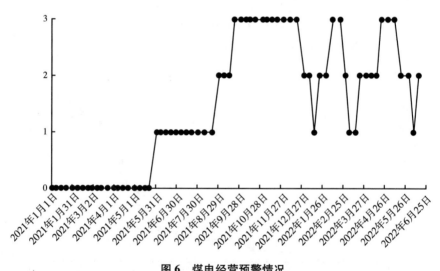

图6　煤电经营预警情况

注：1为蓝色预警，2为黄色预警，3为红色预警。

3. 电煤库存预警

预警结果如图7所示。2021年6~10月，河南电煤库存预警基本为红色，2021年11月至2022年7月基本为绿色，燃煤电厂发电能力基本有保障。

总体来看，三个二级预警指数起到了很好的预警作用，并揭示出以下运行特点。

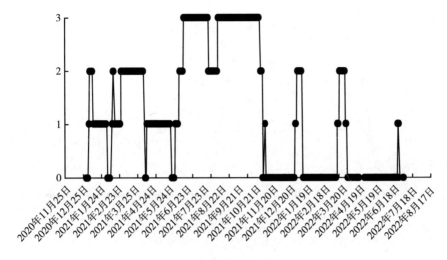

图 7　电煤库存预警情况

（1）煤炭供需相比电煤库存提前一个季度发出红色预警，具备良好的超前预警功能。

（2）2022 年以来，全省煤炭供需、电煤库存两个预警指数基本为绿色，反映出河南能源电力保障处于安全区间；但煤电经营预警指数在蓝、黄、红之间轮动，反映出河南燃煤电厂经营始终承受较大压力。

（3）各二级预警指数之间存在压力传导关系。煤炭供需预警表征了月度至季度时间尺度上煤炭市场供需情况及潜在短缺风险，其风险压力经过一段时间会传导至价格、煤电经营；煤电经营预警表征了周度至月度时间尺度上煤电企业的经营压力，其压力会传导至库存；电煤库存预警表征了日度至多周时间尺度上煤电的供应保障能力。

（二）一级预警效果

按照合成规则，形成季度、月度、周度预警（见图 8）。

（1）季度预警具有最超前的供需预判能力，比周度预警提前 3 个月进入红色预警、提前 2 个月解除；月度预警次之，比周度预警提前半个月预警、提前半个月解除。

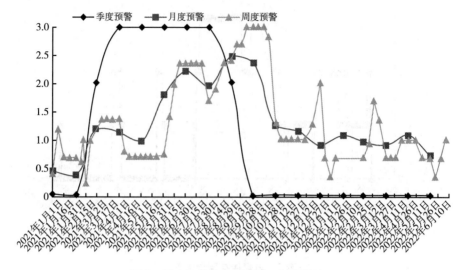

图8　季度、月度、周度等一级预警情况

（2）季度、月度、周度预警指数间具有明显的预判先后关系，可为电力运行计划、安全保供提供参考。

（3）季度预警波动频次最少，周度预警波动频次最多。

四　结论与建议

（一）构建了基于煤炭煤电的年内多时间尺度能源电力供需保障预警体系

能源电力供需预警研究是一项系统性、长期性、艰巨性重大工程，涉及经济社会全环节、源网荷储全要素、短中长期全周期，需要持续开展跟踪研究、逐步深入完善。基于河南省能源供需现状、供需预警现实需求，构建了基于煤炭煤电的能源电力供需保障预警体系，该预警体系紧抓"煤炭供需—煤电经营—电煤库存"一个链条，关注煤炭煤电、年内尺度两个重点，包含一级预警指数、二级预警指数两个层级，实现了季度、月度、周度三个时间尺度上供需风险的预警，能够为能源电力保供、安全生产运行争取时间、提供参考。

（二）2022年以来河南能源电力供需的主要矛盾在于煤电企业经营长期承压

根据预警体系的预警结果，2022 年以来，河南煤炭供需、电煤库存两个指数基本为绿色，但煤电经营指数在蓝、黄、红之间轮动，表明河南煤电企业经营始终承受较大压力。根据测算结果，当电煤价格低于 700 元/吨时，省内小于 10% 的燃煤电厂经营承压，此时火电经营有风险但整体可控；当电煤价格接近 900 元/吨时，约 30% 的电厂经营承压，且承压电厂占比呈现陡峭上升态势，此时火电经营已处于大面积亏损的边缘，触发红色预警，需要紧密关注；当电煤价格为 1060 元/吨时，河南燃煤电厂基本全部亏损。2022 年 1~8 月，河南电煤平均价格为 910 元/吨，电厂经营长期处于承压状态，不利于煤电企业正常生产经营。

（三）建议持续推动完善能源电力供需预警及应急体系

预计未来 3~5 年，全球能源电力紧张局面大概率成为常态，当前能源供需分析"监测多、预警少"，有必要系统完善预警及应急体系。一是重点完善年内短期滚动预警，做好覆盖煤电产业链供应链的能源电力供需平衡，并纳入年度能源电力运行计划及安全生产管理。二是统筹考虑经济社会全环节、源网荷储全要素、短中长期全周期，持续开展全维度能源电力供需预警，将气候气象、地缘政治、产业发展等的影响纳入考虑因素。三是从资源落实、设施建设、政企联动等方面提前谋划好工具库，保障能源稳定供应，防止市场供应和价格大起大落。

参考文献

冯雨、龚大勇、高宁宁等：《我国煤炭供需监测体系及预测预警机制研究》，《中国煤炭》2022 年第 4 期。

刘思捷、白杨、陈中飞等：《碳中和背景下能源电力产业链预警研究框架》，《广东电力》2021年第10期。

刘思捷、白杨、陈中飞等：《能源电力产业链短期预警方法》，《广东电力》2022年第1期。

韩文轩：《2021年电荒：政策分析与选择》，《能源》2021年第12期。

B.9
河南省中长期电力供应保障研究与建议

邓振立　李虎军　田春笋*

摘　要： 党中央、国务院高度重视能源电力保供工作，习近平总书记明确提出"能源的饭碗必须端在自己手里"。2022 年，受历史罕见极端高温影响，全国电力供需形势全面趋紧，多个省份出现供电紧张局面。在能源电力低碳转型背景下，今后一段时期全国及河南电力供应保障形势依然严峻，前瞻性开展中长期电力保障研究，问计能源保供的"长远之策"，对于保障河南能源安全、服务"两个确保"目标实现具有重要意义。本文按照"分析形势、明确任务、制定措施"的研究思路，研判了全球能源电力供应新格局，分析了河南电力保供新形势，测算了全省中长期电力需求，突出"常规电源保供应，新能源调结构"理念，坚持"先立后破、系统谋划、协同发力"，围绕供应、系统、消费、机制四个方面，提出了河南中长期电力保供的对策建议，以期为服务全省经济社会高质量发展提供坚强电力保障。

关键词： 电力供应保障　能源转型　河南省

* 邓振立，工学硕士，国网河南省电力公司经济技术研究院工程师，研究方向为能源电力供需与市场分析；李虎军，工学硕士，国网河南省电力公司经济技术研究院高级工程师，研究方向为能源电力规划与供需分析；田春笋，工学硕士，国网河南省电力公司电力科学技术研究院工程师，研究方向为电力系统分析。

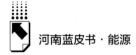

保障电力安全可靠供应、服务经济社会发展和民生改善，是电力行业的初心所在，使命所在、价值所在。党的二十大指出，我国已经迈上全面建设社会主义现代化国家的新征程，要加强能源产供储销体系建设，确保能源安全。当前，世界正面临百年未有之大变局，全球能源供需格局重塑，能源电力供应紧张风险凸显。2022年历史罕见极端高温，使得全国电力供需全面趋紧。谋划中长期电力供应保障，既要回望过去、总结经验，更要思考当下、谋划未来。河南正处于锚定"两个确保"、实施"十大战略"关键时期，更科学、更高效、更经济、更可持续地制定能源电力保障的长远之策、治本之道，筑牢电力保供安全根基，意义重大、影响深远。

一　世界能源电力供应新格局

当前，世界之变、时代之变、历史之变的特征更加明显，能源安全与能源转型成为世界能源市场的两大旗帜，全球能源市场体系迎来新变局，未来较长一段时间内，全球能源供应或将持续呈现紧平衡状态，叠加极端气候事件频发，横跨多国的能源电力紧张局面有可能成为常态。与此同时，短期来看，一次能源危机导致多国出现"电荒"，传统发电再次得到重视，但长期来看，世界能源危机的警示将助推绿色低碳能源变革在世界范围内成为更加稳固的共识，世界能源改革的意志将更加坚定、根基将更加牢固、进程将更加快速。

（一）能源电力安全形势发生改变

全球能源市场进入急剧动荡变革期，能源短缺现象将持续。当前，低碳转型背景下化石能源产能受限、地缘政治加速全球能源格局重塑等一系列长期性和短期性、周期性和突发性因素错综复杂、交织激荡，国际天然气、电力、油品短缺问题愈演愈烈，导致全球能源供需失衡，国际能源供需格局和市场面临大切换，加深了世界各国对能源安全问题的担忧，重新审视过度依赖化石能源造成的潜在风险。综合判断，未来较长一段时期内，全球能源市场将呈现四大特征：传统能源供给不足，短缺现象持续；地缘政治影响加大，能源价格波动频繁；能源供需格局重构，能源博弈加剧；能源贸易风险提升，不确定性增加。这些特征致使全球能源供应将处于紧平衡状态，叠加极端气候事件频发，横跨多国的能源电力紧张局面有可能成为常态，也将给我国能源安全带来诸多新变数。

（二）能源绿色低碳转型步伐加速

全球能源供应紧张将进一步加速能源绿色低碳转型。从发展方向看，能源转型是推进人类文明阶段性演化的基本动力。当前全球能源危机推动传统能源的重要价值得到重新评估，一方面全球能源供应趋紧背景下各国更加关注能源安全，另一方面也将进一步激发各国加快能源绿色低碳变革的意志决心，新一轮科技革命和产业变革将引领全球能源技术和供应结构加快重塑，风电、光伏等可再生能源行业将迎来前所未有的发展机遇。从国际看，欧盟发布了 REPower EU 能源计划，提出到 2025 年光伏发电能力增加一倍；欧洲八国和欧盟签署"马林堡宣言"，计划到 2030 年将波罗的海地区海上风电装机容量扩大 6 倍；德国制定政策草案，提出到 2035 年可再生能源满足国内发电需求；英国发布能源安全战略，提出加快发展核能、风能、太阳能和氢能。从国内看，党的十八大以来，面对错综复杂的国际国内形势，以习近平同志为核心的党中央高瞻远瞩、审时度势，创造性提出"四个革命、一个合作"能源安全新战略。党的二十大明确提出，深入推进能源革命，加强煤炭清洁高效利用，加快规划建设新型能源体系，加强能源产供储销体系建设，确保能源安全，为新时代的能源发展提供了遵循、指明了方向。

（三）极端气候事件频发趋势显著提升

全球气候变化正在更大范围、更深层次影响世界能源电力安全。2022年度夏，从国际看，在全球能源危机大变局下，极端高温席卷北半球，世界多国出现"电荒"，欧洲电价一路飙升突破 400 欧元/兆瓦时，资源小国甚至出现举国断电。从国内看，我国出现 1961 年有完整气象观测记录以来持续时间最长、范围最广、强度最大的极端高温，长江流域出现了60年来最严重的旱情，面对最高温度、最少水电、最大负荷、最长时间"四最"叠加，全国多个省份出现供电紧张局面，四川省启动突发事件能源供应保障一级应急响应。未来，随着绿色低碳转型的加速推进，风电、光伏出力随机性、波动性、间歇性的客观自然规律，叠加高温、极寒、干旱、暴雨等极端天气风险频发，将致使电力供应保障的特殊性、艰巨性、复杂性显著提升，可能成为能源电力安全保供体系最大的潜在威胁。

二 河南省中长期电力保障新形势

2022年度夏，河南在全国电力供需全面趋紧背景之下，电力保供较往年尤其特殊、尤为艰巨。全省用电负荷高峰到来之早、持续之长、增幅之大前所未有，外电竞争之难、降温负荷之高、短时供电缺口之大前所未有，全省电力行业坚决贯彻习近平总书记关于能源保供的重要指示精神，全面落实省委、省政府能源保供工作部署，全面打赢了迎峰度夏电力保供攻坚战，守住了大电网安全和民生用电底线。回顾这场艰苦卓绝的保供战役，电力保供的"千方百计"中有不少是非常时刻的非常之举，虽治眼下的"标"但不治未来的"本"。长远来看，在"双碳"目标指引下，随着新能源供给消纳体系加快建设，河南电力供需将呈现四大趋势：一是煤电是电力供应基础性电源，但装机占比快速下降；二是新能源装机占比快速提升，但顶峰能力不足；三是外电入豫特高压输电通道能力进一步提升，但全国电力资源竞争更加激烈；四是供需两侧结构加快调整，但灵活性资源建设进度有待提速。这些趋势将是推动未来电力缺口增大、制约安全可靠供应、加剧新能源消纳难度的关键因素。

（一）煤电是电力供应基础性电源，但装机占比快速下降

当前，煤电进入新发展阶段，将逐渐向基础保障性和系统调节性电源并重转型。近年来，受电力供需形势、低碳转型约束、煤电经营形势等多重因

素影响，全省煤电装机增长大幅放缓，预计至 2025 年底，全省统调煤电装机十年仅增长 480 万千瓦，仅为同期用电负荷增长规模的 1/8 左右。从装机结构看，预计至 2025 年底，全省煤电装机占比将降至 50%，2030 年进一步降至 40% 左右。考虑电煤价格持续高位运行，煤电机组经营较为困难且存在煤质差、非计划停运等情况，煤电机组出力存在一定的不确定性，影响其兜底保障作用的发挥。

（二）新能源装机占比快速提升，但顶峰能力不足

预计至 2025 年全省新能源装机规模将突破 5000 万千瓦，装机占比提升至 40% 左右，2030 年风电光伏等新能源机组占比将进一步提升至 50%，超过煤电装机成为省内第一大电源。新能源出力随机性强、间歇性强、多日无风、多日阴雨、季节变化大、年景差异大，尤其是"极热无风、晚峰无光"等自然规律特性带来的电源结构"脆弱性"，将对电力供需平衡逻辑产生根本影响。2022 年度夏晚高峰期间，全省 3800 万千瓦风电和光伏装机，平均出力仅 211 万千瓦，最低只有 64 万千瓦，关键时刻"发不出、顶不上"，难以作为高峰时刻的支撑电源，电力保供仍需依赖煤电等可靠电源。

（三）外电入豫通道能力持续提升，但外电资源竞争更加激烈

2022 年，受我国历史罕见极端高温、西南地区传统电力外送省份汛期反枯等因素影响，多个省份出现电力供应紧张局面，河南跨区交易电量明显下降。度夏用电高峰时刻，省间现货市场交易价格大幅提升，成交电价一度飙升至顶格水平。未来几年，全国中部、东部、南部地区省份保供电紧张局面还将持续，同时送端省份资源有限，无法充分满足需要，使得受端省份争取外电竞争更加激烈，叠加煤价高位运行推动送端送电意愿减弱、河南现货市场电价承受能力较弱，省外来电不确定性将显著增加，将加剧全省电力供需紧张局面，加大对省内火电的依赖程度。

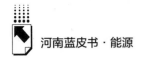

（四）供需两侧结构加快调整，但灵活性资源建设进度有待提速

作为典型受端电网，近年来全省新能源和外电占比日益提升，2022年春季全省新能源出力占同时刻用电负荷的最大比例已接近1/2，叠加省外来电占用电负荷的最大比例已超过1/2。供给侧结构性变化叠加需求侧峰谷差持续拉大，使得电网调峰需求逐年增长，河南灵活性调节电源不足、新能源消纳困难问题凸显，亟须统筹电力供给和需求双侧，加快煤电灵活性改造、抽水蓄能、新型储能、需求侧响应等灵活性资源建设，为加快构建新型电力系统、加快建设新能源供给消纳体系打下坚实基础。

三 河南省中长期电力空间需求分析

经济社会发展是电力需求增长的第一动力、电力供应保障的第一边界条件，一个国家或地区经济增长的阶段、水平和趋势，决定了其电力需求增长潜力和增速。当前，河南正锚定"两个确保"、全面实施"十大战略"，站在了新的历史起点，到了可以大有所为的关键阶段，电力行业高质量发展面临难得历史机遇。但受煤价高位运行、煤电建设项目积极性不高、新能源高峰时刻顶峰能力不足、入豫直流建设周期较长及气电、水电资源匮乏等因素影响，"十四五""十五五"期间全省电力供需将由当前"缺电力不缺电量"逐步转变为"电力电量双紧缺"，需要多措并举全面提升电力系统的保障能力。

（一）电力需求预测

一是从发展阶段看，当前河南正由工业化中期向后期过渡，人均GDP仅为全国的80%左右，人均用电量不足全国平均水平的70%，河南作为我国人口大省、经济大省，具备较强发展潜力。二是从奋斗目标看，河南提出"十四五"时期，主要经济指标年均增速高于全国平均水平，到2035年人均生产总值、人均可支配收入达到或超过全国平均水平，预计未来15年全省地区生产总值年均增速将达到6.5%。三是从增长动力看，2021年下半年以来全省牢固树立"项目为王"的鲜明导向，持续推进"三个一批""万人助万企"，谋划实施"四个拉动""五链耦合"，一系列政策措施持续发力、逐渐显效，经济运行呈现"企稳向好、蓄能进位"良好态势，带动电力需求实现较快增长，好于预期、高于全国。初步预计，2025年，河南全社会用电量4650亿千瓦时，人均用电量达到4800千瓦时，达到全国水平的75%左右，差距有所缩小；全社会最大用电负荷达到9700万千瓦。"十五五"期间预计全社会用电量年均增长150亿千瓦时，2030年达到5400亿千瓦时，全社会最大负荷达到1.2亿千瓦，年均增长460万千瓦。

（二）电源发展规划

煤电装机。在建项目：预计2023年洛阳万基将分别投运120万千瓦装机；2024年许昌能信、平顶山姚孟产能置换机组投产，将分别净增装机28万、30万千瓦。规划项目：政府已明确支持在豫东、豫南等电力缺口较大地区规划建设高效清洁煤电；在保障供电供热前提下，积极推进城区煤电等容量退城进郊项目。

抽水蓄能电站。在建项目：加快南阳天池、洛阳洛宁、信阳五岳和平顶山鲁山等项目建设进度。规划项目：加快纳规的辉县九峰山、嵩县龙潭沟、林州弓上等项目前期进度。

新能源装机。风电方面：按照适度开发的原则，打造沿黄百万千瓦级高质量风电基地，开展"千乡万村驭风行动"，协同开发分散式风电项目，预计2025年、2030年全省风电装机将分别达到2600万、4000万千瓦。光伏方面：按照节约集约用地原则，加快屋顶光伏整县推进，鼓励园区、厂房、大型公共建筑屋顶开发分布式光伏，开展"千家万户沐光行动"，预计全省太阳能装机将保持快速增长态势。

区外电力。随着华中"日"字形特高压交流环网建成、青豫直流第二批配套电源530万千瓦项目逐步建成投产，疆电、青电"双引擎"直流功率将稳步提升，陕豫直流正处于建设阶段，预计 2025 年投运。

省内电源总体情况。2025 年，全省总装机为 1.33 亿千瓦，其中煤电装机所占比例降至 50%，燃机所占比例为 2.6%，抽水蓄能和常规水电所占比例分别为 2.4% 和 2.1%，风电、光伏新能源机组所占比例上升至 37.7%。2030 年，全省总装机为 1.62 亿千瓦，其中煤电装机所占比例降至 41%，燃机所占比例为 2.1%，抽水蓄能和常规水电所占比例分别为 3.8% 和 1.7%，风电、光伏装机所占比例上升至 46%，超过煤电装机。

（三）全省电力电量平衡

平衡原则。（1）电力平衡方面。①常规电源可用容量，不考虑规划煤电，统调煤电取 100%，气电取 85%，抽蓄取 100%，水电出力按 110 万千瓦考虑；地方小火电取 50%，地方小水电不考虑。②新能源可用容量，根据大数据概率分析的新能源保证出力系数研究成果，按照 95% 概率水平参与电力平衡，风电、光伏夏季大负荷午高峰时段分别取 1%、35%，晚高峰时段分别取 10%、0。（2）电量平衡方面。①煤电机组，根据河南省碳达峰行动方案，"十四五"期间全省煤炭消费量下降 10%，2025 年河南省煤炭消费量从当前的 20000 万吨降至 18000 万吨，即使考虑电煤占煤炭消费比重稳步提升至 60%，"十四五"末期全省煤炭可支撑煤炭发电量为 2600 亿千瓦时左右。②新能源方面，风电、光伏利用小时数为 1800 小时、1000 小时。③外电方面，2025 年疆电、青电分别送电 420 亿、275 亿千瓦时；2030 年疆电、青电分别送电 420 亿、370 亿千瓦时。

平衡结果。（1）电力保障方面。根据生产模拟分析，考虑已明确的省内电源及区外电力，2025 年、2030 年全省夏季大负荷时刻均存在较大电力缺口，且夏季晚高峰电力缺口大于夏季午高峰，2025 年、2030 年夏季晚高峰电力缺口分别约为 1600 万、2500 万千瓦。（2）电量保障方面。根据全省电力供需边界、平衡原则及全省减煤目标约束计算，"十四五"期间，全省煤炭可支撑煤电发电量 2600 亿千瓦时左右，2025 年、2030 年全省电量缺口分别为 180 亿、340 亿千瓦时。

四　河南省电力供应保障对策建议

能源安全是关系国家经济社会发展的全局性、战略性问题，做好电力供应保障，事关人民群众切身利益，事关经济社会稳定大局。应坚持系统观念，统筹处理好发展和减排、减污降碳和能源安全的关系，按照"常规电源保供应、新能源调结构"的发展理念，坚持"系统谋划、先立后破、立足于早、协同发力"的发展思路，努力实现开源和节流多措并举、改革和创新共同发力，全力构建清洁低碳、安全高效的能源供应体系，为全省经济社会平稳发展提供可靠的电力支撑，全力满足人民群众美好生活用电需求。

（一）基本思路

面对未来电力保障严峻形势，确保河南省中长期电力保障工作是服务现代化河南建设、加快能源绿色低碳转型的全方位、战略性工作，在制定电力供应保障方案时需把握以下原则。

一是系统谋划、统筹兼顾。坚决贯彻党中央、国务院重大战略决策，全面落实省委、省政府部署，围绕保供电、促转型工作主线，做好现行政策和未来政策的有序协调，统筹电力保供和能源转型两个方面，妥善解决全省电力供应缺口和服务新能源消纳两大难题。

二是先立后破、确保供电。始终把确保电力安全可靠供应作为第一责任、首要任务，以大力提升省内供电能力为基础，以充分发挥外电入豫能力为重点，以推进新能源高质量发展为方向，坚持"先立后破"，正确处理好清洁低碳、供应保障、安全运行三者的关系。

三是立足于早、着眼于实。统筹能源电力发展新形势、新要求、新变化，综合考虑火电灵活性改造政策、新能源配建储能政策、新型储能造价变化趋势、抽水蓄能前期工作进度及各类调峰资源应用场景，均衡安排各类调峰资源配置方案，服务新能源高质量发展。

四是供需两侧、协同发力。推动建立健全政策机制保障，推进能源改革

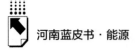

创新，形成新型保供力量。结合电力市场化改革进程，以机制创新引领供给侧和需求侧同时发力、同向发力、综合发力，提高全民节电意识，形成两端动态平衡、高效互动的协同机制。

（二）对策建议

做好中长期电力供应保障，应坚决贯彻习近平总书记关于能源保供的重要指示精神，全面落实省委、省政府能源保供工作部署，围绕保供电、促转型工作主线，结合能源电力发展、电力供需新形势，按照"常规电源保供应，新能源调结构"的发展理念，科学制定全省中长期电力保供方案，从供给侧、系统侧、消费侧和机制侧四个方面，以更科学、更高效、更经济、更可持续的方式制定长远之策，全方位助力提升全省中长期电力保障能力。

1. 立供给：强化内建外引，努力提高电力系统保障能力

优化煤电机组发展布局。发挥煤电稳定托底保供作用，在持续优化调整存量煤电、完成煤炭等量替代的前提下，加快在建煤电项目建设进度，确保按期投产。加快规划建设清洁高效托底保障煤电机组，加快推进新建煤电项目前期工作，力争"十四五"期间在豫南、豫中东等电力缺口较大地区，有序建设高效清洁的保障性支撑煤电项目 600 万千瓦以上，并推动尽快核准、建设投运。

有序推进抽蓄电站建设。加快推进南阳天池、洛阳洛宁、信阳五岳、平顶山鲁山抽水蓄能电站及配套送出工程建设，确保南阳天池抽水蓄能电站 2023 年全部建成投产；"十四五"末推动在建洛阳洛宁、信阳五岳各投产 1 台机组，预期"十五五"期间，洛宁、五岳另外 3 台机组及平顶山鲁山按期投产；加快推进嵩县龙潭沟、林州弓上电站前期工作。

加快完善骨干网架。提升资源有效配置能力。有序推动郑州、洛阳等负荷中心及豫东、豫南经济高增长区输变电工程建设，提升豫西外送断面、豫东受电断面输电能力。提升省内电网南北互供能力。加快驻马店—武汉特高压配套工程建设、推动开封—驻马店 1000 千伏特高压交流工程纳入国家电力规划并尽快建设投运，有效提升省内电网南北互供能力，助力形成"东

西互供、南北贯通"的供电格局。继续做好新能源并网服务。开展三门峡、安鹤西部网架优化规划研究，优化新能源发展布局和规划并网时序，避免加重弃风弃光矛盾，服务豫西新能源基地送出。

积极引入多方争取省外电力。充分发挥现有通道能力。协调青海省政府加快第二批配套电源建设进度，力争2023年华中"日"字形特高压交流环网建成后，青豫直流2024年度夏前具备满功率顶峰能力，疆电、青电直流具备满功率1480万千瓦的临时应急顶峰支援能力。积极协调组织跨省错峰互济。将外电临时顶峰作为保障度夏负荷高峰期间全省电力供应的重要措施，加强华中区域电力合作，充分利用华中区域负荷时段差异，积极开展省间互济，解决河南晚峰部分时段顶峰问题；积极与电力富余省份对接，通过签订政府间市场化协议等方式争取大负荷时段临时外电支援。加快建设第三直流建设工作。加快推动陕豫直流前期工作及工程建设，提高陕豫直流潮流疏散能力和南北互济能力，力争2025年度夏前投产，尽快与陕西省签订长期送电协议。加快新增外电入豫新通道建设。推动特高压交流长治—南阳第二回线路纳入规划；谋划推进第四直流输电通道建设，力争2030年全省外电入豫规模突破3000万千瓦。

2. 立系统：强化协同发力，全面提升电力系统顶峰能力

推动新能源顶峰能力建设。结合河南省"十四五"能源规划新型电力系统重大工程建设，积极推进并主动服务源网荷储一体化和多能互补发展，以系统性、多元化思路统筹优化源网荷储各个环节及风光水火储各类资源，探索构建源网荷储高度融合的新型电力系统发展模式。结合全省新能源项目布局，督促新能源发电企业严格落实河南省差异化新能源配置储能原则，推动系统友好型新能源电站建设；推动已并网的新能源项目配套建设新型储能或购买调峰能力；探索独立储能、共享储能、电网替代性储能项目建设，提高系统调节能力。

激励提升火电企业的尖峰积极性。出台合理体现发电企业保供贡献的机制性保障措施，建立特殊情况下的市场化交易和结算规则，对不同时段超发电量性质加以区分，提高发电企业"保供电、顶出力"积极性。通过辅助

服务市场激励煤电机组提升顶峰出力主动性，协调加大尖峰辅助服务市场奖惩力度，阶段性激励火电厂发电意愿，提高超机组额定容量90%的电量收益等有力措施，杜绝火电企业"出工不出力"问题，确保火电机组发电能力。

严格机组非计划停运和降出力考核。针对度夏期间因缺煤停机、大幅降低发电出力的发电企业，统筹两个细则等手段，制定相关考核措施；实施地市电厂与统调电厂同质化管理，严控不合理检修计划，压减非停和受阻规模，力争高峰时段发电能力不低于200万千瓦；促请政府加大电煤考核和燃气供应督导力度，提高机组顶峰能力。

全面提升电网运行水平。完善电力供需预警平衡机制，精心开展电力供需形势分析预测，超前预判迎峰度夏电力供需形势，动态跟踪全省各地区电力供需发展情况，滚动评估电力需求增长和开展电力保障措施的适应性研究。转变传统电网调度运行观念，按照新型电力系统优化运行方式，主动与华中地区开展调峰、顶峰能力协作，在保障电力安全运行同时，确保高比例可再生能源可靠消纳。

3. 立消费：强化节能提效，有效提升电能终端利用水平

完善电力需求侧政策和管理机制。完善电力需求响应工作制度和激励机制，细化需求侧响应启动条件，做好需求响应优先和有序用电保底之间的衔接互补；开展电力需求响应系统建设，完善认定标准，按照"响应即补、多响多补"原则，制定梯次补贴标准，提高用户积极性；细化应邀客户刚性执行措施，引导用户按约执行、足额响应。同时，完善"谁受益、谁承担"的补偿费用分摊机制，解决"谁引起"的源头问题，避免产生"谁引起、谁受益"不合理结果，以机制创新引导供需两侧同时发力、同向发力、综合发力。

推进全社会节约用电。提高全社会节能节约意识，把节能低碳、提高能效贯穿经济社会发展的全过程和各领域，推动重点行业低碳节能生产和改造，着力提升绿色制造能力，引导形成绿色生产生活方式。积极开展多种形式的宣传教育，鼓励推广经过国家节能认证的节约用电产品，及时公开发布全省电力供需信息，主动回应群众关心的热点问题。动员社会各方力量共同

开展节约用电活动，普及节约用电科学知识。

科学制定有序用电方案。根据国家有序用电管理办法，按照"有保有限""先错峰、后避峰、再限电"的原则，摸排全省可中断用户及其负荷潜力，并结合近年来电网"夏冬双峰"的特点，动态编制年度有序用电方案，积极做好电力供需平衡保障。在需求响应签约或应邀量不能覆盖供电缺口时，及时启动有序用电，做好"优先和保底"间的衔接互补。

4. 立机制：强化改革创新，加快适应新型保供体系建设

进一步加快电力市场改革。统筹保障电力供应、促进能源转型、推动行业可持续发展等各方面，深化电价研究，推动构建科学完善的电价机制，发挥价格引导资源优化配置的"指挥棒"作用。以河南省电力现货建设为契机，引导市场主体调整发用电行为，充分体现电力市场的本质属性和核心目标，逐步实现"现货市场或电力市场优先、需求侧响应补充、节约用电助力、有序用电保底的"的电力保供机制。适时建立煤电机组的容量回收机制。在煤电发展定位发生转变背景下，在容量市场中，以容量补偿费用方式为煤电机组可靠容量付费，推动煤电机组成为"小电量、大容量"的能源生产者，在低利用小时基础上仍然能够保证正常经营。调动源网荷储多主体调峰积极性。采用市场化手段，充分挖掘社会中小微型电源和储能设施调峰价值，开展面向尖峰时段用能权政策设计，加快扩大用能权交易范围，推动能源要素向优质项目、优质企业、优质产业聚集，更好引导用户削峰填谷、改善电力供需状况。

创新建设应急顶峰机组。持续做好郑州、洛阳、南阳等地"关而不拆"机组日常维护等工作，保持设备健康状态，具备随时按照调度指令启动运行的条件。全面摸排省内30万千瓦级煤电机组生产运行情况，鼓励服役即将到期煤电机组通过等容量替代方式新上高效清洁煤电，关停机组在保障安全前提下，转为应急备用电源，在"夏冬双峰"供电紧张时段顶峰出力。推动转为应急备用的关停机组，其能耗、环保、煤炭减量指标在满足新上项目需求后，可由所属发电企业在全省范围内跨市使用，激发市场主体活力。

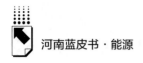

参考文献

习近平:《在中央财经委员会第九次会议上的讲话》,2021 年 3 月 15 日。

《中共中央　国务院关于加快建设全国统一大市场的意见》,2022 年 3 月 25 日。

国家发展改革委、国家能源局:《关于加快建设全国统一电力市场体系的指导意见》,2022 年 1 月 18 日。

国家发展改革委、国家能源局:《关于促进新时代新能源高质量发展的实施方案》,2022 年 5 月 14 日。

国家发展改革委、国家能源局:《"十四五"现代能源体系规划》,2022 年 1 月 29 日。

国家发展改革委:《关于进一步完善分时电价机制的通知》,2021 年 7 月 29 日。

国家发展改革委:《关于进一步完善抽水蓄能价格形成机制的意见》,2021 年 5 月 7 日。

国家发展改革委、国家能源局:《关于进一步推动新型储能参与电力市场和调度运用的通知》,2022 年 6 月 7 日。

河南省人民政府:《河南省国民经济和社会发展第十四个五年规划和二〇三五年远景目标纲要》,2021 年 4 月 13 日。

河南省人民政府:《河南省"十四五"现代能源体系和碳达峰碳中和规划》,2022 年 2 月 22 日。

河南省发展改革委:《河南省"十四五"新型储能实施方案》,2022 年 8 月 21 日。

河南省人民政府:《关于促进煤电行业持续健康发展的通知》,2022 年 8 月 30 日。

河南省人民政府:《河南省全面加快基础设施建设稳住经济大盘工作方案》,2022 年 7 月 28 日。

B.10

河南省迎峰度夏电力供需新特征的研究与建议

杨萌 刘军会 柴喆 路尧*

摘　要： 迎峰度夏是河南省能源电力保供的重要一环，是事关河南省经济社会健康发展的大事、要事。本文基于河南省电力大数据，复盘分析了 2022 年度夏期间全省电力供需新情况，系统分析了各产业、各行业用电特性及降温负荷电量特性，研究总结了电力保供"四大转变"下的"十大特征"。在此基础上，针对迎峰度冬及未来电力保供可能出现的问题，提出了供给侧、需求侧等相关层面的建议。

关键词： 迎峰度夏　电力大数据　电力保供

2022 年夏季，全国出现 1961 年有完整气象观测记录以来持续时间最长、范围最广、强度最大的极端高温，多个省份出现供电紧张局面。面对前所未有的艰巨挑战，河南省坚持政企协同、内外并举、多点发力，确保了电力供应总体平稳。据世界气象组织（WMO）预计，2022 年冬季出现极端气候概率较大，未来一段时期全省电力供应保障形势依然严峻。为更好服务能源安全保供工作，本文基于电力大数据，复盘分析了 2022 年迎峰度夏期间

---

* 杨萌，工学硕士，国网河南省电力公司经济技术研究院高级工程师，研究方向为能源电力经济与供需分析；刘军会，工学硕士，国网河南省电力公司经济技术研究院高级工程师，研究方向为能源经济与企业战略管理；柴喆，工学硕士，国网河南省电力公司经济技术研究院工程师，研究方向为能源经济与企业战略管理；路尧，工学硕士，国网河南省电力公司经济技术研究院工程师，研究方向为能源经济与企业战略管理。

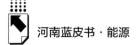

全省电力供需情况，深入研究了新形势下的新特征，提出了促进电力可靠供应的有关对策建议。

一　2022年迎峰度夏期间河南电力供需总体情况

受持续极端高温天气、产业经济恢复增长、南方水电大幅减发等因素影响，2022年度夏保供较往年尤其特殊、尤为艰巨，总体上表现为三个"前所未有"，即用电负荷高峰到来之早、持续之长、增幅之大前所未有，降温负荷之高、短时供电缺口之大前所未有，省间中长期市场和现货市场竞争之激烈前所未有。

（一）极端高温历史罕见，用电负荷高位运行时间之长前所未有

2022年6~8月，全省共64天最高气温超过35℃、51天平均温度超过28℃，省内多地高温持续天数突破历史极值。度夏期间，河南全网日电量首次突破16亿千瓦时，27天高于历史同期最大值（见图1）。全省用电负荷五创新高，20天超过7000万千瓦（6月5天、7月1天、8月14天）。2022年1~8月，尖峰负荷持续时间创2015年以来历年之最，85%以上的大负荷持续时间较上年基本实现翻番（见表1）。

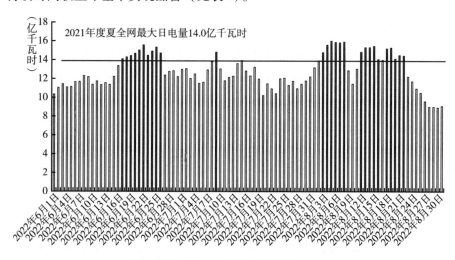

图1　2022年6~8月河南全网逐日用电量

表 1　2015 年至 2022 年 8 月河南尖峰负荷持续时间变化情况

单位：小时

年份	尖峰负荷持续时间				
	80%	85%	90%	95%	97%
2015	436	188	76	16	7
2016	402	175	67	13	5
2017	349	182	73	15	6
2018	364	235	129	33	9
2019	153	97	43	8	4
2020	354	150	56	8	4
2021	346	135	62	15	6
2022 年 1~8 月	429	250	123	25	10

（二）电力需求迅猛增长，多项指标创历史新高、居全国前列

2022 年 8 月 5 日，河南全网用电负荷最高达到 7792 万千瓦，同比增长 14.3%，较上年增加 975 万千瓦，涨幅居全国第一位。6~8 月，河南全社会用电量达到 1205 亿千瓦时，同比增长 17.5%，为 2010 年以来最高（见图 2），在全国用电体量较大的省份中增速最快；较上年度夏期间增加了 179 亿千瓦时，增量仅次于江苏，居国家电网经营区域第二位。

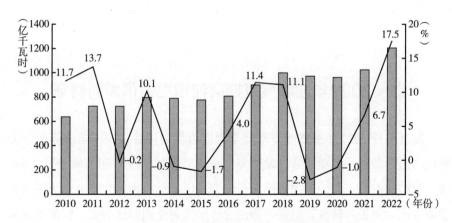

图 2　2010 年以来 6~8 月河南全社会用电量及同比增速

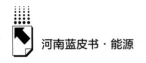

（三）电力供应总体平稳，常规电源提供了坚实基础支撑

2022 年迎峰度夏期间，全省煤电发电量稳步提升，不同时段占全社会用电比重由 1~8 月的 63.5%逐步提升至 66.6%（6~8 月）、68.8%（高峰 27 天）、71.7%（8 月 5 日），占全省发电量比重由 74.4%逐步提升至 78.1%、80.7%、83.8%。外电在保供中发挥了重要作用，占全社会用电量比重稳定在 15%左右。供电紧张时段，风电和光伏发电量占比明显回落，由 1~8 月 14.8%逐步下降至 12.8%（6~8 月）、12.2%（高峰 27 天）、11.0%（8 月 5 日）（见表 2）。

表 2　2022 年不同时段河南发电供应占比

单位：%

类别	1~8 月	6~8 月	高峰 27 天	8 月 5 日
全社会用电量	100	100	100	100
省内发电量	85.3	85.3	85.3	85.6
煤电	63.5	66.6	68.8	71.7
气电	0.3	0.5	0.5	0.5
水电	3.4	2.2	1.9	0.9
风电	9.7	7.4	8.1	6.6
光伏	5.1	5.4	4.1	4.4
生物质	2.7	2.4	0.9	1.2
其他	0.6	0.7	1.0	0
购入外电电量	14.7	14.7	14.7	14.4

二　2022年迎峰度夏期间河南电力供需新特征

复盘分析 2022 年迎峰度夏期间全省电力供需形势，发现当前能源电力保供的边界条件、主要矛盾已发生重大变化，整体呈现"四大转变"，即高峰负荷结构由以工业为主向降温负荷转变，电源结构由以常规电源为主向新能源占比大幅提升转变，供需形势由总体平衡向全面紧张转变，保供重点由增加供应能力向强化负荷管理转变，体现为"四大转变"下"十大特征"。

（一）高峰负荷结构由以工业负荷为主向降温负荷转变

1. 降温电量是拉动电力需求迅猛增长的主要因素

2022 年 6~8 月，全省降温电量同比增长 80%。其中，城乡居民生活和第三产业降温电量占比分别达到 50.3%、41.4%。初步测算，度夏期间降温电量拉动全社会用电量增长约 11 个百分点，即若扣除降温电量影响，2022年 6~8 月全社会用电量实际增速为 6.4%。

2. 度夏大负荷时刻居民用电占比近五成

2022 年夏季大负荷时刻，居民生活用电负荷占比稳定在 50% 左右，第二产业用电负荷占比在 35% 上下波动，第三产业用电负荷占比在 15% 左右，第一产业用电负荷仅为 1% 左右（见图 3）。

总体上看，第二产业用电负荷较为平稳，城乡居民生活和第三产业用电波动较大。居民晚高峰时段负荷为午高峰 1.3 倍、夜间小负荷 2.3 倍；第三产业用电负荷与运营时间基本一致，日间大、夜间小，日间约为夜间 1.6 倍（见图 4）。

城乡居民用电负荷中，乡村居民用电占比更高、波动更大。午高峰时段，乡村与城市居民用电负荷基本持平；晚高峰时段，乡村居民用电负荷是城镇居民约 1.5 倍（见图 5）。

3. 度夏用电高峰时段，降温负荷占比接近 50%，其中居民降温负荷占比超六成

初步测算，2022 年度夏期间，用电高峰时段全省降温负荷为 3500 万~

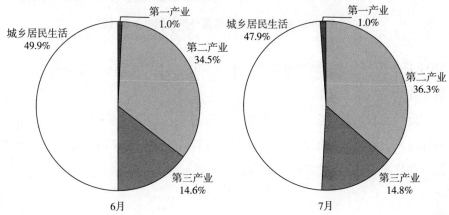

6月 / 7月

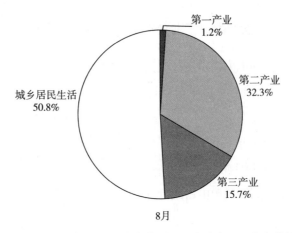

图3　2022年6~8月大负荷时刻河南分产业用电负荷构成

资料来源：分产业用电负荷基于公司售电口径数据测算得到。

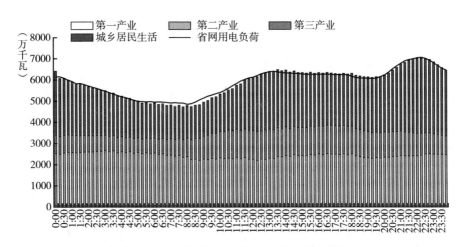

图4　2022年夏季典型日河南分产业用电负荷曲线

3700万千瓦，占同时刻用电负荷比重约50%，其中居民降温负荷占比最高、达到约65%（见图6）。

　　分行业看，批发零售、公共服务业降温负荷较高（见图7）。夏季用电高峰时刻，省内批发零售业、公共服务及管理组织业的降温负荷占全行业降温负荷比重分别达24.2%、13.7%。

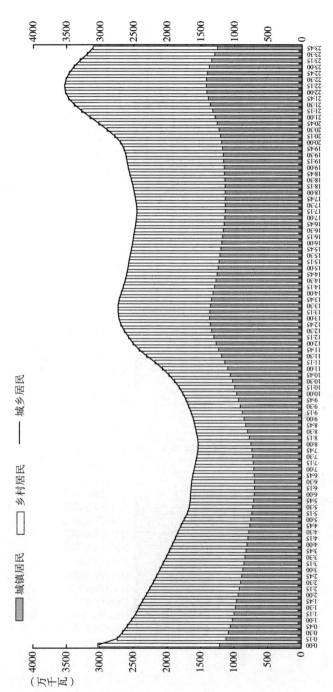

图 5 2022 年夏季典型日河南城乡居民生活用电负荷曲线

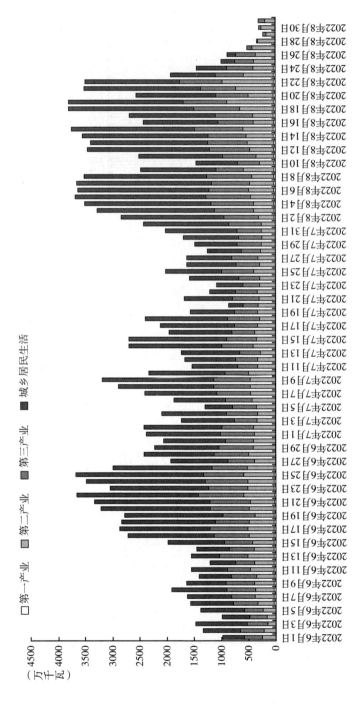

图6 2022年6~8月河南分产业降温负荷情况

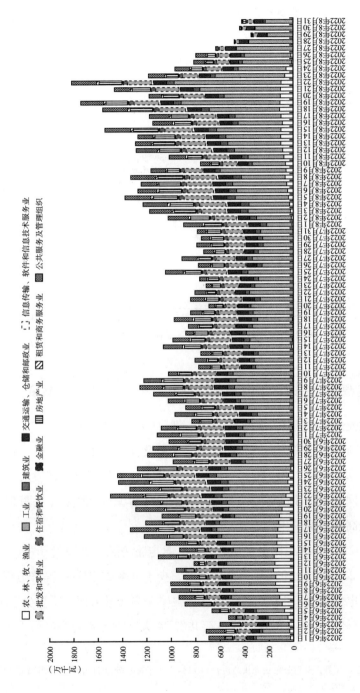

图7 2022年6～8月河南全行业降温负荷情况

4. 度夏期间，全省降温负荷与平均温度关系可划分为三档，单位温升增加降温负荷最大可达约370万千瓦

第一档（18℃~22℃），平均气温每升高1℃，降温负荷增加82.6万千瓦。第二档（22℃~28℃），单位温升可增加降温负荷215.7万千瓦。第三档（28℃~33℃），单位温升可增加降温负荷369.9万千瓦。

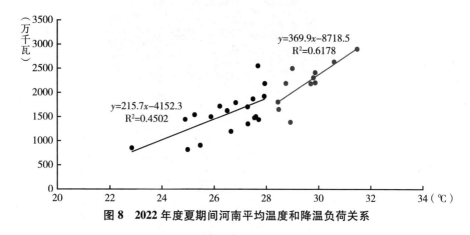

图8　2022年度夏期间河南平均温度和降温负荷关系

（二）电源结构由以常规电源为主向新能源占比大幅提升转变

1. 分布式光伏影响显著，全网、省网负荷特性呈现不同特征

一是大负荷时刻出现背离。长期以来，全网及省网特性基本一致，负荷高峰基本为夏季午高峰。"十四五"以来，受分布式光伏持续快速发展①影响，全网与省网最大负荷已连续两年出现在不同日期、不同时刻（见图9），总体上省网晚高峰的保供压力更大。

二是与2021年同期相比出现显著差异。日电量方面，2022年6~8月，省网日电量共22天超过2021年同期最大值，少于全网27天；午高峰方面，省网午高峰用电负荷仅有13天高于2021年夏季午高峰最大值，明显少于全网21天；晚高峰方面，省网晚高峰负荷共有24天高于上年晚高峰最大值，

---

① 截至2022年8月，全省分布式光伏装机达到1383.5万千瓦，较2021年8月、2020年8月分别增加了659.3万千瓦、872.4万千瓦。

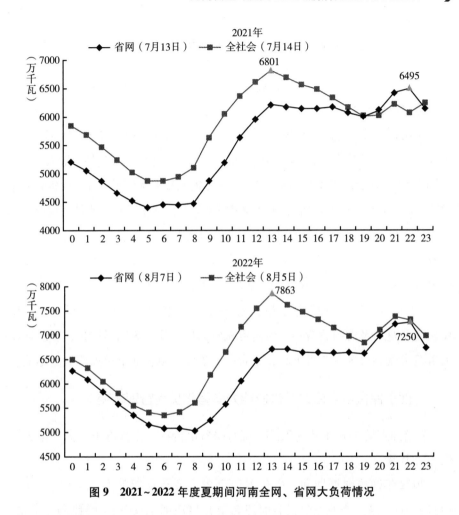

图 9　2021~2022 年度夏期间河南全网、省网大负荷情况

与全网 25 天基本一致。

2. 夏季大负荷时刻，晚高峰新能源可信出力率不足10%

2022 年 8 月 7 日晚高峰时刻，全省 3884 万千瓦风电光伏发电出力仅为 447 万千瓦，占同时期用电负荷的 6.2%。基于近五年度夏期间全省新能源 5 分钟级出力数据，选取日负荷达到当年最大负荷 90% 及以上的日期为样本，分析 12：30~13：30 午峰时段、21：00~22：30 晚峰时段新能源可信出力概率，可得 95% 可信水平下：夏季午高峰时段，风电可信出力率为 1.5%、光伏为 30.5%；夏季晚高峰时段，风电可信出力率为 8.5%。

（三）供需形势由总体平衡向全面紧张转变

1. 夏季不同月份新能源出力存在明显差异，若大负荷出现在7月，电力保供形势将更加严峻

河南省7月普遍温差更小、多高温闷热天气，新能源出力水平较6月、8月更低。其中，2022年7月全省风电平均出力率15%，较6月、8月分别低10个、8个百分点，从历史规律看，各年7月近一半时长出力率低于10%，设备利用小时数也低于6月、8月；受高温发电效率下降影响，光伏7月、8月平均出力率较6月低约5个百分点。2022年夏季，7月全省共17天晚高峰新能源出力率不足10%，明显多于6月3天、8月12天。7月26日至8月2日晚高峰时段，新能源出力率连续8天低于10%，极端情况下出力不足100万千瓦。

"七下八上"天气持续闷热的关键时刻，新能源"发不出、顶不上"现象较为严重。考虑明后两年，河南可靠电力供应能力无明显增长，度夏期间大负荷大概率出现在7月下旬，全省电力供应保障将面临更加严峻的挑战。

（四）保供重点由提升供应能力向强化负荷管理转变

1. 工业用电对电价较为敏感，现行峰谷电价在一定程度上加大了电力保供的压力

2022年迎峰度夏期间，电价谷段全省工业负荷明显高于平段、峰段①（见图10），第二产业电价低谷时段负荷是平段的1.05倍、峰段的1.1倍。其中，高耗能行业受峰谷电价影响最为明显，谷段负荷是平段的1.2倍、峰段的1.3倍，对第二产业在电价谷段与平段间负荷波动的贡献度为119%，对第二产业在谷段与峰段负荷波动的贡献度为89%。

2. 12个行业具备有效调节能力，优化电价政策可引导错避峰工业负荷约170万千瓦

针对河南全行业夏季典型日用电负荷数据进行分析，共筛选出12个行

---

① 高峰时段为8：00~12：00、18：00~22：00；低谷时段为0：00~8：00；平段为12：00~18：00、22：00~24：00。

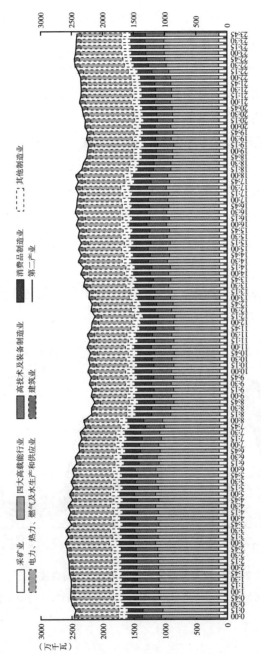

图 10 2022 年夏季典型日河南第二产业相关行业用电负荷曲线

业响应了分时电价政策。分行业看，调节能力最大的是非金属矿物制品业，可引导负荷规模约 80 万千瓦；其次为黑色金属冶炼和压延加工业、金属制品业，可引导负荷规模约 20 万千瓦；其他 9 个行业可引导负荷规模偏小，均低于 10 万千瓦。分地市看，豫南地区可引导工业企业负荷规模约为 70 万千瓦。其中，许昌、南阳可引导负荷规模相对较高，漯河、周口、驻马店、信阳地区可引导负荷规模明显偏低。

3. 度夏期间，电动汽车公共充电站负荷曲线呈现"M+m"形，具有"削峰填谷"特征

公共充电站电动汽车充电行为受价格引导效应较为显著，充电大多集中在午后、凌晨等电价低谷时段，公共充电站负荷波动率较大，峰谷差率接近90%，全天约 17 个小时充电负荷在最高值的 50% 以下。午间 12 时及晚间 10时，充电价格由峰段转为平段，充电负荷明显抬升，与全省用电高峰重叠（见图 11），加大了电力保供压力。初步测算，现阶段优化电价政策可引导错避峰充电负荷约 10 万~30 万千瓦。

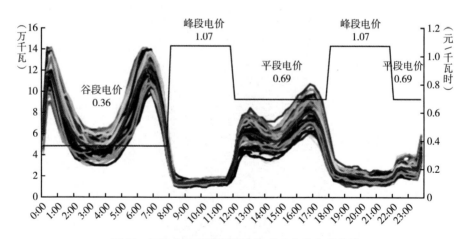

图 11　2022 年度夏期间河南公共充电站负荷曲线

资料来源：基于河南省能源大数据中心智能充电服务平台，选取郑州市 262 家公共充电站负荷运行数据作为样本。

三 关于迎峰度冬及未来电力保供有关工作建议

（一）全力推动新能源可靠供给能力提升

当前，新能源发电装机占比持续快速提升，但关键时刻"发不出、顶不上"，保供仍需依赖传统电源。从 2022 年度夏情况看，随着装机规模的不断扩大，夏季用电高峰时刻新能源可信出力率呈下降态势。建议：一是加快推动新能源与储能一体化发展，落实全省新能源消纳指引要求，建立风电、光伏开发规模与新增系统调节能力挂钩机制，鼓励、引导新能源企业自建或购买储能容量，接受统一调度管理，及时并网运行。二是建议政府主管部门尽快出台配套实施细则，如《河南省"十四五"新型储能实施方案》明确了共享租赁、参与辅助服务等多项促进储能规模化发展的市场机制，建议尽快出台相关配套实施细则，推动相关政策落地落实。

（二）稳步加快电力负荷管理基础设施建设

要更加重视"保供重点由提升供应能力向强化负荷管理转变"新形势新特征：一是加快完善负荷侧管理硬件基础，推进需求侧负荷管理平台建设，强化负荷参与电网运行的调控手段。二是推动完善负荷侧管理配套政策，健全电力市场机制，引导负荷资源主动参与调峰辅助服务和电力需求侧响应，针对不同地区需要、行业分布、负荷特性等，制定分区分级分场景参与机制、补贴标准，推动负荷侧资源更好参与市场、服务保供。

（三）着力加强电动汽车等新兴负荷管理引导

初步测算，预计到 2025 年全省电动汽车保有量将突破 200 万辆，最大充电负荷超过 250 万千瓦，约占全社会最大负荷的 2.5%。电动汽车是可与电网双向互动的需求侧宝贵资源，本文建议：一是优化电动汽车充电负荷管理，推动全省公共充电桩、私人充电桩实时运行数据，全量接入河南省能源

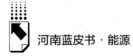

大数据中心智能充电服务平台，强化充电负荷动态跟踪、系统分析、有效引导。二是开展电动汽车参与电网运行示范，依托虚拟电厂等有效整合电动汽车等需求侧资源，积极参与电网运行、辅助服务等，探索基于负荷管理提升电力保供能力的新途径。

参考文献

河南省人民政府：《2022 年河南省人民政府工作报告》，2022 年 1 月 6 日。

河南省统计局：《2022 年 9 月份河南省经济运行情况》，2022 年 9 月 19 日。

河南省能源监管办：《今冬明春能源供应保障监管工作方案》。

河南省发展改革委：《关于进一步做好 2022 年度夏能源电力保供工作的通知》，2022 年 5 月 31 日。

陈雨泽等：《基于回归分析的迎峰度夏用电量分析方法》，《电信科学》2019 年第 11 期。

谢雯雯：《迎峰度夏，新型电力系统如何发力》，《能源》2022 年第 8 期。

B.11
河南省新型储能发展展望
与布局方案研究

司瑞华　郝元钊　王传捷　赵 阳*

摘　要： "十四五"时期是加快构建新型电力系统，推动实现"碳达峰、碳中和"的关键时期。新型储能作为支撑新型电力系统的重要技术和基础装备，可以发挥"电力仓库"作用，实现电能的生产和消费在时间上、空间上的分割，为系统运行提供调峰、调频、备用和黑启动等多种服务，是提升电力系统安全性、灵活性、经济性的重要手段，对于保障电力可靠供应、推动能源绿色转型、构建现代能源体系具有重要意义。本文系统梳理了新型储能发展的政策要求，针对河南电力系统调峰能力不足、电力安全保障压力大等问题，测算了全省新型储能整体规模需求，研究了储能配置策略和布局方案，提出了促进新型储能发展的对策建议。

关键词： 新型储能　储能配置　能源安全　河南省

"碳达峰、碳中和"背景下，河南大力推动能源绿色低碳转型，新能源保持快速增长态势。截至2022年8月，新能源发电占全省电力装机比重已

---

* 司瑞华，工学硕士，国网河南省电力公司经济技术研究院高级工程师，研究方向为电网发展规划；郝元钊，工学硕士，国网河南省电力公司高级工程师，研究方向为电网发展规划与新能源管理；王传捷，工学硕士，国网河南省电力公司电力科学技术研究院工程师，研究方向为电网发展规划；赵阳，工学硕士，国网河南省电力公司高级工程师，研究方向为配电网规划与新能源发展管理。

经超过 35%，当年春季全省新能源发电出力再创历史新高，占同时刻用电负荷比重达到约 50%。自 2020 年首次出现弃风弃光以来，新能源消纳经历了从量变到质变的过程，面临前所未有的压力。新能源出力具有波动性、随机性，"云来无光、天热无风"，2022 年夏季受极端高温天气影响，全省用电负荷连创新高，局部地区电力供应紧张，尤其是 7 月底、8 月初晚高峰时段全省用电负荷近 4000 万千瓦，风电、光伏平均出力仅为 211 万千瓦左右，关键时刻电力保供仍需依赖煤电等可靠电源。电力系统面临高峰保供应和低谷促消纳的双重压力，亟须加快新型储能规模化发展，为全省电力安全稳定供应和能源绿色低碳转型提供有力支撑。

一　新型储能发展总体概况

（一）新型储能内涵

2021 年，国家发展改革委、国家能源局《关于加快推动新型储能发展的指导意见》明确指出，新型储能是指除抽水蓄能外，以输出电力为主，并对外提供服务的储能项目。目前主要包括电化学储能、压缩空气储能、飞轮储能、热（冷）储能及氢（氨）储能等。其中，电化学储能应用范围最广、规模最大，主要包括锂离子电池储能、铅蓄电池储能、液流电池储能和钠硫电池储能等。电化学储能中，锂离子电池在能量密度、功率性能、响应速度等方面具有多重优势，尤其是近年来其技术性能快速提升、单位成本快速下降，已经成为当前应用最为广泛的一种储能电池技术；铅蓄电池发展历史较长，其性能稳定、成本较低，目前主要应用于分布式发电和微网；液流电池和钠硫电池是当前先进大容量电化学储能技术的代表，其储能时间长、储能容量大、循环寿命长，主要应用于大规模可再生能源并网示范项目等。

（二）电化学储能装机现状

根据中国能源研究会储能专委会/中关村储能产业技术联盟（CNESA）

全球储能项目库的不完全统计，截至 2021 年，全球新型电化学储能累计装机规模为 2537 万千瓦，同比增长 67.7%，占全球储能总装机的 12.2%，其中锂离子电池居主导地位，市场份额超过 90%。

截至 2021 年，中国新型电化学储能累计装机规模为 573 万千瓦，同比增长 75%，占全国储能总装机的 12.5%。其中 2021 年全国新投运电化学储能项目的装机规模为 245 万千瓦，占新投运储能项目装机规模的 23%。

截至 2021 年，河南省已建成新型储能 20.6 万千瓦，均为电化学储能。其中电网侧储能 10 万千瓦，由平高集团投资建设，分布在郑州、洛阳和信阳等 9 个地市的 16 座变电站内；新能源侧储能 10.6 万千瓦，由新能源业主建设，分布在安阳、鹤壁和南阳等 10 个地市的 26 座风电场内。

（三）典型应用场景

按照储能电站安装位置的不同，储能可以分为电源侧储能、电网侧储能、用户侧储能。近两年兴起的"共享储能"概念最早由青海省于 2018 年提出，是第三方投资的集中式独立储能电站，由电网统一调度，以电网为纽带，将分散的电网侧、电源侧、用户侧储能资源整合并优化配置，实现储能资源统一协调服务于整个电力系统。

1. 电源侧储能

电源侧储能主要指安装在以新能源为主的发电厂内部的电化学储能设施，主要用于平滑新能源出力或者配合火电厂进行调峰调频。

作用：一是平滑可再生能源出力，跟踪计划发电指令，降低弃风弃光比例。二是储能与火电、风电或光伏发电联合进行调峰，或作为独立市场主体提供调峰服务。三是利用储能设施毫秒级快速、稳定、精准的充放电功率调节特性，配合火电机组联合调频，提升传统火电机组调频性能指标。

2. 电网侧储能

电网侧储能主要指直接接入公用电网的储能设施，目前国内主要是以共享模式建设的独立储能。

作用：一是"削峰填谷"，缓解系统调峰压力，减小电网功率波动，提

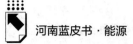

高电网运行经济性水平。二是为多个新能源电站提供共享储能服务，支撑新能源电站增发电量，促进新能源消纳。三是快速响应电网调度指令，平抑电力负荷波动或者故障扰动。

3. 用户侧储能

用户侧储能主要指安装在终端用户的电化学储能设施，可为工商业等终端用户提供"削峰填谷"调节、减少用户峰值容量，或为微电网等用户提供备用电源、进行电能质量治理。

作用：一是利用电能时段电价差异，低谷储能、高峰发电，降低用户用电成本。二是依据电网需求侧响应机制调节用户用电曲线，合理控制用户最大需量，为企业降低基本电费。三是提供事故备用能力，提高供电可靠性水平，降低用户高可靠性供电费用。四是作为微电网的必要组成部分，支持微电网电力供需平衡，降低可再生能源弃电比例，提高供电可靠性。

二 新型储能发展面临的形势及问题

储能产业的发展，离不开政策的推动和市场机制的不断完善。2017年10月，国家推动大规模储能技术及应用发展的首个指导性文件《关于促进储能技术与产业发展的指导意见》发布，提出了未来十年储能技术和产业发展目标和重点任务。近两年，国家和各地方相继出台了支持储能产业发展的政策举措，为储能产业高质量发展创造了良好的外部环境，行业逐步迈上规模化发展的关键阶段，迎来多重机遇叠加黄金发展期。

（一）相关政策体系不断完善

1. 国家层面

2021年以来，国家层面陆续印发多个支持新型储能发展的顶层设计文件，指明了新型储能发展规模目标和发展方向，明确了新型储能市场定位，同时提出要建立完善相关市场机制、价格机制和运行机制，保障新型储能合理收益。

2021年7月，国家发展改革委、国家能源局《关于加快推动新型储能发展的指导意见》首次明确提出量化的储能发展目标：到2025年，实现新型储能从商业化初期向规模化发展转变，新型储能装机规模达3000万千瓦以上；到2030年，实现新型储能全面市场化发展。

2022年1月，国家发展改革委、国家能源局联合印发《"十四五"新型储能发展实施方案》，在《关于加快推动新型储能发展的指导意见》的基础上进一步明确发展目标，细化重点任务：在电源侧，推动新型储能与新能源、常规电源协同优化运行；在电网侧，合理布局新型储能，提升电力安全保障水平和系统综合效率；在用户侧，实现新型储能灵活多样发展。《"十四五"新型储能发展实施方案》提升了规划落实的可操作性，将促进新型储能与电力系统源网荷融合发展，支撑新型电力系统建设。

2022年5月，国家发展改革委办公厅、国家能源局综合司联合印发《关于进一步推动新型储能参与电力市场和调度运用的通知》，确立了新型储能的市场定位，要求建立完善适应储能的市场机制和调度运行机制。该通知指出，新型储能可作为独立储能参与各类电力市场，且明确了独立储能的转换条件；鼓励新能源场站和配建储能联合参与电力市场；充分发挥独立储能技术优势提供辅助服务，由相关发电侧并网主体、电力用户合理分摊；电力调度机构应建立科学调度机制，坚持以市场化方式为主优化储能调度运行；建立电网侧储能价格机制，探索将电网替代型储能设施成本收益纳入输配电价回收。

2. 河南层面

2021年6月，河南省发展改革委、国家能源局河南监管办联合印发《关于加快推动河南省储能设施建设的指导意见》，指出要扎实推进新型储能设施建设，完善支持政策，明确提出鼓励新能源项目配套建设储能，对储能配置比例不低于10%、连续储能时长2小时以上的新能源项目，在同等条件下优先获得风光资源开发权，由电网企业优先并网、优先保障消纳；鼓励建设共享储能电站，新能源企业可以租用或购买服务等形式配用储能，租赁容量视同其配建储能容量，发挥储能"一站多用"的共享作用；健全新型储能设施投资收益机制，支持新型储能参与电力辅助服务、需求侧响应，完善峰谷电价，保障新型储能收益。

2022年8月，河南省发展改革委印发《河南省"十四五"新型储能发展实施方案》，确定了"十四五"新型储能发展目标和重点任务，明确了河南省新型储能发展目标：2025年实现新型储能装机220万千瓦，2030年实现新型储能全面市场化发展。在应用形式上，促进新型储能源网荷多元化发展，大力发展电源侧储能，有序发展电网侧储能，鼓励用户侧自建储能，鼓励发展集中共享储能，开展独立储能试点示范。保障独立共享储能电站的经济性，建立共享储能容量租赁制度，租赁参考价为200元/千瓦时·年，推动参与电力辅助服务，调峰补偿价格报价上限暂为0.3元/千瓦。

（二）系统建设需求更加迫切

新型储能是加快构建适应高比例可再生能源发展的新型电力系统的重要技术和基础装备，是实现新能源高效利用、保障电力安全供应的重要手段。随着河南省新能源快速发展、电力负荷刚性增长，亟须布局新型储能来促进新能源合理消纳、保障电力安全供应。储能是提升新能源消纳水平的关键技术。受资源禀赋影响，河南抽蓄、燃机等灵活性调节电源装机仅466万千瓦，占比仅约4%；供热机组近3000万千瓦，采暖季受火电机组大开机方式及风电出力大发影响，电网调峰运行困难；2020~2022年新能源消纳水平连年下降，预计2025年利用率将降低至93%。储能作为优质的灵活性资源，可大幅提高系统调节能力，提升新能源消纳水平。储能是保障电力安全供应的有效手段。河南风电、光伏发电出力与负荷"双峰"错位。2022年入夏以来早高峰、晚高峰时段新能源平均出力分别为1011万、530万千瓦，占用电负荷的比例分别为16.3%、8.6%，对电力保供起到了一定的支撑作用，但风电、光伏出力受本身发电特性影响变化较大，在夏季持续高温湿热天气期间，晚高峰时段新能源平均出力占用电负荷的比例仅为3.8%，负荷高峰关键时刻"发不出、顶不上"，新能源难以提供稳定可靠的保供支撑。储能可有效平滑新能源出力，提升新能源电站涉网性能，助力新能源成为合格电源，保证电力可靠供应。储能是电网大功率缺额时提供紧急支撑的有效措施。多回大容量直流馈入河南电网，存在直流近区交流电网故障导致直流闭锁，或直流系统故障造成大功率缺失风险，易引发的全网性频率、电压稳定问题。储能是优质的毫秒级快速响应资源，直流闭锁后可为电网提供紧急功率支撑，抬升频率，减少切负荷量，为备用机组启动留足时间。

（三）安全运行水平仍需提升

安全性是储能发展的首要条件。根据全国能源信息平台的不完全统计，2012~2022 年，全球共发生储能电站火灾爆炸事故 32 起。频发的储能火灾和爆炸事故说明，现有储能技术在安全性方面还有待进一步提升。储能电池本体存在安全隐患。电化学储能电池尚无法完全阻止电池发生热失控及其在电池模组内的传播，且电池会随着使用时间而老化，导致枝晶生长、发热增加等安全隐患，火灾风险升高。安全管理系统和消防手段存在局限性。电池管理系统（BMS）主动安全性不足，大多为早期未监测到电池内部故障发出预警或做出处理；缺少针对性强的消防设计，缺乏彻底解决电池热失控后燃烧的消防手段。储能电站安全管理体系不健全。国内储能电站建设运营方安全意识普遍不足，存在安全管理制度缺失、安全管理体系不健全、各方职责不明或履行不到位等诸多问题。

（四）配套市场机制尚不完善

目前在国家、各省及河南省级层面，新型储能政策导向已明确，保障储能建设落地配套的市场机制和实施细则需随着电力市场体系的不断建立而继续完善。市场机制方面，目前储能电站在部分省份可参与中长期电量、现货交易，调频、调峰辅助服务市场交易，但是从实际成效来看，国内储能电站投资建设成本仍然较高，在单一市场中的利用率较低，要想获得更高收益，需要储能参与多个市场。河南省电力现货刚开始试运行，目前尚未出台新型储能参与各类电力市场、辅助服务市场的实施细则，收益保障方面尚存在较大不确定性。价格机制方面，目前国内各地仅有参与辅助服务、容量租赁等

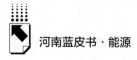

单项的价格政策，尚没有出台储能电站相关的充电价格、上网电价、输配电价等系统性政策。

三 "十四五"河南新型储能容量需求

在构建新型电力系统背景下，随着河南省新能源快速发展、电力负荷刚性增长，河南电力系统调峰能力不足、新能源消纳困难、安全保障压力大等问题日益凸显，储能在提升系统灵活性和保障电力安全稳定供应等方面具有独特优势，发展空间广阔。

（一）河南省新能源现状及发展规划

1. 河南新能源发展现状

截至 2021 年，河南风电、光伏装机总量达 3406 万千瓦，居全国第 7 位，其中风电 1850 万千瓦、光伏 1556 万千瓦（见表 1），风光装机占全省电源装机的 31%；2021 年风光发电量 464 亿千瓦，占全省电源发电量的 15.8%。

2021 年，全省新能源弃电量合计 5.84 亿千瓦时（弃风 5.64 亿千瓦时、弃光 0.2 亿千瓦时），年累计新能源利用率 98.8%（风电 98.3%、光伏 99.9%）。全省可再生能源总量和非水电消纳责任权重分别为 28.7%、21.3%，同比分别提升 6.8 个和 7.2 个百分点，高于国家下达的年度消纳责任权重指标任务（21.5%、18.0%）。

表 1　截至 2021 年不同电压等级新能源接入规模

单位：万千瓦，%

接入电压等级	风电		光伏		装机总量
	装机容量	占比	装机容量	占比	
220 千伏	392	21.19	26	1.67	418
110 千伏	1128	60.98	448	28.79	1576
35 千伏	257	13.89	139	8.93	396
10 千伏及以下	73	3.95	943	60.60	1016
合计	1850		1556		3406

2. 河南新能源发展规划

习近平在 75 届联合国大会、气候雄心峰会等会议上提出，中国将采取更加有力的政策和措施，力争实现 2030 年前碳达峰、2060 年碳中和的目标，到 2030 年中国非化石能源占一次能源消费比重将达到 25% 左右。根据《河南省"十四五"现代能源体系和碳达峰碳中和规划》，到 2025 年，河南非化石能源消费占比将提高到 16% 以上，可再生能源发电装机达到 5000 万千瓦以上。

风电方面，"十四五"期间预计全省新增风电装机 1183 万千瓦。其中已明确的有 783 万千瓦，分别为"十三五"结转风电装机 379 万千瓦、2021 年新能源开发方案风电装机 404 万千瓦；2022 年新能源开发方案预计新增风电装机 400 万千瓦左右；到 2025 年，预计全省风电装机规模将达到 3033 万千瓦。

光伏方面，依据《河南省发展和改革委员会关于河南省整县（市、区）屋顶分布式光伏开发试点有关情况的报告》，全省共有 66 个县（市、区）列入屋顶分布式光伏开发试点，共计 1500 万千瓦。"十四五"期间全省预计新增光伏 1300 万千瓦，其中新增分布式光伏约 1200 万千瓦，2022 年新能源开发方案预计新增集中式光伏 100 万千瓦；到 2025 年，预计全省光伏规模将达到 2856 万千瓦。

（二）满足新能源合理消纳的储能容量需求

目前，河南电网的调峰形势表现为机组在负荷高峰时段有一定的正备用，但在后夜负荷低谷和午后负荷下降时段，机组的负备用不足，易导致弃风弃光。

"十四五"期间，河南省风电、光伏保持较快发展势头，考虑到风电、光伏综合出力的反调峰特性，弃风弃光问题将进一步加剧。预计"十四五"末全省新能源规模将达到 5900 万千瓦左右。按照 2021 年、2022 年开发方案中新能源项目分别在 2023 年、2024 年底投产，分布式光伏逐年均匀投产，2021 年及之前新能源项目已明确配置储能约 130 万千瓦，2022 年开发方案新能源项目调节能力配比约 50% 计算，2025 年全省新能源利用率将降至93%左右；如果将新能源利用率提升至95%，2025年全省最低需配置储能总量为750万千瓦/1500万千瓦时。

以河南某220千伏变电站为例，其供电区域内共接入集中式风电29.5万千瓦、集中式光伏20万千瓦。2021年该变电站最大负载率超80%，全年一半以上的天数出现潮流上翻（见图1）。2022年4月21~23日，受新能源出力影响，该变电站日内下网负荷波动超过40万千瓦（午间上翻25万千瓦，晚高峰降压16万千瓦）（见图2），极大增加了系统调峰压力。接入储能后，可有效平抑新能源出力波动，降低电网调峰支援需求。

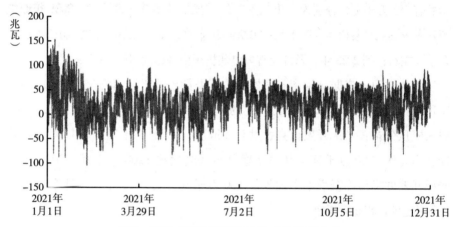

图1　2021年河南某变电站#2 主变负荷曲线

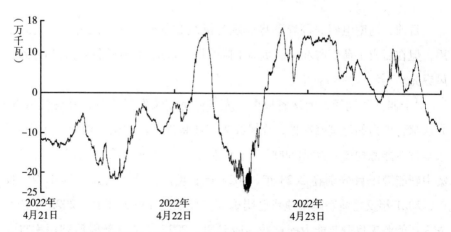

图2　2022年4月21~23日河南某变电站典型日负荷曲线

（三）电力安全保供下储能需求

2020 年以来，河南坚持稳中求进工作主基调，着力稳定经济大盘，有力应对超预期因素严重冲击，全省经济运行基本稳定，整体呈现"稳中向好、蓄能进位"态势，2022 年 1~8 月全社会用电量实现较快增长，增速高于全国、好于预期。综合考虑当前国内外经济发展形势、河南省产业结构加速调整情况，预计到 2025 年，河南省全社会用电量、最大负荷将分别达到 4650 亿千瓦时、9700 万千瓦，"十四五"年均分别增长 6.5%、8.2%。

近几年，随着分布式可再生能源尤其是分布式光伏的大规模发展，由于新能源在午、晚高峰时间顶峰能力差异，河南全社会和网供最大负荷时间出现偏离，夏季电力供应紧张时段逐步转移至晚高峰时段。考虑纳入国家规划的电源项目和明确的区外电力流，2023~2025 年全省电力供需形势日趋紧张，预计 2025 年全省电力供应缺口为 1600 万千瓦。

根据电力供需平衡，为保障全省电力供应，煤电方面，加快推进南阳内乡电厂二期、信阳华豫电厂三期和商丘永城电厂合计 600 万千瓦清洁高效燃煤机组纳规并开工建设，平顶山和许昌能信电源替代项目早日开工，力争在 2025 年度夏前投产 400 万千瓦；需求侧响应能力按最大负荷 5% 配置，制定措施保障实际响应规模达到最大负荷的 3% 左右，预计 2025 年响应规模 300 万千瓦。区外电力方面，协调青海省政府落实青豫直流四方协议，尽快足额投运配套电源，2024~2025 年晚峰送电功率达到 600 万千瓦；加快推动陕豫直流前期工作，2025 年度夏前单极投产，送电功率不低于 100 万千瓦。新型储能方面，2025 年对应新型储能配置需求规模为 800 万千瓦。

综上，为促进全省新能源合理消纳，提升新能源顶峰能力，保障全省电力安全可靠供应，建议全省新型储能配置规模不低于 800 万千瓦。

四 "十四五"河南新型储能布局方案

新型储能作为灵活性调节资源，应结合电力负荷和新能源布局的实际，坚持"源荷匹配"原则，统筹电力保供顶峰需求、新能源消纳调峰需求，按照"分散布局与集中布局相结合、优先接入更低电压等级"的思路，重点在电力系统的波动源附近布局，有效平抑新能源和负荷波动，推动电力保障与调节能力实现就地就近平衡。

分散布局与集中布局相结合。一方面，中央明确提出"要优先推动风能、太阳能就地就近开发利用"。要综合考虑新能源装机和用电负荷增长情况，随新能源同步配套建设一定比例的分散储能设施，抑制新能源的随机性和波动性，提升新能源并网友好性和就地就近利用水平。另一方面，满足全网保供调峰需求，要结合具体建设条件，优先在本地支撑电源少、保供压力大的区域集中建设独立（共享）储能。根据河南省发展改革委《关于开展2022年度省级独立储能电站示范项目（第一批）遴选工作的通知》，单个独立（共享）储电站容量应不低于10万千瓦时，风、光项目与共享的储能项目原则上位于同一地级市，建议优先匹配电气距离较近的新能源项目进行共享。根据规模优先接入更低电压等级。新型储能具有选址灵活、配置方便等特点，储能接入电压等级越低，受益电压等级越多。独立（共享）储能布局应充分考虑现有电网传输条件及容量，尽可能接入220千伏及以下电压等级，努力实现与电源和负荷就地平衡，减少功率大范围传输，提升电力系统运行效率。

（一）储能配置原则

储能配置原则分为两类。一是新能源场站配建储能：业主是新能源项目企业，布局随电源项目本体就地配套建设储能，规模按照新能源各年度开发方案确定。二是独立（共享）储能：业主是独立的储能项目企业，潜在的租赁用户是存量未配置储能的集中式风电、光伏项目与分布式光伏项目，布局随存量未配置储能的新能源项目、优先接入"上翻"与"下灌"同时存在功率波动较大的变电站，规模兼顾电力保供与新能源消纳需要。

1. 新能源侧储能

新能源侧储能规模245万千瓦，包括"十三五"结转风电、2021年及

2022 年开发方案新能源项目配建的储能。

（1）"十三五"结转风电：全省"十三五"结转未投产风电规模共计 379 万千瓦，按照不低于 10%、2 小时配置储能，共需配置约 38 万千瓦/76 万千瓦时。

（2）2021 年风电开发方案：根据《河南省发展和改革委员会关于下达 2021 年风电项目开发方案的通知》，全省共批复风电项目 404 万千瓦，配置储能规模 82.3 万千瓦/164.6 万千瓦时。

（3）2022 年新能源开发方案：一是传统电源企业新增新能源装机，考虑原有火电机组灵活性改造并配置相应比例储能，原则上灵活性改造新增调节能力认定上限为装机容量的 10%，按照新增调节能力的 1.4 倍配置风电、光伏指标，项目同步配置 20%、2 小时储能；二是新能源企业新增新能源装机，按照不低于 30%、2 小时配置储能。按照全省新批复新能源项目 500 万千瓦测算，共需配置储能约 125 万千瓦/250 万千瓦时。

2. 独立（共享）储能

独立（共享）储能规模为 555 万千瓦，潜在的租赁用户考虑已并网集中式风电、已并网集中式光伏以及分布式光伏三类，按照租赁用户的需求测算配置。

（1）已并网集中式风电：按照《河南省发展和改革委员会关于 2021 年风电、光伏发电项目建设有关事项的通知》要求，按照不低于各地市要求比例租赁独立（共享）储能。全省已并网集中式风电规模共计 1850 万千瓦，储能需求约 276 万千瓦/552 万千瓦时，其中已投产约 10.6 万千瓦配置在新能源场站内，仍需租赁约 265 万千瓦/530 万千瓦时独立储能。

（2）已并网集中式光伏：按照《河南省发展和改革委员会关于 2021 年风电、光伏发电项目建设有关事项的通知》划分的区域进行配置，其中 I 类区域按 10%、2 小时配置储能，II 类、III 类区域按 15%、2 小时配置储能，租赁独立（共享）储能的需求约 80 万千瓦/160 万千瓦时。

（3）分布式光伏：分布式光伏项目按照不低于 10%、2 小时配置储能，全省已并网分布式光伏 930 万千瓦，至 2025 年预计新增 1200 万千瓦分布式光伏，共计 2130 万千瓦，租赁独立（共享）储能的需求约 210 万千瓦/420 万千瓦时。

（二）新型储能总体布局方案

至 2025 年，全省共需建设新型储能 800 万千瓦/1600 万千瓦时。其中豫北 219.7 万千瓦，豫西 126.8 万千瓦，豫中东 125.6 万千瓦，豫南 329 万千瓦。

其中，共布局独立（共享）储能 555 万千瓦/1110 万千瓦时。空间分布方面，豫北 150 万千瓦，豫西 85 万千瓦，豫中东 80 万千瓦，豫南 240 万千瓦（见表 2）。结合新能源分布，建议重点在兰考县、滑县、安阳县、内黄县、濮阳县等全省 72 个县（市、区）布局。接入电压等级和站点方面，一般接入 220 千伏和 110 千伏电压等级，优先接入新能源较多造成小负荷时段电力上送的变电站，或者负荷高峰时段负载率较高变电站。

表 2　河南"十四五"新型储能总体布局方案建议

单位：万千瓦

区域	新型储能规模合计	新能源侧储能	独立（共享）储能
豫北（安阳、鹤壁、濮阳、新乡、焦作）	219.7	69.7	150
豫西（三门峡、济源、洛阳）	126.8	41.8	85
豫中东（郑州、开封、商丘）	125.6	45.6	80
豫南（许昌、漯河、周口、平顶山、南阳、驻马店、信阳）	329	89	240
合计	801.1	246.1	555

五　关于加快新型储能发展的对策建议

加快推动新型储能发展，对推动河南能源绿色转型、保障能源安全、促进能源高质量发展具有重要意义，河南省应以政策环境为保障，以市场机制为依托，完善配套政策机制，营造良好市场环境；加强增量存量统筹，推动责任合理共担；优化调度运行管理，提升储能利用水平，促进新型储能由商业化初期向规模化发展、全面市场化阶段转变，推动新型储能高质量发展。

（一）完善配套政策机制，营造良好市场环境

一是建立完善相关交易机制，明确储能作为独立市场主体参与电力市场的准入标准和注册、交易、结算规则。二是尽快出台储能参与调峰辅助服务市场运营规则，保障储能合理收益。根据新型电力系统的需要，适时增加现货交易和快速调频、爬坡、惯量支撑、备用等辅助服务品种，为储能等快速调节资源提供稳定的市场参与空间。三是进一步拉大峰谷电价，完善需求侧响应管理实施细则，为用户侧储能在河南落地创造良好条件。

（二）加强增量存量统筹，推动责任合理共担

为满足全省新能源合理消纳需求，增量的平价新能源项目目前承担了几乎所有储能配建责任，而普遍享有电价补贴、经济承受能力较强的存量新能源项目尚无储能配置要求。建议优化新能源场站调峰费用分摊办法，确保有关各市场主体公平参与市场交易，增大电力调峰分摊成本向调峰能力不足的市场主体分摊力度，提高存量新能源项目主动配置储能的积极性，结合当地消纳空间，差异化配置储能或者购买、租赁调峰能力。

（三）优化调度运行管理，提升储能利用水平

坚持以市场化方式为主优化储能调度运行管理机制，将全网储能纳入电网调度统一管理，在储能的使用上实现全网共享，规范充放电行为的同时提升储能电站的利用效率，充分发挥规模效应。将新能源配建储能与所属新能源作为一个整体，在同等条件下优先保证所属新能源项目并网和消纳。充分发挥独立储能电站在调峰、调频等方面的优势，结合独立储能后续参与现货市场和调峰辅助服务市场要求，在同等条件下优先调度。

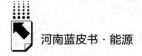

参考文献

中国能源研究会储能专委会、中关村储能产业技术联盟：《储能产业研究白皮书2022》，2022年4月。

国家发展改革委、国家能源局《关于加快推动新型储能发展的指导意见》，2021年7月。

国家发展改革委：《"十四五"新型储能发展实施方案》，2022年1月。

国家发展改革委办公厅、国家能源局综合司：《关于进一步推动新型储能参与电力市场和调度运用的通知》，2022年5月。

国家发展改革委：《关于进一步完善分时电价机制的通知》，2021年7月。

国家发展改革委：《关于鼓励可再生能源发电企业自建或购买调峰能力增加并网规模的通知》，2021年7月。

国家能源局：《电力并网运行管理规定》，2021年12月。

国家能源局：《电力辅助服务管理办法》，2021年12月。

河南省发展改革委、国家能源局河南监管办：《关于加快推动河南省储能设施建设的指导意见》，2021年6月。

河南省发展改革委：《关于下达2021年风电项目开发方案的通知》，2021年9月。

河南省发展改革委：《河南省"十四五"新型储能实施方案》，2022年8月。

B.12
河南省新型储能成本与投资
收益模式研究

新型储能成本与经济性课题组*

摘　要： 发展新型储能是增强电力系统调节能力的重要方向，是提高新能源消纳水平、助力实现"碳达峰、碳中和"目标的重要手段。本文立足于河南现代能源体系建设，从国家和省级两个层面系统梳理了新型储能投资运营现状与形势，深入分析了新型储能成本构成，调研梳理了近两年成本变化情况，详细测算了相关项目全生命周期成本，针对电源侧储能、用户侧储能、独立储能电站三种不同发展模式，系统研究了储能盈利与收益水平，并基于成本与收益的经济性分析，提出了促进河南新型储能发展的有关政策建议。

关键词： 新型储能　成本分析　经济性分析　商业运营模式

新型储能在新型电力系统中可以发挥容量、功率、能量等多重价值，有助于解决尖峰供电缺口、新能源并网消纳等问题，是推动我国低碳转型、实现"碳达峰、碳中和"目标的重要抓手。我国高度重视新型储能发展，国家发展改革委、国家能源局等先后出台了《关于加快推动新型储能发展的指导意见》（2021 年 7 月）、《"十四五"新型储能发展实施方案》（2022 年

---

* 课题组组长：马晓久、田春筝。课题组成员：杨萌、刘军会、陈兴、尹硕、王景钢、袁良、柴喆。执笔：陈兴，经济学博士，国网河南省电力公司经济技术研究院经济师，研究方向为能源经济与企业发展战略。

3月）、《关于进一步推动新型储能参与电力市场和调度运用的通知》（2022年6月）等一系列文件，从战略方向到落地实施，再到操作运行，层层细化推动新型储能发展。但因新型储能建设成本较高，且难以全面系统量化评估全寿命周期投资收益情况，相关市场主体普遍存在观望情绪。结合河南省情，开展新型储能成本与收益分析，明晰不同盈利模式下新型储能投资经济性，对于推动新型储能提升发展、服务能源电力绿色低碳转型具有积极意义。

一　新型储能发展、成本及有关政策形势

在"碳达峰、碳中和"目标背景下，新能源大规模开发利用为新型储能带来了重大机遇，国家及各省份相继出台促进新型储能落地的政策，鼓励创新商业模式和应用场景，推动新型储能项目高效投资运营。

（一）新型储能发展及成本变化情况

1. 从建设情况看，新型储能规模持续快速增长

从全国来看，2022年1~7月，投运、拟在建、建设中的新型储能项目总装机为2594万千瓦/5899万千瓦时，相比上年同期增长24.94%。其中，电化学储能项目约占总规模的80%，磷酸铁锂储能占电化学储能项目的90%以上。从省份分布来看，2022年1~7月，山东省新增储能装机规模最大，达到353.7万千瓦，占全国总装机的14%。新疆、内蒙古、甘肃、青海等省份风光资源丰富，随着新能源的开发，风光电站配置的储能增长较快。2022年1~7月，河南省新增储能装机为78.1万千瓦，规模排全国第11位，占全国总装机的3%（见图1）。

2. 从发展趋势看，新型储能有望实现规模化发展

从国家层面来看，《关于加快推动新型储能发展的指导意见》明确提出，到2025年，新型储能装机规模达到3000万千瓦以上，接近现有规模的10倍。从省级层面来看，截至2022年8月，青海、甘肃等14个省份明

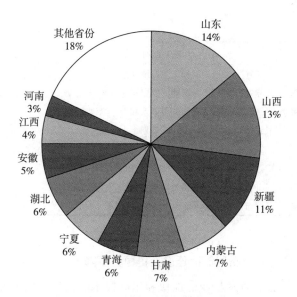

图1　2022年1~7月全国新增储能分布

资料来源：中国储能网、中国化学与物理电源行业协会储能应用分会产业政策研究中心。

确提出"十四五"期间储能发展规划目标，共计装机4380万千瓦。其中，青海、甘肃规划"十四五"储能规模较高，达到600万千瓦。2022年，河南省先后印发《河南省"十四五"现代能源体系和碳达峰碳中和规划》《河南省"十四五"新型储能实施方案》，明确提出到2025年，实现新型储能从商业化初期向规模化发展转变，力争并网规模达到220万千瓦（见表1）。

表1　全国相关省（区、市）规划"十四五"时期新型储能发展规模

序号	省　份	相关规划文件	新型储能发展规模
1	青　海	青海省"十四五"能源发展规划	600万千瓦
2	甘　肃	甘肃省"十四五"能源发展规划	600万千瓦
3	内蒙古	内蒙古"十四五"电力规划	500万千瓦
4	山　东	山东省能源发展"十四五"规划	450万千瓦
5	河　北	河北省"十四五"新型储能发展规划	400万千瓦
6	安　徽	安徽省新型储能发展规划(2022-2025年)	300万千瓦

续表

序号	省　份	相关规划文件	新型储能发展规模
7	浙　江	浙江省"十四五"新型储能发展规划	300万千瓦
8	江　苏	江苏省"十四五"新型储能发展实施方案	260万千瓦
9	河　南	河南省"十四五"现代能源体系和碳达峰碳中和规划	220万千瓦
10	湖　北	湖北省能源发展"十四五"规划	200万千瓦
11	广　东	广东省能源发展"十四五"规划	200万千瓦
12	广　西	广西可再生能源发展"十四五"规划	200万千瓦
13	辽　宁	辽宁省"十四五"能源发展规划	100万千瓦
14	天　津	天津市可再生能源发展"十四五"规划	50万千瓦

3. 从成本变化看，新型储能建设投资稳步下降

随着电化学储能研发步伐的加快和生产技术的进步，以锂离子电池为代表的电化学储能成本大幅下降。2010~2020年，全球锂离子电池组平均价格从7.1元/瓦时降至0.9元/瓦时，降幅达89%。除电池本体成本呈下降趋势外，系统设计优化、充放电时长标准化程度提高等因素推动电池外系统成本也在不同程度地下降，带动储能项目整体成本持续降低。据彭博社新能源财经预测，2025年新型储能系统建设成本将下降至0.9元/瓦时。

（二）新型储能运营及相关政策情况

1. 从应用场景看，新型储能建设模式更加多样化

电源侧方面，国家、各地方政府均出台相关政策鼓励新能源发电企业配置储能，明确达到储能配建比例的新能源场站可以优先并网，鼓励发电企业通过自建或租赁储能获得新能源开发指标。电网侧方面，由电网公司投资建设的储能根据功能作用不同，可分为电网侧独立储能和电网替代型储能，其中，电网侧独立储能可作为市场主体接受调度机构统一调管，参与辅助服务市场。用户侧方面，工商业用户配建一定规模的新型储能，可以实现"削峰填谷"，并通过峰谷电价价差降低用电成本。独立储能方面，随着储能参与相关市场的政策和机制的不断完善，社会资本不断涌入，成为独立储能电站的投资和运营主体。

2. 从盈利途径看，新型储能收益方式日益清晰

从电源侧来看，国家鼓励发电企业通过自建或者购买调峰储能，通过减少辅助服务市场的罚金与减少弃电产生的收益收回成本。从电网侧来看，重点完善价格机制，针对电网侧独立储能和电网替代性储能两种类型，研究建立电网侧独立储能电站容量电价机制，探索将电网替代型储能设施成本纳入输配电价回收。从用户侧来看，主要通过终端电价峰谷价差套利、参与需求响应获得收益。从独立储能来看，可通过参与电力市场配合调峰、提供辅助服务、共享租赁等方式获得收益。

3. 从相关政策看，新型储能配套机制逐渐完善

从国家层面来看，一是明确新型储能独立市场主体地位，鼓励参与调频调峰辅助服务市场。国家发展改革委、国家能源局《关于进一步推动新型储能参与电力市场和调度运用的通知》提出，独立储能可提供辅助服务，辅助服务费由相关发电侧并网主体、电力用户合理分摊；二是明确适度拉大峰谷价差，为用户侧储能发展创造空间。从省级层面来看，一是青海、湖南等 22 个省份发布了储能参与调峰辅助服务市场的规则文件，明确储能参与辅助服务的规模要求和价格，河南省提出调峰补偿价格报价上限为 0.3 元/千瓦时。二是陕西、贵州等 22 个省份陆续发布了全新的分时电价政策，加大峰谷电价实施力度，拉大峰谷价差，推行尖峰电价机制，促进储能发展。此外，河南省提出支持共享储能项目通过租赁费回收建设成本并获得合理收益，同时给出容量租赁参考价为每年 200 元/千瓦时。

二 新型储能投资成本分析

考虑到磷酸铁锂电池在能量转换效率、持续放电时间、自放电率、服役年限、循环次数、响应速度、耐热性、能量成本等方面具有综合优势，已经成为市场主导类型，本文以磷酸铁锂电池为样本进行新型储能建设成本测算。

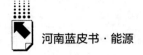

（一）新型储能项目建设成本构成

新型储能电站项目全寿命周期成本包括系统建设成本、运行维护成本和财务成本三个部分。其中，系统建设成本包括电池本体成本、电池配套设备成本以及施工成本。电池本体成本主要由电池材料成本、人工制造成本、环保成本等组成；电池配套设备成本主要包括电池管理系统、逆变器、能量管理系统、接入系统、测控系统和配电系统的采购成本；施工成本主要包括建筑工程费、安装工程费和设计、监理、调试、生产准备等费用。运行维护成本是指为保障储能系统在服役期内正常运行而动态投入的人工费、维护保养费以及部分储能器件的重置费用。财务成本是指储能项目中为筹集资金而发生的筹资费用，一般包括银行贷款、发行债券等筹资措施产生的利息。

（二）新型储能项目建设成本走势

新型储能电站建设一般采取工程承包模式（Engineering Procurement Construction，EPC）。2021 年以来，新型储能工程承包费用呈先上升后下降的趋势。2021 年 1 月最低，平均单价为 1.32 元/瓦时；2022 年 3 月达到最高，平均单价为 2.00 元/瓦时；此后呈逐步下降趋势，至 2022 年 7 月，新型储能工程承包费的平均单价为 1.44 元/瓦时。

电池本体价格变化是新型储能项目工程承包费用变化的主要原因。磷酸铁锂电池成本呈先升后降的趋势，与储能项目工程承包费用变化走势基本一致，2021 年 1 月最低，单价为 0.40 元/瓦时，2022 年 3 月达到最高，单价为 1.27 元/瓦时，之后呈下降趋势，2022 年 7 月单价降至 1.12 元/瓦时（见图 2）。电池成本与新型储能项目工程承包费用价差空间包含设备成本、施工成本及项目利润，而电池成本与储能工程承包费用价差空间逐步收窄，主要原因既包括新型储能逆变器等设备成本下降，也包括工程承包竞争加剧引起的项目利润下降。

原材料成本变化是磷酸铁锂储能电池价格变化的主要原因。磷酸铁锂电池各类材料成本中，正极磷酸铁锂原材料成本占比约为 20%，每生产 100 万千瓦时电池一般需要 2200～2500 吨磷酸铁锂。总体上，磷酸铁锂原材料从

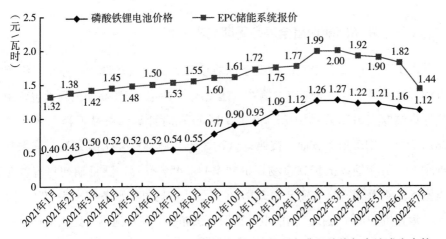

图 2　2021 年 1 月至 2022 年 7 月新型储能项目工程承包费用价格与电池成本走势

资料来源：索比储能网，https：//cn.solarbe.com/cntt/。

2021 年至 2022 年 7 月呈先上升后下降的趋势，2021 年 1 月最低，单价为 3.8 万元/吨；2022 年 3 月达到最高，单价为 16 万元/吨，增长了约 3 倍；2022 年 7 月下降至 15.5 万元/吨。转换为功率成本，电池中磷酸铁锂原材料成本 2021 年 1 月最低，单价为 0.09 元/瓦时；2022 年 3 月达到最高，单价为 0.4 元/瓦时，增长了约 3 倍；至 2022 年 7 月，单价又下降至 0.39 元/瓦时（见图 3）。

图 3　2021 年 1 月至 2022 年 7 月磷酸铁锂价格走势

资料来源：中国锂电网，www.batterykey.com。

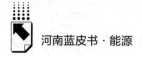

（三）新型储能项目全寿命周期成本测算

以1万千瓦/2万千瓦时的新型储能项目为例，从建设、财务、运维等方面开展项目全寿命周期成本测算。建设成本方面，新型储能工程承包费用按照许继电气最新公示中标单价1.436元/瓦时计算，项目工程总承包费2872万元。财务成本方面，按照运营期8年、自筹资金比例20%、贷款基础利率（五年期以上贷款市场报价利率）4.45%计算，项目期初自有资金投资574.4万元，贷款资金为2297.6万元，平均每年财务成本为102.2万元。运行维护成本方面，储能电站按照分散布置、集中运维、无人值守模式进行运维管理，其中，材料费7.5元/千瓦，修理费27元/千瓦，项目平均每年运维费用为34.5万元。基于上述边界，经测算分析，1万千瓦/2万千瓦时的新型储能项目全寿命周期总成本为3965.6万元，若进一步考虑自有资本金6.5%的内部收益率，项目全寿命周期营收需达到4342.2万元。

三 河南省新型储能投资收益分析

新型储能根据应用场景和运营模式的不同，可划分为电源侧储能、用户侧储能和独立储能三大类。电源侧储能，发电企业可通过自建或者购买调峰储能，主要通过减少辅助服务市场的罚金或减少弃电获得收益；用户侧储能，主要通过终端电价峰谷价差套利、参与需求响应获得收益；独立储能电站可通过参与电力市场配合调峰、提供辅助服务、共享租赁等方式获得收益。本文立足河南省情，统筹全省电源装机、用电需求、外来电力等要素，紧密结合省内电力辅助服务市场运行情况和峰谷分时电价政策，开展了全要素、全时段电力生产模拟分析，测算了2022年不同运营模式下新型储能投资收益情况，并对2025年进行了分析展望。

（一）电源侧储能收益测算分析

电源侧配置储能投资收益分析，主要考虑新能源发电企业按照装机规模配置不同比例的新型储能后，可产生的减少辅助服务市场分摊罚金和减少新能源弃电收益。

减少辅助服务市场分摊罚金方面，总体测算思路：结合电力生产模拟，研究全省辅助服务市场开启时段，新能源机组单位发电量罚金和配套储能充放电次数，进而测算储能能够减少的新能源分摊罚金。具体测算方案：一是根据河南现状及 2025 年规划边界，开展电力生产模拟分析，确定全省辅助服务市场开启的时段和时长分布；二是基于辅助服务开启时段风电、光伏全时域模拟运行数据，测算全省辅助服务开启时段风电、光伏发电量；三是结合辅助服务时段全省火电机组模拟运行数据，测算火电机组应获得辅助服务补偿总金额；四是根据测算得到的火电机组补偿总金额，以及辅助服务开启时段全省风电、光伏机组发电量，得到辅助服务开启时段风电、光伏对应的单位发电量罚金；五是根据辅助服务市场开启的时段和时长分布，分析储能充放电模式和可用次数，计算储能可减少的新能源上网电量，得到新能源与储能不同配比下减少的辅助服务市场分摊罚金。

减少新能源弃电收益方面，根据电力生产模拟分析计算，对比分析新能源弃电时段与储能装置可以利用时段，计算弃电时段储能的可充电量。由于新能源弃电时段与调峰辅助服务开启时段高度重合，在计算储能可利用的弃电时段时剔除掉调峰辅助服务开启时段。

为服务和引导新能源健康有序发展，2021 年河南根据省内不同地区新能源消纳情况，出台了电力消纳指引，将全省分为Ⅰ、Ⅱ和Ⅲ类地区，明确了差异化储能配置要求。结合河南省目前风电光伏项目投资收益水平，统筹考虑配置新型储能项目投资及收益情况，开展新能源发电配置不同规模新型储能后项目整体投资收益情况测算分析。根据测算，省内Ⅰ类地区，风电项目按照 10%、2 小时配置储能后，项目整体的总收益与总成本之比为 1.348，资本金内部收益率为 12.4%；光伏项目按照 10%、2 小时配置储能后，项目整体的总收益与总成本之比为 1.221，资本金内部收益率为 7.3%；省内Ⅱ类地区，风电项目按照 15%、2 小时配置储能后，项目整体的总收益与总成本之比为 1.344，资本金内部收益率为 11.9%；光伏项目按照 15%、2 小时配置储能后，项目整体的总收益与总成本之比为 1.220，资本金内部收益率为 6.9%；省内Ⅲ类地区，风电项目按照20%、2 小时配置储能后，项目整体的总收益与总成本之比为 1.339，资本金内部收益率为 11.4%；光伏项目按照 20%、2 小时配置储能后，项目整体的总收益与总成本之比为 1.218，资本金内部收益率为 6.5%。总体判断，按照当前成本及收益水平，河南省内新能源发电项目按照消纳指引配置一定规模的新型储能后，项目整体上具备较好的经济性和可行性，资本金内部收益率分别达到11.4%和6.5%以上（见表2）。

表 2 新能源项目配置储能经济性分析

地区类型	储能配置要求	风电项目		光伏项目	
		总收益/总成本	收益率(%)	总收益/总成本	收益率(%)
Ⅰ类	10%,2 小时	1.348	12.4	1.221	7.3
Ⅱ类	15%,2 小时	1.344	11.9	1.220	6.9
Ⅲ类	20%,2 小时	1.339	11.4	1.218	6.5

（二）用户侧储能收益测算分析

用户侧配置储能投资收益分析，主要针对工商业用户[①]，考虑工商业用户按照峰谷分时电价政策，利用新型储能实现低谷充电、高峰放电降低自身综合用电成本，同时可参与电力需求侧响应获得收益。

依托峰谷价差收益方面，基于河南省 2022 年 12 月前执行的峰谷分时电价政策，按照峰谷时段划分（高峰时段 8：00~12：00、18：00~22：00、平时段为 12：00~18：00、22：00~24：00，低谷时段为 0：00~8：00），设计"两充两放"的用户侧储能充放电策略，实现每天收益最大化（见表3）。结合 2021 年燃煤上网电价市场化改革后工商业用户市场购电价格，按照"两充两放"充放电策略，可以测算出用户侧储能峰谷价差收益。参与电力需求侧响应收益方面，结合河南省 95% 以上年最大负荷持续时间、时段分布，分析

---

① 河南居民用电峰谷价差仅为 0.15 元/千瓦时，配置储能不具备经济性。

全省电力需求侧响应开启次数和用户侧新型储能可参与情况，并参考河南省电力需求侧响应补贴标准，测算得到用户侧储能可得到需求响应补偿金额。

表3 用户侧储能充放电策略

时段	时长（小时）	充放电策略
谷：00：00~8：00	8	充电
峰：8：00~12：00	4	放电
平：12：00~18：00	6	充电
峰：18：00~22：00	4	放电

经测算分析，用户侧配置新型储能的经济性较好。各容量电压等级的工商业用户配置储能均可获得7%以上的内部收益率。以变压器容量在315千伏安及以上、电压等级为110千伏及以上工商业用户为例，配置新型储能项目通过峰谷价差套利与参加需求响应，在全生命周期内的总收益与总成本之比为1.15，资本金内部收益率为9.35%（见表4）。

表4 各容量电压等级工商业用户储能投资收益情况

用电分类		电压等级	分时电度用电价格（元/千瓦时）			收益/成本	收益率（%）
			高峰	平段	低谷		
工商业及其他用电	变压器容量315千伏安以下用电	不满1千伏	1.109222	0.716999	0.372944	1.23	12.60
		1~10千伏	1.066047	0.689499	0.359194	1.19	10.95
		35~110千伏	1.023971	0.662699	0.345794	1.15	9.15
		110千伏及以上	0.982052	0.635999	0.332444	1.11	7.13
	变压器容量315千伏安以上用电	不满1千伏	1.097604	0.709599	0.369244	1.22	12.17
		1~10千伏	1.072484	0.693599	0.361244	1.19	11.20
		35~110千伏	1.044224	0.675599	0.352244	1.17	10.04
		110千伏及以上	1.028524	0.665599	0.347244	1.15	9.35

资料来源：2022年7月国网河南省电力公司代理购电价格公告。

（三）独立储能电站收益测算分析

根据国家有关政策和《河南省"十四五"新型储能实施方案》，随着电力市场逐步完善，独立储能电站还可参与调频辅助服务、现货电能量市场，收益方式将更加多样，但目前独立储能电站主要还是通过参与调峰辅助服务市场和容量共享租赁等方式获得收益。

本报告根据《河南省"十四五"新型储能实施方案》，测算重点为独立储能电站参与调峰辅助服务、容量共享租赁收益。

参与辅助服务市场收益方面，参考《河南省"十四五"新型储能实施方案》，省内独立储能参与电力辅助服务市场报价上限为0.3元/千瓦时，结合储能使用寿命内的充放电循环次数进行测算。容量共享租赁收益方面，按照集中共享式电化学储能容量租赁参考价格每年200元/千瓦时，可以得到1万千瓦/2万千瓦时独立储能项目年收益为400万元，结合储能使用年限可测算项目全寿命周期租赁收益。

经测算分析，根据河南省调峰辅助服务市场模拟运行情况，按照《河南省"十四五"新型储能实施方案》确定定价标准，独立储能电站参与调峰辅助服务获得的收益可收回投资成本的98.3%，通过容量共享租赁所获得的收益可收回投资成本的80.7%，考虑资本金6.5%的内部收益率，该比重进一步降至89.8%、73.7%，即当前条件下，独立储能若仅通过参与调峰辅助服或租赁获得收益，投资经济性相对较弱。

此外，考虑到新型储能在电力运行中还可以发挥顶峰、调频、爬坡、黑启动等多种作用，随着电力市场体系的逐步发展和完善，独立储能电站收益渠道有望进一步拓展，投资经济性将得到明显改善。

四 结论与建议

（一）近年来新型储能建设成本先升后降，电池本体价格是导致成本波动的主要原因

新型储能项目成本主要由系统建设成本、运行维护成本和财务成本组成，其中，储能系统建设成本约占项目总成本77%。2021年以来，受原材

料价格变化影响，储能系统建设成本呈先升后降趋势，2022 年 3 月达到最高，之后呈下降趋势。按照 2022 年 7 月国内新型储能项目平均中标价格测算，1 万千瓦/2 万千瓦时的新型储能项目工程总承包建设费用约为 2872 万元；若考虑项目全寿命周期运维成本和财务成本，项目总成本合计约为 3966 万元；若进一步考虑自有资本金 6.5%的内部收益率，项目全寿命周期营收需达到 4342 万元。

（二）电源侧储能和用户侧储能具备较好的经济性，独立储能电站收益渠道仍需拓展

根据建设主体、应用场景和运营模式的不同，新型储能项目一般可划分为电源侧储能、用户侧储能和独立储能三类。其中，电源侧储能主要通过减少调峰辅助服务分摊罚金、减少新能源弃电获得收益，经测算河南省新能源发电配置一定规模的储能后，项目整体仍可保持 6.5%以上的内部收益率，具备较好的经济性和可行性。用户侧储能主要通过峰谷价差套利、参与需求响应获得收益。经测算，按照河南省峰谷电价政策、用电负荷特性，省内工商业用户配置储能均可获得 7%以上的内部收益率，投资经济性较好。当前条件下，河南省内独立储能若仅通过参与调峰辅助服或容量共享租赁获得收益，投资经济性相对较弱，建议进一步优化政策配套机制、完善电力市场体系，推动独立储能电站充分发挥在电力运行中的顶峰、调频、爬坡、黑启动等作用，拓展更加多元收益渠道。

（三）推动储能运营主体与新能源发电企业加强合作，积极探索创新商业运营模式

随着新能源发电占比的持续快速提升，电力系统安全可靠供应和稳定运行面临诸多挑战，推动新能源配置一定规模的新型储能、提高有效供给能力、优化涉网性能已经成为发展大势和必然要求。建设独立储能电站或集中共享储能，为新能源企业提供调峰辅助、容量备用，既可以满足新能源发展需求、减轻系统调峰压力，还有利于提高储能电站的专业化运营管理水平，

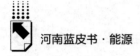
实现作用充分发挥、运行安全可靠。为促进独立储能电站或集中共享储能发展，建议推动储能相关运营主体积极与新能源企业深化合作，探索共享租赁与调峰服务收益灵活共享的新模式，双方根据实际合理确定收益分配方式，如降低储能容量租赁价格、参与辅助服务市场收益按比例进行分配，降低双方投资压力和运营风险，实现互利共赢。

（四）建议政府出台新型储能参与市场具体实施细则，引导新型储能规范发展

建议出台新型储能参与市场如电能量市场、辅助服务市场等的具体实施细则，明确新型储能独立市场地位，研究合理的成本分摊和疏导机制，衔接国家鼓励新型储能参与市场的政策体系；出台适宜新型储能的调度运行机制，保障公平调用；细化考核要求，体现新型储能快速调节、平抑波动、容量备用等价值；合理规划新型储能建设，按照因地制宜的原则，持续优化推进新能源配置新型储能，避免无效投资；推动建立新型储能全产业链的安全标准、管理标准等技术体系，引导新型储能规范发展。

参考文献

国家发展改革委、国家能源局：《关于加快推动新型储能发展的指导意见》。

国家发展改革委、国家能源局：《"十四五"新型储能发展实施方案》。

国家发展改革委办公厅、国家能源局综合司：《关于进一步推动新型储能参与电力市场和调度运用的通知》。

河南省人民政府：《河南省"十四五"现代能源体系和碳达峰碳中和规划》。

河南省发展改革委、河南省能源局：《关于加快推动河南省储能设施建设的指导意见》。

俞容江、陈致远、尹建兵等：《第三方投资共享储能电站商业模式及其经济性评价》，《南方电网技术》2022 年第 4 期。

开赛江、谭捷、孙谊媭等：《考虑容量约束的储能规模化应用商业模式评价》，《中国电力》2022 年第 4 期。

B.13
河南省抽水蓄能电站发展情况与前景展望

杜明建 国光辉 张洋 张亚丽 方一胜*

摘　要： "十三五"以来，河南新能源实现了跨越式发展，能源绿色低碳转型效果显著。随着"双碳"目标深入推进，新能源继续大规模发展与传统电源、电网调节能力的矛盾日益显现。抽水蓄能作为技术最成熟、应用最广泛、经济性最优的灵活性调节资源，在能源清洁低碳转型发展过程中将担当重要角色。立足河南省抽水蓄能电站发展现状，从电量效益、经济效益、节煤减排效益三个方面与传统火电、新型储能开展对比分析，研究表明建设抽水蓄能电站的综合效益最优。最后，本文从项目抽水蓄能电站项目建设、开发利用以及电价机制等方面，对推动抽水蓄能电站可持续发展提出相关建议。

关键词： 抽水蓄能电站　新能源　节煤减排

　　面对严峻复杂的国际能源供给形势，党中央站位国内国际两个大局，确立了"碳达峰、碳中和"目标，明确提出要加大力度规划建设新能源供给

---

* 杜明建，工学硕士，中国电建集团河南省电力勘测设计院有限公司工程师，研究方向为电力系统仿真及规划；国光辉，工学硕士，中国电建集团河南省电力勘测设计院有限公司工程师，研究方向为电力系统仿真及规划；张洋，工学硕士，中国电建集团河南省电力勘测设计院有限公司高级工程师，研究方向为电力系统仿真及规划；张亚丽，工学硕士，中国电建集团河南省电力勘测设计院有限公司高级工程师，研究方向为电力系统仿真及规划；方一胜，工学硕士，中国电建集团河南省电力勘测设计院有限公司助理级工程师，研究方向为电力系统仿真及规划。

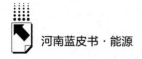

消纳体系。抽水蓄能电站具有移峰填谷、调频调相、事故支撑和黑启动等多种功能，是构建新能源供给消纳体系的重要组成部分，是保障电力系统稳定运行的有力支撑，是风光等新能源大规模发展的重要保障。

一　国内抽水蓄能电站发展情况

随着我国抽水蓄能电站技术水平进步和市场机制的逐步完善，全国抽水蓄能电站数量和运行容量大幅提升，在运和在建装机规模均居世界首位。截至 2021 年，全国在运抽蓄电站容量达 3249 万千瓦，主要分布在华北、华东、华中和广东等区域；在建规模为 5513 万千瓦，半数以上分布在华北和华东区域。

（一）抽水蓄能电站发展前景更加广阔

"十四五"以来，国家陆续出台《中共中央 国务院关于完整准确全面贯彻新发展理念做好碳达峰碳中和工作的意见》《2030 年前碳达峰行动方案》《"十四五"现代能源体系规划》《关于进一步完善抽水蓄能价格形成机制的意见》《抽水蓄能中长期发展规划（2021—2035 年）》《"十四五"能源领域科技创新规划》等一系列利好政策，支持抽水蓄能电站建设。明确到 2025 年，抽水蓄能总规模达 6200 万千瓦以上，较"十三五"翻一番；到 2030 年，抽水蓄能总规模达 1.2 亿千瓦左右，较"十四五"再翻一番；到 2035 年，形成满足新能源高比例大规模发展需求，管理优质、技术先进、国际竞争力强的抽水蓄能现代化产业。

（二）抽水蓄能电站保障电网安全作用更加突出

抽水蓄能电站启停迅速，动态响应好，从启动到带满负荷仅需 1~2 分钟，从抽水到发电仅需 3~4 分钟，是电网最合适的动态紧急备用电源，满足对负荷的快速变化，灵活调节范围大，调频、调相的性能俱佳，可满足电网安全可靠性需要。

承担负荷和事故备用。电力系统中备用容量需求较大,根据《电力系统设计手册》,负荷备用容量一般取最大负荷的 2%~5%;检修备用容量一般取最大发电负荷的 8%~15%;事故备用容量一般取最大发电负荷的 10%左右。在承担负荷备用方面,根据《水利水电工程动能设计规范》,若需安排日调节或无压引水式水电站承担负荷备用时,则水库应具有相应备用容量可连续工作 2 小时的备用容积。抽蓄电站能承担负荷备用和事故备用,可以实现 1 日内抽发 2~3 次,当电力系统出现事故时,抽水蓄能电站启停迅速、抽水发电工况转换快、动态响应性好,其负荷备用和事故备用作用因响应速度快而优于其他电源,能够有效提高电网安全运行水平(见表1)。

表1 各类机组启动及爬坡速度

	启动时间(静止→满载)			爬坡能力
	冷态	温态	热态	
燃煤机组	7~15 小时	4.5 小时	2.5 小时	5~10 兆瓦/分钟
燃气机组(联合循环)	3 小时	2 小时	1 小时	4~12 兆瓦/分钟
	静止→空载	空载→满载	静止→满载	
常规水电	25 秒	95 秒	2 分钟	125 兆瓦/分钟
抽蓄机组	25 秒	95 秒	2 分钟	150 兆瓦/分钟

调相调频。转动惯量主要由系统内运行的同步机组提供,新能源机组不能提供与容量相匹配的转动惯量。电力系统日趋电力电子化,同步机组占比逐步降低,转动惯量随之逐渐降低,系统频率响应逐渐恶化。抽水蓄能电站将为电力系统提供更多的转动惯量,是增强系统调频能力的重要手段。同时,抽蓄电站无功调节动态性能要优于静态无功补偿装置和静止无功补偿器(SVC),对电网电压支撑作用更好,其快速的响应能力可加速电网电压恢复过程,防止电压崩溃。

黑启动。黑启动是电力系统安全稳定运行的一项重要措施,可以在较短时间内恢复系统带负荷的能力。当系统崩溃时,抽水蓄能机组启动速度快,可以迅速转为发电工况，电网配置一定容量的大型抽水蓄能电站后，其黑启动能力将更加灵活可靠高效，提升系统严重故障后恢复能力。

（三）抽水蓄能电站运营模式持续优化

我国抽水蓄能电站运营模式经历了四个阶段：第一阶段是 2008 年以前，抽水蓄能电站运营模式以租赁制为主，抽水蓄能电站的投资主体为电网企业，电网运营者获得电站的全部使用权，按照"成本+预期收益"的方式核定收入，抽蓄资源的利用程度与收入不直接挂钩，无法反映抽蓄的真实价值。第二阶段是 2008~2014 年，以 2008 年《关于将抽水蓄能电站"租赁费"改为"容量电费"问题的批复》为标志，抽水蓄能电站运营模式逐步由"租赁制"向单一容量电费转变。第三阶段是 2014 年后，以 2014 年《关于完善抽水蓄能价格形成机制的意见》为标志，提出抽水蓄能电站按两部制电价运营，其中，容量电价主要体现抽蓄电站提供调频调压、系统备用和黑启动等辅助服务的价值，电量电价主要体现抽蓄提供调峰服务的价值，由于当时抽蓄电站参与辅助服务仍处于探索期，两部制电价落地成为难题。同时，由于 2016 年、2019 年国家连续发文明确"抽蓄电站不允许计入输配电价成本"，导致抽蓄成本无法疏导，抽蓄项目进展放缓。第四阶段是 2021 年 4 月后，国家发布《关于进一步完善抽水蓄能价格形成机制的意见》，明确以两部制电价政策为主体，按照"经营期 40 年、资本金内部受益率 6.5%"核定边界进一步完善抽水蓄能价格形成机制，以竞争性方式形成电量电价，将容量电价纳入输配电价回收，同时积极引导抽蓄电站与电力市场建设充分衔接，推动抽水蓄能电站逐步进入电力市场运行。不断完善的电价政策为抽蓄电站加快发展带来了契机。

二　河南省抽水蓄能电站发展情况

目前，河南省在运抽水蓄能电站 2 座，全省抽水蓄能、电化学储能等灵活调节电源装机占比为 1%左右，距离发达国家 10%的比例仍有较大差距。

河南省太行山、伏牛山和大别山等区域站点资源比较丰富，全省在建项目4座，列入"十四五""十五五"重点实施项目7座。

（一）抽水蓄能项目基本情况

在运抽水蓄能项目。截至2021年，河南省在运抽水蓄能电站有2座，总装机132万千瓦，即南阳回龙抽水蓄能电站12万千瓦、新乡宝泉抽水蓄能电站120万千瓦。

在建抽水蓄能项目。河南在建的抽水蓄能电站有4座，总装机360万千瓦，即南阳天池抽水蓄能电站120万千瓦、洛阳洛宁抽水蓄能电站140万千瓦、信阳五岳抽水蓄能电站100万千瓦、鲁山花园沟抽蓄电站130万千瓦。

规划抽水蓄能项目。根据国家能源局发布的《抽水蓄能中长期发展规划（2021—2035年）》，河南省抽水蓄能规划"十四五"重点实施项目共7项，装机规模1020万千瓦，主要分布在豫北、豫西及豫南地区，分别为嵩县龙潭沟抽蓄（180万千瓦）、辉县九峰山抽蓄（210万千瓦）、巩义后寺河抽蓄（120万千瓦）、灵宝窄口抽蓄（120万千瓦）、林州弓上抽蓄（120万千瓦）、济源逢石河抽蓄（150万千瓦）、汝阳菠菜沟抽蓄（120万千瓦）。

表2 河南省抽水蓄能电站规划项目进度情况

单位：万千瓦

序号	项目名称	装机	是否纳规	项目进展
1	洛阳嵩县龙潭沟抽蓄	180	是	可研阶段，计划近期核准
2	新乡辉县九峰山抽蓄	210	是	已核准
3	郑州巩义后寺河抽蓄	120	是	项目签约
4	三门峡灵宝窄口抽蓄	120	是	项目签约
5	洛阳汝阳菠菜沟抽蓄	120	是	
6	济源逢石河抽蓄	150	是	
7	安阳林州弓上抽蓄	120	是	可研阶段，计划近期核准
总计		1020		

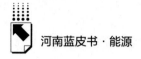

（二）在运抽水蓄能电站运行情况

目前，河南省新乡宝泉抽水蓄能电站 120 万千瓦，装机容量占全省抽水蓄能电站总容量的 92%，其运行情况具有较好的代表性。宝泉抽水蓄能电站机组华中网调调度，2021 年累计发电量 13.6 亿千瓦时。从全年运行频次和发电来看，宝泉电站在夏季 6 月和冬、春季 1~3 月、11~12 月运行次数和发电量较大，电站运行方式在迎峰度冬期间以 2 抽 2 发为主，迎峰度夏期间以 1 抽 1 发为主，全年最高发电量发生在 1 月，为 2.2 亿千瓦时；全年 4~5 月和 8~10 月运行次数和发电量较少，和河南电网的年负荷特性、新能源发电等趋势基本一致（见表 3）。

表 3　2021 年宝泉抽水蓄能电站机组运行情况

月份	发电量（万千瓦时）	抽水电量（万千瓦时）	发电次数（次）	抽水次数（次）	发电时间（小时）	抽水时间（小时）	运行方式
1	22279	28693	59	62	283	318	2 抽 2 发/2 抽 1 发
2	19315	24243	52	51	274	279	2 抽 2 发/2 抽 1 发
3	14124	17885	51	39	247	226	1 抽 1 发/2 抽 2 发
4	6878	8491	35	33	139	148	1 抽 1 发/2 抽 2 发
5	9503	12160	42	43	180	200	1 抽 1 发/2 抽 1 发
6	11805	15145	30	30	212	206	1 抽 1 发
7	8575	11365	18	18	171	129	1 抽 1 发
8	3170	3440	21	21	74	75	1 抽 1 发
9	6089	8119	24	24	111	158	1 抽 1 发
10	6305	7405	37	37	144	124	1 抽 1 发/2 抽 2 发
11	12429	15638	38	54	193	255	1 抽 1 发/2 抽 1 发/2 抽 2 发
12	15605	19073	39	36	215	205	1 抽 1 发/2 抽 1 发/1 抽 2 发
合计	136077	171657	446	448	—	—	

以春秋季新能源大出力典型日为例，宝泉抽蓄运行呈现 2 抽 2 发工况。在凌晨 1~7 时，负荷低谷时段，新能源出力较高也较为平稳，宝泉抽蓄运行在长时段抽水工况；在日间 9~12 时，新能源出力有所回落，宝泉抽蓄运

行在短时段发电工况；在 13~17 时，新能源大发时段，宝泉运行在长时段抽水工况；在晚间 18~22 时，新能源出力下降后，宝泉抽蓄运行在长时段发电工况。

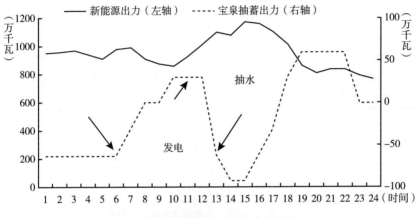

图1　宝泉电站新能源大发典型日抽蓄工况

三　河南抽水蓄能电站综合效益分析

以《河南省"十四五"现代能源体系和碳达峰碳中和规划》的负荷发展和电源规划最新边界测算，未来河南电网缺额将持续扩大，通过系统论证抽水蓄能方案、火电方案、电化学储能方案等三个保供方案在电量效益、经济效益、节煤减排效益等三个方面的综合效益，对科学制定全省电力保供方案提供了参考。

研究边界。以 2030 年河南省抽水蓄能电站总规模 1372 万千瓦为基础方案（见表 4 和表 5），考虑将其中的 180 万抽蓄进行等容量煤电和电化学储能（2 小时）的替代。中间年份更换的电化学储能电池投资按照初始投资的 60% 考虑，电池造价每 10 年下降 20%，电化学储能电站运行方案拟定 40 年设计年限，10 年换一次电池。煤电机组经营期按 25 年考虑，抽水蓄能电站经营期按 40 年考虑。

表 4　2030 年河南省电源保供方案拟定

单位：万千瓦

项目	抽水蓄能方案	火电方案	电化学储能方案
火电	7885	8065	7885
水电	235	235	235
抽蓄	1372	1192	1192
风电	4000	4000	4000
光伏	3400	3400	3400
外区来电	3564	3564	3564

表 5　经济测算指标

项目	指标	项目	指标
火电造价(元/千瓦)	3600	标煤价格(元/吨)	700
抽蓄造价(元/千瓦)	5600	燃煤机组运行费率(%)	3.5
电化学储能造价(元/千瓦×2 小时)	4000	抽蓄机组运行费率(%)	2.5
基荷发电煤耗(克/千瓦时)	300	贴现率(%)	8
峰荷发电煤耗(克/千瓦时)	330		

从电量效益计算结果看，新增同容量的抽蓄装机，系统的新能源弃电率能够大幅降低，火电承担峰荷的发电量也有所下降（见表6），既改善了火电机组运行条件，又降低了厂用电率和燃耗率，使火电工作位置更加经济合理。

表 6　2030 年抽蓄建设电量效益分析

单位：亿千瓦时，%

项目	抽水蓄能方案	火电方案	电化学储能方案
火电基荷发电量	2752.5	2755.2	2753.1
火电峰荷发电量	93.8	100.5	94.0
抽蓄和电化学储能耗电量	37.1	35.7	35.8
新能源弃电量	57.7	65.8	59.3
新能源弃电率	4.9	5.6	5.1

从经济效益计算结果看，抽水蓄能方案较火电方案增加约34.3亿元投资，但综合年费用方面，抽水蓄能方案较火电方案节省约4.57亿元。电化学储能方案由于电化学储能电站每10年需要更换一次电池，导致投资大幅增加，总投资较抽水蓄能方案增加64.4亿元。电化学储能方案较抽水蓄能方案综合年费用增加约2.01亿元。新增180万千瓦抽水蓄能电站优于相同容量的火电机组和电化学储能电站（见表7）。

表7　2030年抽蓄建设经济效益分析

单位：亿元

项目	抽水蓄能方案	火电方案	电化学储能方案
发电厂总投资	91.9	57.6	156.30
综合年费用	600.58	605.15	602.59
投资年费用	2.29	2.3	3.91
年运行维护费	0.06	0.08	0.10
火电基荷发电费用	578	578.6	578.20
火电峰荷发电费用	19.7	21.11	19.74
新能源弃电费用差值	0	3.06	0.60
新增损耗费用	0.53	0	0.04
综合年费用差值	0	4.57	2.01

从节煤减排效益看，相比抽水蓄能方案，火电方案、电化学储能方案煤耗分别增加28万吨和2万吨，火电方案、电化学储能方案碳排放量分别新增71万吨和5万吨。可见，新增180万千瓦抽水蓄能电站在节煤减排方面的环保效益优于其他方案（见表8）。

表8　2030年抽蓄建设节煤减排效益分析

单位：万吨

项目	抽水蓄能方案	火电方案	电化学储能方案
基荷煤耗	8258	8266	8259
峰荷煤耗	281	302	282
总煤耗	8539	8567	8541
煤耗差值	0	28	2
碳排放量差值	0	71	5

综上，新增 180 万千瓦抽水蓄能电站在电量效益、经济效益、节煤减排效益三个方面均优煤电机组、电化学储能。

四　河南抽水蓄能电站发展相关建议

抽水蓄能电站作为技术最成熟、应用最广泛、经济性最优的灵活性调节资源，是构建新型电力系统的重要组成部分。加快抽水蓄能电站建设对于推动能源清洁低碳转型发展、实现"碳达峰、碳中和"目标具有重要的意义。下一步，需在抽水蓄能电站项目建设、开发利用以及电价机制等方面持续取得突破，推动抽水蓄能电站又好又快发展。

（一）积极推进抽水蓄能电站项目建设进度

河南省电力系统负荷高、峰谷差大，未来以发展风电、光伏等清洁能源和吸收区外电力为主，在目前的技术水平下，在一段时间内，对抽水蓄能电站有一定的需求规模。一是加快在建南阳天池、洛阳洛宁、平顶山鲁山、信阳五岳抽水蓄能电站建设，争取早日投产运行；二是加快推进纳规的九峰山、弓上、嵩县等七座抽水蓄能电站项目以及南阳天池二期、信阳大坪等新一批备选站址项目进度。三是优先考虑布局豫中东地区作为受端重要的灵活支撑电源，保障大都市圈电力供应，也可考虑布局豫东南地区改善其调峰困难状况、提高新能源消纳能力，保障青豫直流可靠供电。

（二）积极提升抽蓄电站开发利用关键技术水平

持续提升抽水蓄能电站开发利用水平是一条需要长期坚持的发展之路。一是加快大型抽水蓄能电站关键技术研究，持续提升抽水蓄能电站设备的稳定性，不断降低项目开发成本，提升项目的经济效益。二是积极借鉴、吸纳国内龙头抽水蓄能电站项目的建设运营模式和先进技术，包括抽水蓄能电站机组的设计、开发、制造、施工、调试等关键技术，将国内现有的先进技术更多应用于河南省其他抽水蓄能电站项目，推动全省抽水蓄能产业技术升级。三是施工过程中应注重新技术应用，加强对生态环境、饮用水源地、旅游景区的保护，最大限度促进项目建设与生态保护协调发展。

（三）积极开展抽水蓄能合理电价机制研究

与传统化石能源发电相比，风光等新能源的发电边界成本基本为零，但对应的系统消纳成本巨大且缺少传导和分担机制。由于能源转型的长期性和艰巨性，河南省以煤为主的电源结构和新能源占比不断提升的新型电力系统构建是一个长期的过程，需要坚定能源转型方向，建议积极探索抽水蓄能电站大规模开发后对河南经济社会整体用电成本的影响，逐步形成充分反映用电成本、资源稀缺程度和供需关系的电价机制，促进抽水蓄能电站又快又好发展。

参考文献

《中共中央 国务院关于完整准确全面贯彻新发展理念做好碳达峰碳中和工作的意见》，2021 年 9 月 22 日。

国家能源局：《抽水蓄能中长期发展规划（2021—2035 年）》，2021 年 8 月。

国家发展改革委：《关于进一步完善抽水蓄能价格形成机制的意见》，2021 年 4 月 30 日。

国务院：《2030 年前碳达峰行动方案》，2021 年 10 月 24 日。

河南省人民政府：《河南省"十四五"现代能源体系和碳达峰碳中和规划》，2021 年 12 月 31 日。

河南省人民政府：《河南省全面加快基础设施建设稳住经济大盘工作方案》，2022 年 7 月 28 日。

河南省人民政府：《河南省贯彻落实稳住经济一揽子政策措施实施方案》，2022 年 5 月 31 日。

白宏坤等：《抽水蓄能电站在河南电网中的动态作用研究》，《华中电力》2007 年第 2 期。

程路等：《新时期中国抽水蓄能电站发展定位及前景展望》，《中国电力》2013 年第 11 期。

邹金等：《以减少电网弃风为目标的风电与抽水蓄能协调运行》，《电网技术》2015

年第 9 期。

易琛等：《风蓄联合系统的抽水蓄能容量优化》，《中国电力》2018 年第 2 期。

华丕龙等：《抽水蓄能电站建设发展历程及前景展望》，《内蒙古电力技术》2019 年6 期。

刘连德等：《含高比例风光发电的电力系统中抽蓄电站的优化控制策略》，《储能科学与技术》2022 年第 7 期。

傅旭等：《西北电网新建抽水蓄能电站调峰效益研究》，《油气与新能源》2022 年第4 期。

绿色发展篇

Green Development

B.14

河南省氢能产业中长期发展展望

宋大为　白宏坤　韩军峰　薛文杰*

摘　要： 氢能是一种来源丰富、绿色低碳、应用广泛的二次能源，已逐渐
成为全球能源转型发展的重要载体之一。氢能产业的高质量发
展，对于助力河南加快推进能源转型，努力建成清洁低碳、安全
高效的能源体系，顺利实现"碳达峰、碳中和"目标，具有重
要的意义。河南省氢能产业起步较早，顶层规划和战略布局基本
形成，氢源保障和资源条件优势显著，氢燃料产业初具规模，已
经具备一定的发展基础。本文在系统梳理国内外以及河南省氢能
产业发展现状的基础上，分析了河南氢能行业发展面临的问题，
提出了强化核心技术创新、强化产业布局协同、强化规模化发展
和强化风险管控等有针对性的发展建议，以期为河南相关行业在

* 宋大为，管理学博士，国网河南省电力公司经济技术研究院高级经济师，研究方向为能源大
数据与市场化运营；白宏坤，工学博士，国网河南省电力公司经济技术研究院教授级高级经
济师，研究方向为能源经济与大数据分析；韩军峰，工学硕士，华中电力设计研究院高级工
程师，研究方向为新能源与智慧能源发展；薛文杰，管理学硕士，国网河南省电力公司经济
技术研究院经济师，研究方向为造价管理。

当前重要窗口期实现高质量发展提供科学建议。

关键词： 氢能　氢能产业　氢燃料电池　河南省

2022 年 3 月，国家发展改革委、国家能源局印发《氢能产业发展中长期规划（2021—2035 年）》，将氢能产业列为战略性新兴产业和未来产业的重点方向。河南省委、省政府高度重视氢能产业发展，将发展氢能作为深入推动能源业及装备制造业高质量发展的重要举措。2022 年 9 月，河南省政府印发《河南省氢能产业发展中长期规划（2022—2035 年）》《郑汴洛濮氢走廊规划建设工作方案》等规划政策，明确将氢能提升到能源战略高度、作为重点发展任务，《河南省氢能产业发展中长期规划（2022—2035 年）》的发布对河南氢能产业健康可持续发展具有指导性意义。

一　氢能产业发展的重要意义

氢能作为清洁、高效、应用场景多元的能量载体，是连接传统化石能源与可再生能源的重要桥梁，是未来低碳能源体系中的重要组成要素。开发利用好氢能，对于推进产业转型升级、助力实现"双碳"目标、保障能源安全具有重大意义。

（一）氢能是实现能源消费绿色转型的重要解决方案

从国际看，全球主要发达国家高度重视氢能产业发展，美国、欧盟、日本等国家纷纷超前部署氢能产业，目前全球超过 20 个国家已形成氢能产业规划方案，全球各类氢能部署规划和政策超过 50 项。据全球氢能协会预测，到 2050 年全球 1/5 的碳排放将通过氢能替代，氢能占全世界能源消费的比重将达 18% 以上，以氢能电池燃料为动力的乘用车将占全球乘用车的 25%，氢能产业将为世界提供超过 3000 万个就业岗位，撬动超过 2 万亿美元的巨大市场。从国内看，"十三五"时期，国家高度重视氢能源发展，将其视为能源转型的突破口。氢能发展于 2019 年首次写入国务院《政府工作报告》，列入国务院 2022 年度立法工作计划的《中华人民共和国能源法（草案）》将氢能纳入法律范畴。在国家层面的大力推动下，我国氢能产业实现了快速发展，成为世界最大的制氢国和氢能消费国，2021 年中国制氢产量超过 3300 万吨，同比增长 32%，截至 2022 年上半年已拥有 270 多座加氢站，数量位居世界第一。目前，我国已形成长三角、西北、华中等多个产业集群，因地制宜开展氢能应用部署，氢能在重工业、交通、建筑、电力等多元应用领域多个生产消费环节作为替代能源进行使用，成为我国实现终端产业能源消费绿色转型的重要解决方案。

（二）氢能是保障能源安全、构建低碳能源体系的重要组成

氢能是"零碳能源"，能量密度是油气的 2~3 倍，是效率极高的一次能源替代品。美欧日等国家和地区将氢能作为能源安全的重要组成部分。美国是全球最早部署氢能规划的国家，早在 2002 年美国能源部发布了《国家氢能路线图》，2020 年发布的《氢能计划发展规划》明确了至 2030 年氢能发展的技术和经济指标，不断提升氢能在能源结构中的比重。欧盟国家受俄乌地缘政治影响，出于对能源供给保障和安全性的考虑，欧盟委员会颁布了《欧洲氢能战略》，加快氢能在提供能源保障上的替代作用。日本能源资源匮乏，能源高度依赖进口，政府高度重视氢能的发展，致力于打造"氢能社会"，并将这一理念纳入国家发展战略，先后颁布《氢能基本战略》《氢能与燃料电池路线图》等战略规划，提出 2030 年氢能在能源结构中的占比达到 11%。党的十八大以来，我国深入推动能源安全新战略，能源绿色低碳转型步伐明显加快，2021 年全国煤炭占能源消费总量的比重由 2012 年的 68.5% 降低至 56.0%，一次电力及其他能源占比由 9.7% 提升至 16.6%。未来，氢能作为资源丰富、利用高效、储能周期长的优质能源，能够有效促进电、热、气、氢等能源的融合，推动能源跨季节配置，对于形成多元互补的现代能源供应体系具有重要的战略意义。

（三）氢能是推动能源产业链转型升级的重要战略选择

氢能根据制取方式和碳排放量不同，主要分为灰氢、蓝氢和绿氢三种。

189

灰氢制取自化石燃料如煤炭和天然气，碳排放相对较高，但生产成本低、技术简单，因此是目前最广泛的制氢方式；蓝氢制取自化石燃料且配备碳捕集与封存（CCS）装置，是一种过渡性的技术手段产物，可以实现相对低碳排放；绿氢通过风、光等可再生能源电解水制氢，可以实现零碳排放，但目前成本较高，尚未实现规模化。氢能产业涉及制、储、运、加、用等全产业链条，在交通领域、分布式发电以及工业等领域都有应用需求，我国多次将推动氢能快速发展写入国家战略和规划，相继出台《"十三五"国家战略性新兴产业发展规划》《能源技术革命创新行动计划（2016—2030年）》等规划引导氢能产业初步发展，2021年《中共中央 国务院关于完整准确全面贯彻新发展理念做好碳达峰碳中和工作的意见》明确提出，统筹推进氢能"制储输用"全链条发展，加强氢能生产、储存、应用关键技术研发、示范和规模化应用。《氢能产业发展中长期规划（2021—2035年）》明确将氢能产业列为战略性新兴产业和未来产业的重点方向。未来，主动顺应新一轮科技革命和产业革命，强化打造氢能产业创新体系，攻克氢能关键技术和材料瓶颈，加快培育新产品、新业态、新模式，有效带动上下游共同实现全产业链的良性发展，已成为加快培育经济增长点的重要选择。

二　河南省氢能产业发展现状

河南省是传统农业大省、人口大省，新兴工业大省，产业结构偏重，能源结构偏煤，发展氢能产业是推动全省能源转型、保障能源安全、促进产业链升级的重要举措，河南省氢能开发利用研究起步较早，具备一定的发展基础，研究领域涵盖"氢能制造—终端利用"全产业链，以氢燃料电池为主，相关氢能链上企业布局初步形成。

（一）氢源保障和资源条件优势显著

河南省作为化工大省，煤焦化、氯碱、合成氨等产业基础优势明显，省内化工企业众多，以平煤神马、河南能化、焦作煤业、鹤壁煤业、心连心深冷为代表的一批化工企业，年副产氢超过 55 万吨，具备品质高、价格低的优势，为氢能产业的快速发展提供了很好的保障。同时，以风电、光伏发电为代表的可再生能源开发与利用规模不断扩大，截至 2022 年 8 月，河南省风电和光伏装机 1873 万、2011 万千瓦，装机容量在全国各省份分列第 7 和第 5 位。随着风光装机容量的快速上升和发电技术的进一步成熟，新能源规模化发展也将带来成本的下降，各类有利条件共同推动生物质制氢及风光发电制氢多元化制氢模式联动发展，进而为河南清洁能源制氢提供优质可观的资源条件。

（二）氢燃料产业初具规模，示范效应明显

作为燃料电池重要零部件研发和客车规模化示范区，河南依托宇通客车在全国客运车辆研发上的领先优势和全国少数民族传统体育运动会、北京冬奥会等重大活动，积累了较为丰富的燃料电池汽车示范经验，整合出以氢燃料电池商用客车为主线，产业链企业上下游联动发展的燃料电池汽车发展道路。河南宇通集团是全国最早开始研发生产燃料电池汽车的整车企业之一，重卡、物流车、市政用车等研发深入推进，累计在全国推广应用燃料电池汽车近 500 台，运营里程超过 3500 万公里。此外，豫氢动力等产业链上下游企业相继落地，燃料电池电堆、空气供应系统、70 兆帕储氢瓶、固态储氢设备、氢气管束拖车、加氢站建设及运维等领域发展初具规模。目前，河南省以郑州为中心城市，洛阳、新乡、濮阳等城市环绕的国家氢燃料电池汽车推广应用示范城市群已获国家批准，形成以客车为主、货运和特种车等氢燃料电池汽车全面发展的格局，逐步向重型车辆、特种车辆和船舶等外延运载工具以及电源设备、储能装置等领域的拓展推广示范。

（三）技术自主创新成果卓著

近年来，河南高度重视氢能产业技术研发与创新，部分核心科技获得突破，创新成果孵化效益显著。燃料电池关键材料技术取得较大突破，质子交换膜和气体扩散层（碳纸）技术水平显著提升，双极板、膜电极、空压机

等核心零部件与国际先进水平的差距正快速缩小。特种车辆、乘用车等终端应用发展迅速，推出燃料电池重卡、乘用车辆等。宇通客车、豫氢装备等头部企业建成了客车安全控制技术国家地方联合工程实验室、河南省氢能装备工程研究中心等一批国家级、省级氢能领域工程实验室，组建了河南省氢能与燃料电池汽车产业研究院，新乡成立电池研究院，新乡、濮阳等地氢能产业园基本建成，濮阳依托中国石化新能源产业研究院，联合国内氢能产业知名企业，组建了氢能产业联盟。

（四）氢能配套基础设施快速布局

郑州宇通氢站于 2015 年 3 月通过验收，这是河南第一座、全国第三座加氢站，截至 2022 年 9 月，河南已建成加氢站 6 座，当前阶段加注能力合计 4210 千克/天。至 2025 年还将规划建成 9 座氢能站，可满足 1000 辆氢燃料电池公交和物流车辆使用。建站模式也将呈现多元化，以风光互补发电耦合制氢站和油、氢、电综合能源补给站都将陆续布局。2018 年郑州市开通全省首条氢燃料电池客车示范专线，目前，在以郑州为牵头城市的燃料电池汽车示范应用城市群推动下，已有 223 台燃料电池公交车分别在 20 条公交线路投入运营，累计运营里程超过 1000 万千米。

三 河南省氢能产业中长期发展情况分析

目前，河南氢能开发和利用不断深化，配套政策和发展路线不断清晰，产业迎来的前所未有的发展机遇，但与世界先进水平相比，仍存在技术水平不高、核心材料"卡脖子"、产业发展路径尚需进一步探索等问题和挑战。面对世界能源新发展形势，河南亟须加强氢能产业规划和布局，进一步提升产业核心技术，拓展市场空间，引导氢能产业快速高质量发展。

（一）面临机遇

1. 顶层设计日趋完善

为承接国家产业规划和战略布局，抢抓氢能产业发展机遇，河南将氢能产业作为换道领跑、弯道超车的重要领域。"十三五"期间，河南省相继印发《河南省新能源及网联汽车发展三年行动计划（2018—2020年）》《河南省氢燃料电池汽车产业发展行动方案》《推动河南省示范城市群氢燃料电池汽车产业高质量发展若干政策》等文件，氢能行业发展布局和路线逐步清晰明确。2022年9月，省政府印发《河南省氢能产业发展中长期规划（2022—2035年）》《郑汴洛濮氢走廊规划建设工作方案》，对河南加快氢能产、储、运、用、示范等各流程和环节的指导更加科学，必将推动河南省氢能产业全面提速发展。

2. 规模优势更加明显

未来，随着河南全面落实"双碳"目标的步伐不断加快，氢能替代化石能源的应用将更加广泛，氢能规模化发展空间将不断扩大。按照《河南省氢能产业发展中长期规划（2021—2035年）》，到2025年，河南省交通领域氢能替代将具备一定规模，各类燃料电池汽车超过5000辆，车用氢气供应能力3万吨/年，以郑州为牵头城市的燃料电池汽车示范应用城市群取得良好示范效应；到2035年，氢能在交通领域应用基本实现产业化，在储能、分布式能源、工业等领域融合应用不断拓展。

3. 产业布局日益清晰

经过多年探索与研究，氢能产业发展顶层设计逐步完善，核心关键技术路线图已趋清晰。以燃料电池汽车示范项目为引领，推动电堆、膜电极、双极板、质子交换膜等核心零部件的技术自主创新及产业化更进一步。在以宇通客车、豫氢能源为代表的各方机构努力下，有望实现整车与系统、核心零部件的技术自主可控，关键核心装备精密度、生产流程、材料性能、国产化等水平指标将得到进一步提升。中长期来看，河南将重点打造"一轴带、五节点、三基地"的郑汴洛濮氢走廊，形成辐射带动全省、串联鲁陕的黄河中下游氢能产业发展格局，并将在全国氢能发展格局中充分发挥承接东西、贯通南北的枢纽作用。

4. 竞争优势逐步显现

在《河南省氢能产业发展中长期规划（2021—2035年）》的引领下，河南氢能产业在功能上将更趋聚合、空间布局上将更趋集中、产业发展定位更趋互补，华中重要氢能装备制造产业集群逐步成型，产业竞争优势开始逐步显现。氢能产储运全链条装备制造能力大幅提升，氢燃料电池及燃料电池整车核心产业形成完整产业链，燃料电池核心材料、关键零部件和动力系统实现产业化。产业发展载体日益丰富，产业合资合作平台和氢能汽车运营平台搭建成形，面向全国提供车辆生产、运营维护、金融一体化解决方案河南范式。

（二）存在的问题

1. 部分"卡脖子"技术仍需突破

目前，河南省氢能产业技术的发展已经有了长足的进步，但在部分技术和材料领域仍然存在"卡脖子"的问题，高端装备做工复杂、材料精密、技术要求高，目前河南省产业创新能力不足，核心技术和材料需要进口。氢能源在产、储、运、加及应用等全产业链都急需自主技术和自主材料作为支撑和保障，可再生能源高效制氢、氢气储运及加注等关键领域的核心技术空心化等问题亟待突破。

2. 绿色低碳程度有待提升

河南省现有氢源主要来自工业副产氢及化石能源制氢，提制上存在排污及高碳耗的问题。同时，光伏、风电等清洁能源装机容量虽高，但制氢的技术性和经济效益还不够，当前制氢成本是煤炭制氢的4倍以上，因此现阶段河南仍然以煤制氢为主，清洁能源仍未成为主要的制氢选择。同时，从河南乃至全国范围来看，氢能的示范主要集中在交通领域，但从先进国家经验及我国"碳中和、碳达峰"的目标要求看，未来氢能在工业、新能源发电等领域的运用部署仍需进一步深化。

3. 用氢难度较大、成本较高

我国各地区氢能产业发展多处于示范阶段，基础数量严重不足且区域分布不均衡，社会投资基础仍然较为薄弱。目前国内运营和在建的氢能产业区数量较少，而且主要分布在长三角、珠三角和京津冀，配套设备也还处于示范阶段。同时，加氢站建设成本也较高，投入回报率低，目前暂不具备经济效益，推行难度较大。在应用环节，氢燃料电池的应用多数处于商用车的领域，还有较大提升空间，区域均衡发展的难题还需跨越。氢燃料电池车辆主要还依靠政府补贴，应用端生命周期的购置成本、运营成本和处置成本亟待降低。

四 河南省氢能产业中长期发展建议

未来，河南省应持续深入贯彻"四个革命、一个合作"能源安全新战略，锚定"两个确保"，围绕"十大战略"，强化核心技术创新、强化产业布局协同、强化规模化发展、强化风险管控，推动产业链、供应链、创新链、要素链及制度链加快融合，切实发挥好氢能作为低碳高效的优质能源、长周期的储能载体、资源丰富的能源原料的综合作用。

（一）强化核心技术创新

科技创新是能源高质量发展的第一动力，国外发达经济体在氢能产业链上下游的相关技术培育上均不遗余力。而氢能技术链条长、难点多，河南氢能产业虽然起步早，但仍处于发展初期，与国内外先进水平存在一定差距。为此，亟须从氢能的产、储、加、用等主要环节创新突破，面向氢能科技前沿开展基础研究和应用，重点突破关键核心技术。建议加快打造产业研发平台，联合国内外知名研究机构和高校，攻关一批核心"卡脖子"技术并促进自主技术产业化，加快推动省内液氢企业项目落地达产，加快70兆帕加注等技术的突破。

（二）强化产业布局协同

当前，河南对于氢能的应用主要集中在交通运输领域，研发和建设布局的同质化会加大膜电极、电堆及系统等材料的产能过剩，不利于产业链技术创新和突破。为稳步推进河南省氢能多元应用，除了进一步加强交通运输领域的示范推广，还应拓展氢能的全产业链发展，加快打造丰富、健康的氢能产业发展商业路径，强化产业协同。建议挖掘应用场景，拓展氢能在交通、

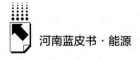

储能、工业和建筑等领域的应用，重点探索氢能在重型工程机械、轨道交通、船舶、无人机等领域的示范应用。

（三）强化规模化发展

氢能的生产需二次制取完成，且部分无法实现技术自主化的核心材料和零部件需要进口，产业推广规模化程度较低无法均摊应用成本，配套设施建设成本拉升零售价格，运、储、充等环节成本较高。建议加快降低全产业链成本，加快突破燃料电池及氢气制储加环节的技术，扩大推广规模，形成规模效益；鼓励因地制宜，结合地区特点，探索多元化制氢技术路线；创新建站模式，推广油氢合建、站内制氢—加氢母站等。

（四）强化龙头企业引领

河南氢能产业的快速发展，离不开重点企业、龙头企业的引领。以宇通集团、豫氢能源等为代表的一批走在氢能产业发展前沿的企业需要进一步结合自身产业，发挥已有技术优势，做好产业规划发展和核心竞争力培育，发挥企业独有的技术、人才和资金优势，兑现郑汴洛濮氢走廊和郑州燃料电池汽车示范应用城市群的承诺，引领打造氢能国家级先进制造业集群，助力河南省氢能产业进入全面、高效的新时代。

参考文献

国家发展改革委、国家能源局：《氢能产业发展中长期规划（2021—2035 年）》，2022 年 3 月。

河南省人民政府：《河南省人民政府办公厅关于印发河南省氢能产业发展中长期规划（2022—2035 年）和郑汴洛濮氢走廊规划建设工作方案的通知》，2022 年 8 月。

赵稳勇、李鑫、匡振山等：《河南省氢能源产业发展现状与展望》，魏澄宙、谷建全主编《河南能源发展报告（2021）》，社会科学文献出版社，2021。

王伟：《如何看本轮"氢能热"的内生动力和未来前景——中国工程院院士衣宝

廉》,《能源评论》2021年第7期。

周锋、黄磊、王乾坤:《氢能发展现状与前景展望》,《能源评论》2020年第7期。

邱丽静:《各具特色 多领域探索——全球氢能产业发展新动向及趋势分析》,"中能传媒研究院"微信公众号,2022年7月20日。

赵吉诗、龚娟、王子缘等:《我国氢能产业发展现状及"十四五"展望》,《能源思考》2021年1月刊。

B.15
河南省电力行业中长期控煤思路与建议[*]

张 静 张 伟 赵 静 钟灵佳 曹 东[**]

摘　要： 河南是我国人口大省、农业大省，也是煤炭生产和消费的主要省份，在国家"双碳"目标中处于重要位置。电力行业仍以火电为主，贡献了全省40%的碳排放，是河南实现碳达峰、碳中和的关键领域。本文立足保障电力安全可靠供应与电力清洁化转型的战略前提，模拟评估河南中长期电力行业煤炭消费控制和碳排放情况，谋划面向"双碳"目标的河南电力行业中长期控煤路线图及重点举措，提出电力行业控煤对策建议。

关键词： 电力行业　碳排放　碳排放—能源集成模型　控煤

　　河南产业结构偏重、能源结构偏煤，煤电长期以来是河南电力供应的主力电源。2020年，河南电力行业煤炭消费和二氧化碳排放量分别占全省的48%、40%。随着经济持续增长，人民生活水平不断提高，未来河南电力消费需求逐步增大，实现电力行业"碳达峰、碳中和"面临严峻挑战。探索构建河南省电力行业中长期控煤路径，是服务河南省"双碳"目标落地的

---

　　[*] 本研究得到自然资源保护协会（NRDC）支持。

　　[**] 张静，工学博士，生态环境部环境规划院副研究员，研究方向为环境规划与政策模拟；张伟，理学博士，生态环境部环境规划院副研究员，研究方向为环境政策评估；赵静，工学硕士，生态环境部环境规划院助理研究员，研究方向为减污降碳协同效应及其公平性；钟灵佳，理学硕士，生态环境部环境规划院实习研究员，研究方向为地方环境治理与应对气候变化政策；曹东，理学硕士，生态环境部环境规划院研究员，研究方向为环境规划与政策模拟。

内在需要，对于推进河南省实现重点行业碳排放控制目标、推动行业生产方式与能源结构绿色转型具有重要指导意义。

一　河南电力行业控煤降碳面临的形势

"十三五"时期，面对错综复杂的外部环境、艰巨繁重的能源保障供应和转型发展任务，河南省以较低的能源消耗保障了全省经济健康发展和民生福祉增进。"十四五"是碳达峰的关键期、窗口期，电力行业作为保障经济社会发展的基础行业和主要煤炭消耗和碳排放部门，未来面临优化结构、保障供应、强化治理等多重目标统筹平衡的考验。

（一）能源电力结构调整压力大

长期以来，河南省能源消费较依赖煤炭，电源装机以煤电为主，致使煤炭在能源消费结构中居主导地位，全省煤炭占一次能源消费总量比重高出全国平均水平 10 个百分点以上。能源资源利用效率偏低，能效水平与先进地区仍有一定差距，碳排放总量大，居全国前五位。受资源禀赋和经济开发条件限制，河南水能资源基本开发殆尽，生物质能、风电、太阳能等可再生能源发电受资源、环境因素影响较大，短期内难以发挥电力发展主力军的作用，河南以煤电为主的电源供应格局短期内难以改变。

（二）能源电力安全保障风险高

河南处于工业化中期向后期转变阶段，经济稳健增长对能源消费形成刚性需求，推进现代化河南建设对能源电力消费形成重要支撑，预计"十四五"期间全省电力需求仍将保持较快增长态势。随着郑州主城区煤电"清零"、洛阳主城区煤电基本"清零"，省内都市核心区呈现电源"空心化"特征。目前，全省新增煤电项目较少，气电受气源、气价影响可增空间不足，风电、光伏作为全省电源增量主体，其间歇性、波动性的出力特性难以对电力保障形成稳定有效的支撑，电力保障压力持续增大。未来新增电力需

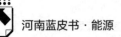

求还将部分依靠引入省外电力来解决，但省外电力供应保障不确定因素较多，应对极端天气、重大疫情等突发事件，以及区域性、时段性紧张局面的保供能力并不稳定。

（三）能源科技创新支撑能力弱

河南省整体能源技术、装备创新能力不强，灵活高效燃煤发电等技术研究亟须突破，新型储能、氢能开发利用以及碳捕集、利用与封存（CCUS）等前沿技术和相关产业亟待发展，源网荷储一体化、多能互补等新模式新业态对新技术的要求越来越迫切。

二 河南电力行业碳排放情景预测分析

综合考虑河南省宏观经济增长、产业结构调整、能源效率提升等因素，通过构建碳排放—能源集成模型（Integrated Carbon and Energy Model，iCEM），以"双碳"目标为约束，设置常规、控煤、强化三个情景，对2021~2060年河南电力行业煤炭消费控制和碳排放情况进行模拟分析，系统研判电力行业碳排放达峰时间、峰值，综合评估电力行业控煤的环境、经济、社会影响，为控煤路径探索提供数据支撑。

（一）研究思路

为系统开展河南电力行业碳达峰研究，本文基于iCEM构建了"电—煤—碳"预测分析体系，对不同阶段电力行业发展情景、煤炭消耗、碳排放变化趋势进行预测分析，系统研判电力行业碳排放达峰时间、峰值，确定达峰约束下的煤炭消耗目标以及路径，分析经济社会效益，并在此基础上提出煤炭控制的主要措施和配套政策机制。研究技术路线见图1。

研究范围包括全省煤电、气电、水电、生物质发电、风电、光伏发电等各种电源结构，以及热电联产的供热部分和外来电力；煤炭消耗核算范围包括发电煤耗和供热煤耗；碳排放核算范围包括燃煤、燃气等火电厂（含企业自备电厂）化石燃料燃烧产生的二氧化碳排放，含供热碳排放、外来电力碳排放；研究时间跨度为 2021~2030 年，展望到 2035 年。

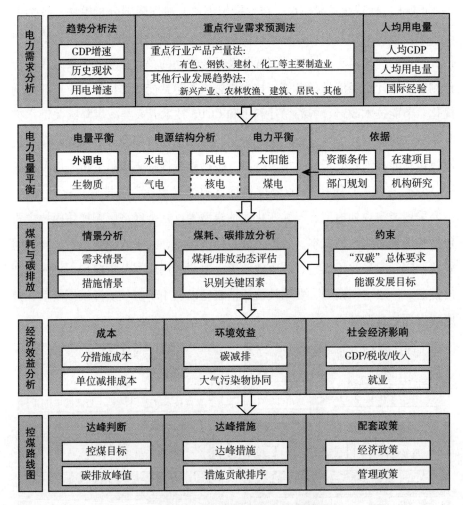

图 1　河南电力行业控煤研究技术路线

（二）研究模型

iCEM 以行业发展需求、政策措施分析、能源消费、二氧化碳排放、经济效益分析为主要内容，以社会经济高质量发展为背景，以"碳达峰、碳中和"为约束，以技术可达性和措施、经济可行性为条件，反复迭代优化，最终得到能源消费和碳减排路线图。

iCEM 包括行业发展模块、技术措施模块、减煤降碳分析模块、社会经济影响评估模块。其中，行业发展模块考虑了区域中长期社会经济发展，包括各行业的产品需求、结构预测变化及行业之间的耦合关系，主要采用需求预测模型、计量经济学模型等。技术措施模块包括能源结构调整、产业结构优化、节能技术改造、资源循环利用和 CCUS 技术五大类减煤降碳关键举措及革命性技术的评价与分析，主要采用减排技术评价模型等。减煤降碳分析模块包括能源消耗分析、碳排放分析、各措施减煤降碳贡献分析，以及考虑了"双碳"约束、能耗总量/强度目标下的煤炭消耗、碳排放目标的设定，主要采用能源规划模型、气候变化评估模型等。社会经济影响评估模块主要包括各情景路线图的成本、效益、社会经济影响，其中效益包括污染物协同效益、空气质量改善效益、健康效益等，主要采用成本分析模型、投入—产出模型、一般均衡模型、费用效益评估模型以及用于空气质量模拟模型、健康效应评估模型等。

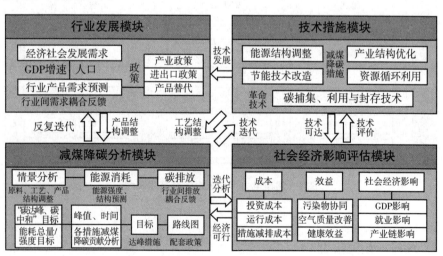

图 2　iCEM 框架

（三）情景设定

考虑控煤降碳措施力度不同，依次设置常规、控煤、强化三个情景（见表1）。常规情景是按现有规划发展的情景，控煤情景以落实国家碳达峰刚性目标为导向，强化情景是争取实现的更高追求，提前实现碳达峰目标。

表1　情景设置

	常规情景	控煤情景	强化情景
情景描述	按现有规划发展的情景	与全国同步实现"双碳"目标	提前实现"双碳"目标
电力需求	中需求	中需求	中需求
电源结构	风光按规划速度发展	风光加快发展	风光超常规发展
	煤电峰值维持到2035年开始下降	煤电峰值维持到2030年后开始下降	煤电2025年后，旧机组正常退役
	水电（含抽蓄）一致		
储能	"十四五"参考河南省能源规划，之后按新增风光装机的10%~20%考虑		
需求响应	2030年前达到最大负荷的5%、2035年达到最大负荷的7%		
省外来电	"十四五""十五五""十六五"分别新增第三、第四、第五直流	同常规情景	早于常规1~2年
供电煤耗	到2025年、2030年、2035年，供电标准煤耗为297克/千瓦时	到2025年、2030年、2035年，供电标准煤耗分别为297克/千瓦时、295克/千瓦时、293克/千瓦时	到2025年、2030年、2035年，供电标准煤耗分别为297克/千瓦时、294克/千瓦时、291克/千瓦时
热电联产供热低碳转型	按现有趋势发展	采用更多工业余热，减少热电联产的能耗	采用更多低碳、零碳热源

（四）主要结论

1. 从达峰时间看，河南电力行业煤炭消费量在"十四五"期间呈持续增长态势，三种情景煤炭消费达峰区间为2027~2031年，碳达峰区间为2028~2033年

综合考虑省外来电规划、电源结构优化和技术进步等措施，根据化石能

源消费量，参照煤、天然气的碳排放因子，在常规、控煤、强化三种情景下，河南电力行业分别于 2031 年、2029 年、2027 年达到煤炭消费峰值，峰值较 2020 年分别增加 1881 万、1592 万、1148 万吨标准煤。考虑省外来电碳排放后，河南电力行业碳排放将于 2033 年、2030 年、2028 年实现碳达峰。

　　常规情景下，发电煤耗 2030 年达峰，加上供热煤耗后 2031 年达峰，峰值为 9302 万吨标准煤，达峰前后平台期较长；碳排放将于 2033 年达峰，峰值为 2.50 亿吨，若考虑省外来电碳排放，则总碳排放将于 2033 年达峰。控煤情景下，发电煤耗于 2029 年达峰，加上供热后达峰年不变，峰值为 9013 万吨标准煤，达峰后有 5~6 年平台期；碳排放将于 2030 年达峰，峰值为 2.42 亿吨，考虑省外来电的总碳排放将于 2030 年达峰，峰值为 2.96 亿吨。强化情景下，发电煤耗于 2026 年达峰，加上供热煤耗后于 2027 年达峰，峰值 8569 万吨标准煤；碳排放将于 2027 年达峰，峰值为 2.30 亿吨，考虑省外来电的总碳排放将于 2028 年达峰（见图 3 和图 4）。

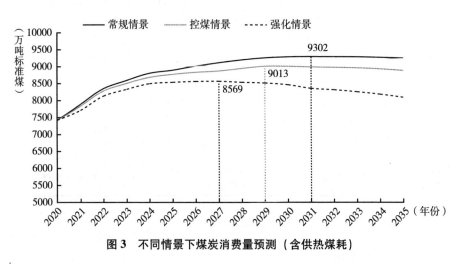

图 3　不同情景下煤炭消费量预测（含供热煤耗）

　　2. 从控煤贡献看，清洁能源发展、低碳零碳热源应用、提高省外来电比例、加快煤电节能改造是有效控煤措施，布局内陆核电是缓解控煤压力与实现"双碳"目标的重要路径

　　控煤情景相较于常规情景，通过发展新能源、节能改造等措施，在

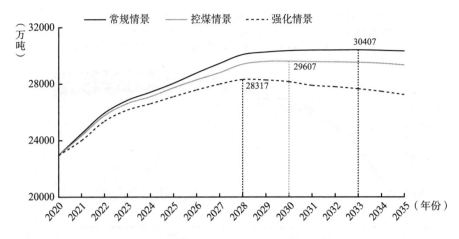

图 4 不同情景下河南省电力碳排放预测（含省外来电）

2021~2035 年累计实现控煤 3350 吨（占常规情景的 2.5%），其中太阳能发电、风电、供热低碳转型、煤电节能改造、生物质发电、气电等措施分别贡献约 28%、27%、19%、18%、7%、1%（见图 5）。强化情景下各项措施力度增大，2021~2035 年累计实现控煤 9765 吨（占常规情景的 7.2%），其中供热低碳转型、省外来电贡献较大，分别达到 30%、25%，风电和太阳能发电增长贡献占比达到 34%（见图 6）。

若 2035~2060 年年均用电增速按照 1.9% 考虑，生物质发电、水电、气电、风电、其他能源均按照规划的上限来发展，2060 年需求侧响应能力达到最大负荷的 12%、2035~2060 年新增四条直流，则 2060 年风光装机至少要达到 3.6 亿千瓦，布局核电 2000 万千瓦，剩余煤电、气电全部配备 CCUS 才能满足碳中和目标。若未来无法增加核电，2035 年后需要通过以下两种路径替代：一是进一步发展可再生能源，2035~2060 年光伏装机年均增加量要达到 1500 万千瓦，2060 年光伏发电至少要增加到 4.4 亿千瓦（按照滩涂、沼泽和屋顶面积的 58% 发展光伏）；二是加大力度引进清洁省外来电，2035~2060 年共需引进 8 条省外来电，增加 3200 千瓦时的省外来电量。以上两种路径需要对剩余火力发电和生物质发电全部配套 CCUS 技术。

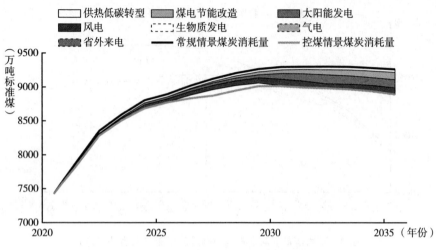

图5 控煤情景较常规情景的减煤量

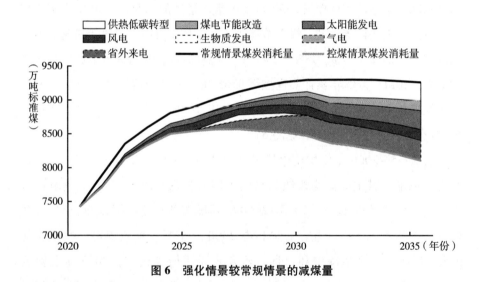

图6 强化情景较常规情景的减煤量

3. 从综合效益看，河南电力行业预计每年新增节能低碳投资510亿元，有利于拉动清洁能源相关行业经济增长、促进本地就业、减少大气污染

投入成本方面，常规、控煤、强化情景下，2021~2035年河南电力行业控煤降碳措施投资成本分别为7133亿元、7650亿元、8147亿元，年均成本为476亿元、510亿元、543亿元，资金主要用于新能源发电及配套设施、

节能改造、电网升级等（见图7）。展望至2060年，2021~2060年常规、控煤、强化情景下，总成本分别为20423亿、20353亿、20538亿元。控煤措施投入将刺激经济高质量增长，2035年前累计拉动GDP年均增长约260亿元、378亿元、364亿元，每年新增就业岗位约16万、23万、22万个。

协同减排方面，强化情景下污染物协同减排量大幅高于控煤情景（见图8）。其中，新增风电、太阳能发电协同减排贡献约1/3，省外来电减排贡献1/4，供热低碳转型贡献近1/3。

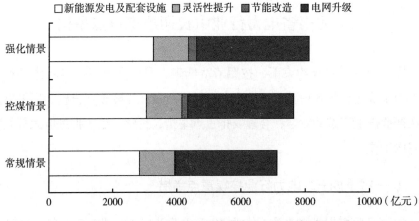

图7 2021~2035年不同情景电力行业投资对比

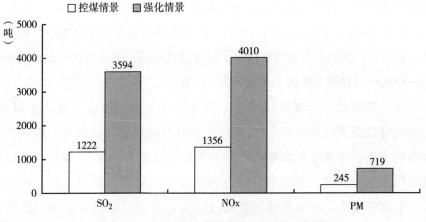

图8 不同情景电力行业污染物年均协同减排量

综合考虑，控煤情景发展路径是河南电力行业兼具可行性、经济性、清洁化的控煤路径。考虑国家要求、河南省要求、措施可行性、成本及社会经济影响，煤电退出节奏需要统筹考虑能源安全保障形势变化。在"双碳"目标约束下，控煤情景在三种情景中 2021~2035 年成本适中，但对年均 GDP、就业带动最大。展望至 2060 年，控煤情景 2021~2060 年总成本在三种情景中最低，兼顾了"碳达峰、碳中和"、减煤和措施可行性、经济性。因此，对比三种情景各项指标，选取控煤情景作为推荐路径。

三 河南省电力行业中长期控煤重点举措

在"双碳"目标约束下，按照清洁低碳、安全高效现代能源体系和新型电力系统建设的各项要求，综合考虑电力行业控煤降碳在投资、环境以及其在产业链上下游的效益，合理安排重点举措，科学、稳步推进电力行业控煤降碳工作。

（一）"十四五"电力行业控煤重点举措

加速落后燃煤机组淘汰。淘汰 20 万千瓦及以下且设计寿命期满的纯凝煤电机组 248 万千瓦，合理延寿现有机组。推进许昌、平顶山等城区煤电机组等容量置换、退城进郊，实现清洁高效煤电机组替代老旧落后煤电机组 200 万千瓦以上。重点在信阳、南阳、商丘等豫南及豫中东电力缺口较大地区，有序布局大容量高效清洁煤电、民生热电项目。关停淘汰和服役到期的合法合规机组原则上实施"关而不拆"，优先纳入应急备用电源。

加大现役机组节能改造力度。积极推进高效、清洁火电技术研发，对供电煤耗在 300 克标准煤/千瓦时以上的煤电机组，应加快创造条件实施节能改造，推进发电煤耗降低至 297 克标准煤/千瓦时。鼓励现有燃煤发电机组替代供热，推进存量煤电机组提升供热能力技术，统筹考虑煤电节能降耗改造、供热改造和灵活性改造，实现"三改"联动，优先对城市或工业园区周边具备改造条件且运行未满 15 年的在役纯凝发电机组实施采暖供热改造。

加快非化石能源发电发展。坚持集中式和分布式开发并举，大力发展风电、太阳能发电、生物质发电、地热等可再生能源，"十四五"风光装机年均新增量要达到445万千瓦，新能源装机占比提升至37%，占总发电量的18%；生物质装机加速发展，"十四五"年均增长50万千瓦。加快抽水蓄能电站建设，推动新型储能规模化发展。

加强外电入豫通道送电能力。加快推动陕电送豫直流工程等新增直流建设，提前谋划区外电力送豫工程。积极挖掘现有外电入豫通道送电能力，加快特高压交流电网建设，逐步消除特高压"强直弱交"安全隐患，全面释放青电、疆电入豫工程送电能力。加快推进陕电入豫工程建设，同时加快建设特高压交流电网，构建交直混联互通的大电网。

（二）"十五五"电力行业控煤重点举措

持续降低发电煤耗。煤电仍将发挥兜底保障作用，煤电装机保持不变，持续降低发电煤耗至295克标准煤/千瓦时，向低能耗、低排放的高效机组优化升级。2030年前对存量煤电机组大力实施灵活性改造，适度发展气电作为调峰电源。推动供热系统低碳转型，随着电力系统中清洁电力占比的提升，更多采用电热泵等低碳、零碳热源，减少供热系统碳排放。

加速替代非化石能源。"十五五"生物质装机年均新增20万千瓦，风光装机年均新增450万千瓦，新能源装机占比提升至45%。若2030年前第四直流不能投产，则需确保省内新能源发电装机年均增加650万千瓦以上。2030年抽水蓄能达到752万千瓦，新型储能达到671万千瓦。加快灵活高效燃煤发电、新型储能、氢能开发利用、CCUS等战略技术的研发和应用。

积极扩大外电入豫规模。推进与西部"风光水储一体化"清洁能源基地的对接，"十五五"期间建成投产入豫第四直流。全力争取区外电力战略性资源，扩大外电入豫规模，其中可再生能源电量比例达到100%。

	煤电	可再生能源	外调电	灵活性提升	节能改造	政策保障
2025年	• 煤电发展难以做到"急刹车" • 煤电装机增长到7217万千瓦 • 煤电占比降低至55% • 淘汰20万千瓦及以下且设计寿命期满的纯凝煤电机组 • 严格控制新增燃煤发电机组 • 提升现有大型热电联产机组供热能力,推进清洁取暖	• 非化石能源发电加速发展 • 坚持集中式和分布式并举 • 推进沿黄绿色能源廊道建设 • 风度农村能源革命试点示范 • 新增光伏装机占比提升至37% • 生物质能装机年增加50万千瓦	• 加快推动陕电送豫直流工程等新增直流 • 提前谋划区外电力送豫工程建设	• 全面推进实施火电机组调峰灵活性改造 • 有序发展天然气调峰电站和电冷交联供 • 抽水蓄能达352万千瓦 • 新型储能达220万千瓦 • 电力需求侧响应能力达到最高用电负荷的5%	• 加快推进现役机组节能升级改造,供电煤耗降低至297克标准煤/千瓦时	• 煤电淘汰落后产能支持政策 • 开发布局政策 • 新能源消纳 • 加快构建循环工业体系 • 强化节能降低用电需求
2030年	• 煤电仍将发挥兜底保障作用 • 煤电装机不变,负荷转向调峰 • 淘汰30万千瓦及以下且设计寿命期满的纯凝煤电机组 • 严格控制新增燃煤发电机组 • 加强供热热能低碳转型,发展太阳能、风能、地热能、热泵及工业余热等清洁热源	• 非化石能源加速替代 • 生物质年增开工达20万千瓦 • 省2030年前年均新增直流电产,风光装机年均新增450万千瓦,2030年达7160万千瓦 • 若第四直流不能投产,则需增加保新能源发电装机年均增加650万千瓦以上	• 积极推进与金沙江和雅砻江流域"风光水储一体化"清洁能源基地的对接 • 建成投产入豫第四直流	• 对存量煤电机组大力实施灵活性改造 • 适度发展气电作为调峰电源 • 抽水蓄能达752万千瓦 • 新型储能达670万千瓦	• 持续降低供电煤耗至295克标准煤/千瓦时 • 向低碳耗、低排放的高效机组优化升级	• 加快灵活高效、新燃煤发电、新型储能,氢能、CCUS等政策开发的应用
2035年展望	• 煤电定位由基本负荷向调峰负荷转变 • 煤电装机年均新增485万千瓦,发电小时数开始缓慢下降 • 加强对煤电企业发电量约束	• 实现风光储协同的跨越式发展 • 风光装机年均新增485万千瓦以上,总装机应达到9580万千瓦以上 • 新能源电清洁占比提升至53%	• 新增第五直流,受入电量1790亿千瓦时 • 外调电清洁比例达100%	• 抽水蓄能1250万千瓦 • 新型储能1150万千瓦 • 电力需求侧响应能力达到最高商用电负荷的7%	• 持续降低供电煤耗至293克标准煤/千瓦时	• 建立存量煤电有序退出机制 • 电力系统适应高比例新能源并网运行

图9 "双碳"目标下河南省中长期电力行业控煤路线

（三）"十六五"电力行业控煤重点举措

优化完善煤电发展机制。煤电由基础保障电源向基础保障型和系统调节型电源并重方向转型，既保障电力安全和用电需求，同时为新能源大规模替代存量传统能源、完成新型电力系统构建打下良好的基础。该阶段全省煤电装机仍保持不变，煤电发电小时数开始缓慢下降。供电煤耗持续降低至293克标准煤/千瓦时，向低能耗、低排放的高效机组优化升级。

推动风光储的跨越式发展。"十六五"期间风光年均新增485万千瓦，到2035年风光总装机应达到9580万千瓦以上，新能源装机占比提升至53%。2035年抽水蓄能达到1252万千瓦，新型储能达到1150万千瓦。积极推动扩大外电入豫规模，新增第五直流，受入电量1790亿千瓦时，外调电清洁比例达到100%。

四 河南省电力行业控煤对策建议

河南省正处于工业化、城镇化加速发展阶段，探索既能保障能源电力安全可靠供应，又能实现控煤降碳的务实路径势在必行。坚持"先立后破、综合施策、内外并举、源荷互动"原则，提升煤电兜底保障能力，加快新能源规模化发展，提升全省能源保障能力，促进电力行业尽早达峰。

（一）坚持先立后破，充分发挥煤电调节支撑作用

河南省产业结构偏重、能源结构偏煤问题较为突出，压减煤炭消费、降低碳排放需要供给侧、需求侧协同发力。建议一是在区域和行业二氧化碳排放总量有序控制基础上，统筹区域煤电发展和能源保供，提高电力平衡支撑能力，推进煤电布局优化。二是加大60万千瓦级以上超临界、超超临界供热改造的力度，确保高参数机组高效运行，并配套实施激励政策。三是建立完善电力容量市场、辅助服务市场等市场机制，对承担调峰任务的煤电机组、非供暖季停发的背压机组给予合理补偿。

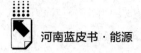

（二）坚持综合施策，推动可再生能源有序发展

可再生能源是未来电力供应的主体绿色电源，为保障其快速有序发展，一是加强各部门统一规划，保障可再生能源发电科学规划、实施与消纳。二是积极创新可再生能源开发模式和路径，充分利用河南农村能源发展优势及全国首个农村能源革命建设试点经验，积极推进农村由能源消费末端向能源生产前端转变。三是加大对生物质发电的政策支持力度，明确不同生物质发电形式的财税政策重点。四是加强可再生能源产业发展和技术攻关，推广地热资源开发利用。五是完善电价补贴政策，加强财税金融支持，鼓励可再生能源供热发展。

（三）坚持内外并举，提升电网资源优化配置能力

河南能源资源禀赋决定了河南难以实现能源自治，需要内外并举，提升电网资源优化配置能力。建议一是全力争取区外电力战略性资源，加快推动陕电送豫直流工程等新增直流建设，提前谋划区外电力送豫工程。二是积极挖掘现有外电入豫通道送电能力，加快特高压交流电网建设，全面释放青电、疆电入豫工程送电能力。三是提高电网末端地区的供电能力以及电网安全运行水平，保证外来电安全高效接入。加大城网、农网改造力度，持续提升高压配网接入能力，加强低压配电网的改造，适应小容量的光伏及生物质等分布式电源接入配电网。四是提升电网协同控制能力，优化升级智能调度运行系统，进一步增强清洁能源"可调、可控"协同优化运行能力。

（四）坚持源荷互动，促进可再生能源最大化消纳

随着可再生能源规模的日益增长，对电力系统灵活运行能力要求更高。建议一是以新的电力规划理念引导源网荷储灵活性资源发展的协调统一。电源侧，充分发挥现有火电机组的灵活性潜力。电网侧，提高现有输电通道的利用率，减少因电网阻塞而产生的额外灵活性需求。用户侧，加快扩大工业、建筑等多领域用户侧资源参与需求侧响应的规模，完善需求侧响应资源

资金来源机制。储能侧，除电化学储能外，大力发展抽水蓄能、岩穴空气储能、氢储能、光热储能等储能形式，实现储能在更大范围的布局和应用。二是建立公平合理的灵活性资源补偿机制，考虑快速爬坡能力、响应准确度等，对灵活性资源进行合理定价，激励灵活性资源有序健康发展。

参考文献

《中共中央 国务院关于完整准确全面贯彻新发展理念做好碳达峰碳中和工作的意见》，2021 年 9 月 22 日。

国务院：《2030 年前碳达峰行动方案》，2021 年 10 月 24 日。

河南省人民政府：《河南省"十四五"现代能源体系和碳达峰碳中和规划》，2021 年 12 月 31 日。

河南省人民政府：《河南省全面加快基础设施建设稳住经济大盘工作方案》，2022 年 7 月 28 日。

河南省人民政府：《河南省贯彻落实稳住经济一揽子政策措施实施方案》，2022 年 5 月 31 日。

李娴等：《河南省煤电结构调整及布局优化研究》，魏澄宙、谷建全主编《河南能源发展报告（2021）》，社会科学文献出版社，2021。

清华大学气候变化与可持续发展研究院：《中国长期低碳发展战略与转型路径研究》，《中国人口·资源与环境》2020 年第 11 期。

余碧莹等：《碳中和目标下中国碳排放路径研究》，《北京理工大学学报》（社会科学版）2021 年第 2 期。

B.16
河南省干热岩资源勘探开发研究及对策建议[*]

卢予北　陈莹　卢玮　王攀科[**]

摘　要： 发展清洁能源，是改善能源结构、保障能源安全、推进生态文明建设的重要任务。干热岩资源属于深部矿产能源资源，也属于可再生清洁能源，在生态文明建设和"双碳"背景下，大力推进新兴能源资源勘探开发具有重要意义。河南省干热岩资源潜力巨大，但埋藏深度多数在4000~6000米，勘探开发难度较高，目前对于干热岩资源预测研究较多，具体钻探工程较少，存在前期预测与实际钻探成果相差较大等问题。本文在梳理干热岩的成藏条件、利用技术和环保优势的基础上，介绍了河南省干热岩资源勘探试点基本情况，系统分析了干热岩选址、开发技术以及存在的问题，并在加强基础理论研究创新、优选探测技术方法和组织重大科学工程钻探实践等方面提出了工作建议，以期为加快探索干热岩资源勘探和综合利用提供参考。

关键词： 干热岩　勘探开发　钻探技术　河南省

* 本研究得到河南省自然资源厅科技攻关项目"河南省隐伏干热岩资源勘查及评价技术研究"（豫自然资函〔2020〕542号）、河南省地质勘查基金项目"河南省干热岩资源潜力调查评价"（编号：20172215）支持。
** 卢予北，工学博士，二级教授，国家能源行业地热能专业标准化技术委员会委员，研究方向为地热地质及深部探测；陈莹，工学博士，河南省豫地科技集团有限公司高级工程师，研究方向为地热地质及新能源勘查开发；卢玮，河南省深部探矿工程技术研究中心主任，研究方向为深部探测及地热资源勘查开发；王攀科，河南省深部探矿工程技术研究中心副主任，研究方向为地热资源勘查开发与环境评价。

干热岩作为地热资源的一种，属于可再生能源和新型清洁能源，具有安全性、稳定性、可靠性和持续性等优势，主要用于发电和供暖。国家《"十四五"可再生能源发展规划》和《河南省"十四五"现代能源体系和碳达峰碳中和规划》相继出台，明确提出支持地热能发电与其他可再生能源一体化发展。河南省干热岩资源潜力巨大，资源量相当于14亿吨标准煤，加强地热资源调查评价，提高地热资源开发利用量，完善地热能开发利用方式，开展地热核心技术攻关，对于改善能源结构、保障能源安全、推进生态文明建设具有重要的意义。

一　干热岩资源特点及优势

干热岩是指地层深处不含水或蒸汽的致密不透的热岩体，是地热资源的重要组成部分。地热资源按照开发方式划分，主要有浅层地热能、中深层水热型地热和干热岩三种类型。其中，埋藏200米以浅，且温度低于20摄氏度为浅层地热能；埋藏200~3000米，温度高于25摄氏度称中深层水热型地热资源；埋藏3000米以深无流体或少量流体，且岩石温度高于180摄氏度为干热岩资源。目前干热岩资源尚处于调查评价与勘探阶段，国内尚无实现干热岩利用的项目。

（一）干热岩的成藏条件

干热岩资源具有埋藏深、岩体温度高等特征，其成藏受控于地质环境。目前干热岩的主要热源是以热传导为主的岩浆热源和以对流热传导为主的地幔热源两种模式，多数情况下两种热传导方式在地壳中同时存在。形成干热岩资源的条件和地质背景有三个：一是深部隐伏巨大且导热系数高的岩体，如花岗岩、片麻岩、大理岩和石英岩等，这些岩体是高温地热资源的载体，条件具备时则可成为干热岩；二是干热岩体上部必须有较厚且导热系数低的上覆盖层，如泥岩、砂岩和页岩等低导热性岩层，可以阻止干热岩体热量的扩散和损失；三是干热岩体下部或周边存在持续稳定的深部热源（岩浆热

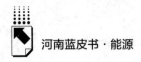

或地幔热）。巨大的岩体同时具备上述三个条件，并且浅部没有构造活动时则可形成干热岩资源。

（二）干热岩的利用技术

干热岩用途广泛，可以梯级综合利用，主要开发利用方向包括发电、供暖两种。一是利用干热岩资源进行发电，根据开采到的干热岩温度情况选择适宜的发电方式，利用高于 150 摄氏度的高温地热流体进行一次发电，经过发电后，确保流体在不低于 120 摄氏度的工况下，通过双工质发电系统进行二次做功。二是利用干热岩发电尾水进行供暖，对发电后排放的尾水进行再利用，通过管道将干热岩发电尾水（汽）的热能进行储存，输送至建筑物内进行供暖、调节室内温度或进行工业干燥等。

（三）干热岩的经济与环保优势

干热岩资源量大、分布广泛，能源利用系数高、可再生循环利用，运行成本低、节能减排显著。国际能源署评估显示，由于地热发电建成后无燃料费用、运行费用极低，即使考虑到风电、太阳能发电的技术进步和成本降低，在未来二三十年内，地热发电成本都将远远低于风电、太阳能发电，干热岩发电成本仅为风力发电的一半、太阳能发电的 1/10。其利用效率是光伏发电的 5.2 倍、风力发电的 3.5 倍。干热岩发电、供暖几乎是零污染排放，可以大幅降低二氧化碳排放，从而减少温室效应和酸雨对环境的影响。

二 河南省干热岩资源勘探情况

目前，河南省干热岩资源勘探以面上调查为主，综合运用物化探、地温测量、水温调查等勘查方法，初步估算河南省深度 7000 米以浅的热储层资源量约为 14 亿吨标准煤。考虑当前技术经济条件、地层、构造、热储分布、地表地热显示等条件，省内三处干热岩靶区勘探工作取得了积极进展，为推广干热岩勘探积累了经验。

（一）干热岩可开采资源量评估

干热岩所蕴含的地热资源量取决于干热岩的温度及干热岩岩石的热物性。干热岩地热资源总量是低孔渗（忽略岩石中流体的储热量）岩石介质中所赋存的热量，计算公式如下：

$$Q = \rho \cdot Cp \cdot V \cdot (T - T_0)$$

式中，Q 为干热岩资源量（焦耳），ρ 为岩石密度（千克/立方米），Cp 为岩石比热（焦耳/千克·摄氏度），V 为岩石体体积（立方米），T 为特定深度上的岩石温度（摄氏度），T_0 为地表平均温度或特定参考温度（摄氏度）。

在系统收集干热岩靶区地质资料的基础上，综合运用物化探、地温测量、水温调查等勘查方法，初步确定了工作区热储层埋深，圈定了地热异常区和部分地温梯度值和岩石比热容、热传导率、密度等参数。在评价温度高于 180 摄氏度，评价深度 7000 米以浅的热储层资源量的条件下，可采资源量按干热岩资源总量的 2% 估算，河南省累计干热岩资源潜力 20.434×10^{20} 焦耳，可采资源潜力 40.863×10^{18} 焦耳，约为 14 亿吨标准煤。

（二）河南干热岩靶区

洛阳龙门山—伊川东北干热岩区块。分布于关林—瑶底一带，处在宜阳—回郭镇大断裂、新安—伊川半坡镇断裂、新安—伊川断裂多条深大断裂的交会处。地表地热显示龙门温泉水温 47 摄氏度，1800 米地热井温度达 107 摄氏度。根据龙门山附近地热井推算，地温梯度 ±7 摄氏度/100 米左右。盖层岩性为寒武系灰岩、二叠系砂岩、三叠系砂泥岩，推测厚度约 2000 米。基底岩性为太古界片麻岩和二长花岗岩。

内黄凸起干热岩区块。东部有长垣断裂，为聊城—兰考深断裂带西侧边界断裂，在濮阳县清河—长垣东一线，长约 130 千米；西部有汤东断裂，展布于安阳—新乡胙城一线，是太行山前深断裂带的主干断裂，省内长达 140 千米，切割太古界—新近系，属活动性深大断裂，断裂带宽约 5.5 千米；南部有焦作—商丘深断裂。区内地温梯度相对其他较高，上覆盖层较厚，具有良好的保温效果。

伏牛山北麓干热岩区块。分布于车村镇—鲁山县城一带，该区块主断裂有马超营断裂和黑沟—车村断裂，二者延伸长、切割深、规模宏大。沿断裂带出露多处温泉，多期岩浆岩喷发，属岩石圈深大断裂。地表地热显示伏牛山北麓隆起山地热水活动带（点）地热显示多以温泉的形式，属断裂深循环带（脉）状热储。根据河南栾川县九龙山 K3 地热井测井资料，井底深度为 1824.6 米时，温度为 72.55 摄氏度，地温梯度为 3.35 摄氏度/100 米。本区块花岗岩大面积出露，为侵蚀山区，仅在河谷区有很薄的沉积层，沉积盖层大面积缺失。由于花岗岩表层容易风化，自身风化层形成厚度不大的盖层。

三　河南省干热岩资源勘探开发关键技术分析

河南干热岩埋藏深度大、资源分布不均，勘探开发难度相对较大。精准选址、绿色智能钻探和深部热能高效利用是整个勘探开发工程的技术关键。

（一）干热岩选址技术

1. 选址原则

一是适应当前经济技术条件，主要是埋藏深度不易过深，能满足钻探工程顺利进行，一般不超过 4000 米。二是有高温热源持续供给（地幔热源和高导热岩体），如深大断裂可以提供对流型高温热源，侵入熔岩岩体可以提供传导型热源。三是有稳定导热性强的巨大岩体，如花岗岩、片麻岩、大理岩等。四是区域有温泉出露或水热型地热显示明显异常。

2.选址技术路线及主要方法

干热岩选址主要内容包括远景区圈定，探明区域构造、盖层和干热岩体岩性。

选址技术路线主要包括三个流程：一是收集区域地热地质资料，提出可行性报告；二是通过遥感解译、地球物理、地震、地球化学和水文地质等方法，进行干热岩资源调查，并按照干热岩成藏机理选定初步靶区；三是在有利靶区实施深部钻探工程，钻探主要用以精准验证和资源储量确定。通过钻探成果验证前期预测，并初步计算干热岩资源储量，为下一步开发利用提供资源能源基地。

选址技术主要分为三类：遥感红外测温、大地热流测量、浅层测温等主要用于干热岩远景区圈定；重力法、磁法、地震、大地电磁和地球化学法主要用于构造探测；大地电磁法、可控源音频大地电磁法等主要用于地层岩性探测。

（二）钻探技术存在困难和应对措施

1.钻探深度需要突破常规钻井工艺

干热岩温度高于 180 摄氏度，按照正常的地温梯度，达到这一温度其钻探深度一般在 5000 米以深，即使考虑部分地区地温梯度异常，钻探深度也在 3000 米左右。国外已经开展的干热岩研究表明，水热型地热资源钻探技术在干热岩钻井领域中并非完全适用，在石油领域，对于 5000 米以深的石油钻井已经有成熟的技术和设备，但石油钻井工艺应用于干热岩领域仍需要对设备、钻井直径的匹配性等进行研究和试验。

结合当前河南省钻探技术现状，河南省组织实施干热岩钻井在深度实现方面的主要关键技术包括钻孔结构设计、钻探设备选配与优选、钻进工艺等。干热岩钻探深度大、投资高、耗时长，应在干热岩钻孔布设前期重视钻探技术经济评价与分析，通过钻孔结构设计、钻探设备、钻探工艺等主要参数的对比分析，做足前期工作，提高成功率。

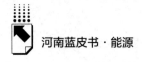

2. 高温环境给干热岩钻探带来诸多问题

干热岩钻探施工过程需要考虑高温钻井液体系的应用、耐高温钻具的应用、耐高温固井水泥浆的选择三个方面的高温问题。

干热岩钻井过程中，随着钻进深度的增加，井底温度不断升高。当井底温度超过150摄氏度时，受高温影响，常规钻井液体系中成分的物理性质、化学性质会发生较大变化，导致钻井液的流变性、护壁堵漏性能发生变化甚至失效。此时需要根据钻进温度情况、漏失情况选择适当对策，可通过添加高温保护剂或更换耐高温钻井液体系来解决高温问题。可供选择的耐高温钻井液体系包括超高温油基钻井液、高温聚合物钻井液体系、抗高温水基钻井液体系、木质素磺酸盐钻井液体系等多种，可根据具体钻进情况合理选择。

当井底温度升高后，钻具的耐高温性也是干热岩钻井需要解决的关键问题之一。钻头、钻具经受高温时会发生效率降低或损坏等问题，如孕镶金刚石钻头、螺杆钻具中的橡胶部件发生失效等，可通过采用耐高温钻头（如牙轮钻头、新型高效PDC钻头等）、抗高温螺杆钻具、不含橡胶部件的涡轮钻具等措施保证钻井工程的连续性，避免钻具问题导致的频繁起下钻。

干热岩井的高温对固井的水泥浆也是一个较大的考验，可通过添加耐高温处理剂、选择耐高温水泥浆体系的措施保证固井质量。

3. 干热岩钻探存在井喷事故风险

干热岩钻井温度高、钻遇裂隙地层时井底压力大，存在井喷事故风险，在美国夏威夷州、内华达州干热岩钻探过程中就发生过重大井喷事故。与常规水热型地热钻井不同，防喷装置上干热岩钻井是必不可少的工序。但目前的防喷装置主要应用于石油行业，干热岩钻探项目实施前需要做好防喷装置与干热岩钻井设备的匹配性研究与应用。

4. 干热岩钻井效率有待提升

从目前国内组织实施的干热岩钻井项目来看，钻效低是普遍存在的问题。导致钻效低的原因是多方面的，既有钻探取心工序导致的工期增加，也有深孔高温、高压等引起的钻井效率降低。

提高干热岩钻效可从以下几个方面入手，一是科学调整钻进参数，达到2000~3000米时，根据钻井设备能力及时更换钻井设备，保证钻井设备能力充足；二是考虑复合钻井工艺、高效钻井工艺联合应用，根据不同钻遇井段及时调整钻进工艺，如潜孔锤钻井工艺、气举反循环钻井工艺等高效钻井工艺的应用；三是若是部署了取心工作，探索大口径绳索取心技术在干热岩钻井中应用的可行性，减少取心过程中的起下钻时间，特别是深部钻井阶段。

5.干热岩压裂技术有待突破

建立有效的热储层是干热岩开发利用的前提。根据干热岩压裂要求，国际上干热岩钻井终孔口径通常应该达到215.9毫米。目前，国内干热岩钻井虽然取得了一定的进展，但在压裂技术上仍然以石油工艺为主，石油压裂并不完全适用于干热岩压裂。干热岩压裂的目的是将裂隙发展出去，使其成为一定规模的网络，从而有更大的热交换面积。干热岩钻井工序完成后，探索能够真正实现地下几千米处换热通道、换热网络的建立的压裂技术和工艺是实现干热岩开发利用的重中之重。

四　河南省干热岩资源勘探开发建议

干热岩不属于常规水热型液体矿产资源，也不同于传统固体矿产。其成藏条件和规律较为复杂，对其赋存地质环境要求较高。同时，其成藏深度大、岩石硬度高、上覆盖层地层不稳定等。加快全省干热岩勘探和综合利用，需要在干热岩成藏模式、赋存环境、勘探方法等方面持续开展理论和技术创新。

（一）加大干热岩成藏模式研究与创新，实现找矿重大突破

目前国内对于干热岩成藏模式研究较少，主要以水文地质学理论和物探找水方法为支撑，在此基础上将干热岩成藏模式划分为高放射性产热型、近代火山型、沉积盆地型及强烈构造活动带型四种类型。由于当前对干热岩成藏模式研究尚不够充分，建议以地质学、岩石学、水文地质学、地球物理和

地球化学多学科为理论基础，采用多学科交叉理念，创新干热岩成藏模式的理论研究，为找矿突破提供理论支撑。

（二）优选深部探测技术方法，实现绿色、智能、高效、低耗勘探

干热岩与其他矿种相比埋藏较深，一般在3000~6000米，目前适合干热岩资源勘探的深部探测手段主要包括地球物理、地球化学和钻探等技术，钻探工程部分难度和风险最大。建议结合干热岩特征和找矿方向，优选深部探测技术和方法，解决高温、高压等复杂条件下钻探关键技术问题，为精准找矿和绿色、智能、高效、低耗勘探提供技术保障。

（三）进一步优选干热岩靶区，组织实施高温地热资源科学钻探工程

根据河南省干热岩资源潜力调查与评价成果和相关地震资料判断，在洛阳—伊川和汤东断裂东内黄凸起埋藏有经济型干热岩资源，但该区域具体靶区位置和钻探条件，仍需进一步研究和论证。建议依托此工程，组织实施一口3000~4000米高温地热资源科学钻探工程，进一步了解区块浅层、中深层和深部热储层埋深及潜力，确定勘查区干热岩温度和资源量，了解其他能源（煤层气、页岩气、油气）分布及埋藏情况，同时提升深部探测技术能力。

参考文献

卢予北、李艺、卢玮等：《新时代地热资源勘查开发问题研究》，《钻探工程》2018年第3期。

卢予北、吴烨、侯怀仁等：《河南干热岩资源成因模式与科学问题》，《第二十届全国探矿工程（岩土钻掘工程）学术交流年会论文集》，2019。

杨建锋、王尧、马腾等：《美国干热岩地热资源勘查开发现状、战略与启示》，《国土资源情报》2019年第6期。

卢予北、张晗、王攀科等：《河南省干热岩赋存地质环境及找矿方向》，《钻探工程》2021 年第 2 期。

雷玉德、童珏、杨占梅等：《青海省干热岩资源类型及典型地热模式》，《南水北调与水利科技》2017 年第 4 期。

郑克棪、陈梓慧：《中国干热岩开发：任重而道远》，《中外能源》2017 年第 2 期。

黄雪琴、孟庆昆：《液氮应用于干热岩钻探的可行性探讨》，《钻探工程》2018 年第 2 期。

B.17
基于源荷协调的河南分布式电源
发展策略分析与建议

于昊正 许长清 卢 丹 皇甫霄文 张又文*

摘 要： 2022 年，河南分布式电源发展迅猛，成为全省新能源发电新增装机的主要力量。截至 8 月，全省分布式电源装机突破 1600 万千瓦，累计发电量突破 130 亿千瓦时，有力支撑了全省能源绿色转型发展及用电需求快速增长。国家《"十四五"可再生能源发展规划》明确，中东部地区重点推动分散式风电、分布式光伏发电就地就近开发，预计河南分布式电源仍将保持快速发展趋势。本文总结了河南省分布式电源的发展情况，分析其未来发展面临的机遇和挑战，针对分布式电源并网造成的区域消纳困难、电网资源短缺等问题，提出了源荷协调的发展策略及相关技术及策略，引导分布式电源与电网协调发展，促进全社会资源优化配置。

关键词： 分布式电源 新能源 电力系统 河南省

随着屋顶分布式光伏开发的深入推进，河南省分布式电源发展进入快车道，有力支撑了全省能源绿色低碳转型发展和用电需求快速增长。在"千乡万村驭

---

* 于昊正，工学硕士，国网河南省电力公司经济技术研究院工程师，研究方向为配电网规划；许长清，工学硕士，国网河南省电力公司经济技术研究院教授级高级工程师，研究方向为电网规划与智能电网；卢丹，工学博士，国网河南省电力公司经济技术研究院高级工程师，研究方向为配电自动化与智能调控；皇甫霄文，工学硕士，国网河南省电力公司经济技术研究院助理工程师，研究方向为配电网规划；张又文，工学硕士，国网河南省电力公司经济技术研究院助理工程师，研究方向为配电网规划。

风行动"、"千家万户沐光行动"、分布式发电参与市场化交易等利好政策推动下，河南分布式电源装机将继续保持快速增长的发展态势，分布式电源的广泛接入在促进全省清洁能源利用的同时，也给电力系统运行带来了新挑战。

一　河南省分布式发电发展分析

近几年，河南省分布式电源发展呈现爆发式增长态势，步入规模化发展的新阶段，分布式电源已经成为全省新能源增长的主要力量，总体呈现发展速度快、低压并网占比高、电量及出力稳步增长等特征，正在逐步成为支撑全省清洁能源利用的有效手段。

（一）"十三五"末发展提速，屋顶光伏成为主要增长点

截至 2022 年 8 月，河南省分布式电源装机 1696 万千瓦，新增装机 466 万千瓦，较上年底增长 38%，装机容量是 2020 年底的 2.7 倍。其中，光伏装机 1271 万千瓦，风电装机 183 万千瓦，生物质装机 178 万千瓦（见图 1）。"十

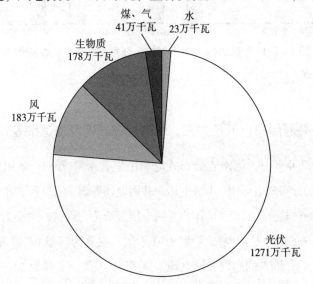

图 1　截至 2022 年 8 月河南各类分布式电源装机情况

资料来源：行业统计。

三五"期间，由于国家补贴政策的激励和技术成本的下降，河南省分布式电源发展平稳起步；2017~2018年，由于光伏扶贫政策实施，全省分布式电源装机增速较快，2020年分布式电源装机达到633万千瓦。"十四五"以来，随着系列支持政策相继出台，分布式电源发展提速（见图2）。特别是自2021年7月整县（市、区）屋顶分布式光伏开发试点工作启动以来，至2022年8月，全省屋顶分布式光伏装机新增1020万千瓦，增量位居全国第一，占同期分布式电源新增装机的九成以上；全省屋顶分布式光伏装机达到1151万千瓦，总量位居全国第四，仅次于山东、浙江、河北。

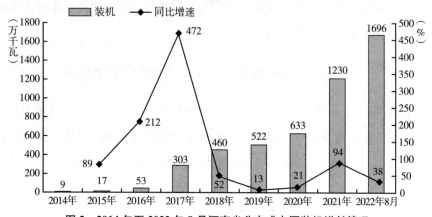

图2　2014年至2022年8月河南省分布式电源装机增长情况

资料来源：行业统计。

（二）并网用户以低压为主，地市分布式电源渗透率差异性较大

截至2022年8月，河南省分布式电源用户有4.41万户。从用户数量上来看，已并网的分布式电源中，13%的用户并网电压等级为220伏，主要为早期容量相对较小的扶贫光伏，85%的用户并网电压等级为380伏，主要为新增屋顶光伏用户；1.1%的用户并网电压等级为10千伏，主要为容量6~40兆瓦的光伏、生物质用户；不足1%的用户并网电压等级为35千伏，主要为40~80兆瓦、规模相对较大的风电、光伏。从装机容量上来看，220伏及380伏低压并网的分布式电源容量占51%，10千伏并网的分布式电源容量占比27%，35千伏并网的分

布式电源容量占比22%，10千伏、35千伏并网的用户数量虽少，但装机总容量占比相对较高（见图3）。从地市装机比例来看，全省分布式电源渗透率平均为25%，受资源因素、用户协调、项目时序等因素影响，商丘、周口、安阳和新乡地区的分布式电源渗透率较高，均超过37%；郑州、焦作和三门峡地区的分布式电源渗透率较低，均低于17%，相对离散性较大（见图4）。

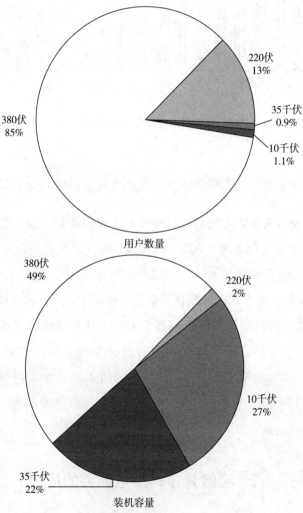

图3　河南分布式电源并网电压等级情况

资料来源：行业统计。

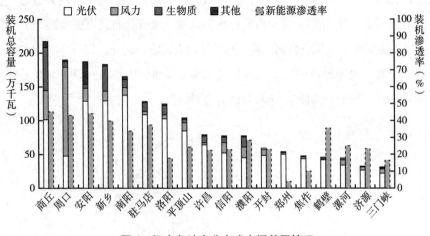

图 4　河南各地市分布式电源并网情况

（三）发电量及出力稳步增长，有力支撑全省能源转型与电力供应

随着以分布式电源为主的新能源装机大规模增长，清洁能源发电比例逐步上升。从发电量来看，2020 年、2021 年，分布式电源年发电量分别为 55.9 亿、95.6 亿千瓦时，占河南省全社会用电量的 1.6%、2.6%。2022 年 1~8 月，分布式电源累计发电量 130 亿千瓦时，占河南省全社会用电量的 4.8%，清洁电量贡献比例逐步上升。从有效出力来看，2021 年 7月 14 日 12∶50，河南全社会大负荷时刻分布式电源出力 458.2 万千瓦，占比 6.7%；2022 年 8 月 5 日 13∶10，河南全社会大负荷时刻分布式电源出力 846.4 万千瓦，占比 10.9%，分布式电源的快速发展为午高峰电力供应提供了有力支撑。

二　河南分布式发电面临的形势

河南省是农业大省、人口大省，集中式新能源资源开发受土地资源及环境约束较大，在"碳达峰、碳中和"目标下，分布式电源迎来了重大发展机遇。分布式电源在促进河南省能源转型、服务乡村振兴、助力新型电力系统建设等方面将发挥积极作用。同时，分布式电源广泛接入也对电网的调节能力、区域负荷自平衡能力等电网安全运行提出挑战。

（一）面临机遇

1. 分布式电源加快发展符合河南省省情

河南省能源电力消费仍处于较快增长阶段。河南省是农业大省、人口大省，坚决扛稳粮食安全重任，落实耕地保护制度，推进高标准农田建设是第一要务。京广铁路以东平原地区人口密集，土地资源相对紧张，京广铁路以西及大别山区域以山地、丘陵、山前平原为主，山区生态较为脆弱。大型集中式能源设施建设不可避免地会与农业生产、城镇建设等土地利用产生冲突，不适宜大规模集中式新能源基地建设。分布式电源充分利用了工商业居民屋顶、田间地头空闲土地，在不占用大量土地资源的前提下增加电源装机，适宜河南省情发展。国家《"十四五"可再生能源发展规划》明确，中东部省份重点推动分散式风电、分布式光伏发电就地就近开发。在此背景下，分布式电源将成为河南能源转型发展及清洁能源供应的主力军，迎来重大发展机遇。

2. 机制持续完善助力分布式电源健康有序发展

河南省充分发挥市场对资源的配置作用，落实可再生能源电力消纳保障机制，有序推进新能源项目市场化竞争性配置。一是全省可再生能源电力总量消纳责任权重和非水电可再生能源电力消纳责任权重指标连续多年完成良好，《河南省可再生能源电力消纳保障实施方案》明确，各类承担消纳责任的市场主体公平承担消纳可再生电力责任，可再生电力消费引领的长效发展机制将有效促进新能源发展。二是国家《"十四五"可再生能源发展规划》明确，将持续完善分布式发电市场化交易机制，规范交易流程，扩大交易规模；河南电力现货市场已启动模拟试运行，《河南省电力市场运营基本规则（试行）》配套6个实施细则和2个管理规定，电力市场化改革迈入新阶段，将有效调动河南分布式电源开发积极性。

3. 新型储能加快布局有利于分布式电源高效运行和消纳

国家发展改革委办公厅、国家能源局综合司印发的《关于进一步推动新型储能参与电力市场和调度运用的通知》明确，具有法人资格的新型储能项目可转为独立储能，作为独立主体参与电力市场，提供辅助服务；鼓励配建储能与所属电源作为一个整体参与市场。河南省发展改革委印发的《河南省"十四五"新型储能发展实施方案》明确，大力发展电源侧储能，有序发展电网侧储能，鼓励用户侧自建储能，鼓励发展集中共享储能。随着新能源配储能政策的逐步落实和新型储能的加快建设，分布式电源灵活友好并网能力将得到有效提升。

（二）面临的困难和挑战

1. 对系统调节能力提出更高要求

以光伏发电为主的分布式电源出力普遍在中午时分达到高峰，与全省新能源出力同步，这可能造成午间省网用电负荷减小的现象。2020 年以前，河南省全社会最大负荷与省网用电最大负荷同步出现在夏季午高峰；随着分布式电源装机的快速增长，2021 年全社会最大负荷与省网用电最大负荷首次出现不同步，省网用电晚高峰较午高峰高出 80 万千瓦；2022 年全社会最大负荷与省网用电最大负荷不同步性继续增强，省网用电晚高峰较午高峰高出 309 万千瓦。省网用电负荷午高峰持续低于晚高峰，午间省网用电逐渐出现低于晚间的情况，形成省网供电负荷一天"两峰两谷"，"鸭子形曲线"特征愈加明显（见图 5），电源机组调出力工况更加频繁，对电网的灵活调节能力提出了更高的要求。

2. 对源荷协调发展提出更大挑战

2022 年，河南电网全社会小负荷新能源大发时刻（4 月 21 日 13：30），全省有占总规模 11.4% 的公用配变出现潮流反送，同比增加 5 个百分点。河南电网全社会大负荷时刻（6 月 22 日 13：10），配变正向重过载台数同比增长 9%。当前分布式电源开发过程中未充分考虑当地电源及负荷资源协调匹配性能，风电电源的波动性、随机性极易造成小

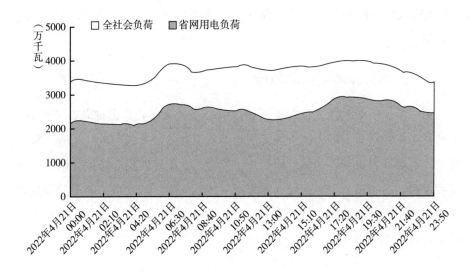

图5　2022年4月21日河南负荷曲线

负荷时电网设备反向重过载和大负荷时电网设备正向重过载的问题，带来分布式电源消纳困难及电网改造升级需求。随着新型电力系统的加快建设，需要充分考虑源荷协调发展，在促进分布式电源就地消纳、高效利用的同时，一定程度上可以缓解配电网设备重过载的现象。

三　分布式电源协调发展策略及关键技术

未来，河南分布式电源仍将保持快速发展趋势。根据高精地图识别结果测算，综合考虑屋顶条件、光伏发电技术等因素影响，全省屋顶分布式光伏技术可开发潜力约1.10亿~1.22亿千瓦。根据中国可再生能源学会风能专业委员会测算方法计算，河南省4.3万个行政村分散式风电技术开发潜力5300万~5500万千瓦，远期河南省分布式电源技术开发潜力约1.63亿~1.77亿千瓦。《河南省"十四五"现代能源体系和碳达峰碳中和规划》明确，到2025年，全省可再生能源发电装机达到5000万千瓦以上，全省分布式电源仍有1300万千瓦增量空间，亟须超

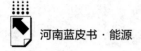

前谋划制定全省分布式电源"源荷协调发展策略",提升分布式电源发展质量。

(一)源荷协调发展策略分析

第一步,资源初次优化配置。通过引导促进分布式电源向负荷资源好、电网资源优的区域发展,减少因无法消纳所引起的大范围配电网改造、影响分布式电源开发进度等问题。第二步,资源二次柔性匹配。考虑使用市场等柔性手段,通过调节引导区域内能量时空协调匹配。第三步,储能配置调节平衡。对于区域源荷时空特性差异较大的,考虑通过储能配置,实现源荷协调运行(见图6)。

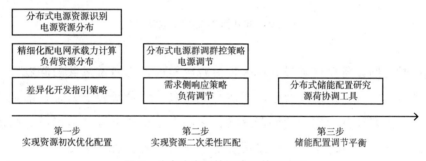

图6 分布式电源协调发展策略流程

资源初次优化配置:摸排分布式电源资源分布情况,充分掌握电源资源;开展精细化配电网承载力计算,掌握最小至配变层级的负荷资源情况;融合"源—荷"合理设计差异化开发指引策略,提升资源第一次分配的空间匹配性。

资源二次柔性匹配:现有低压并网的分布式电源尚不具备调控能力,可以通过分布式电源群调群控策略,实现对海量分布式电源的高效控制;结合区域电源出力特性,考虑通过市场手段调动负荷侧调节响应能力,例如灵活的电价政策、需求侧响应等手段。

储能配置调节平衡:储能可高效实现平滑新能源出力,提升系统的调峰能力，但成本相对较高。对于经资源初次优化配置和二次柔性匹配后仍不能满足区域源荷总体协调的，宜考虑通过储能配置实现源荷协调运行。

（二）关键技术及策略

1. 分布式电源资源识别技术

（1）屋顶分布式光伏

使用高精地图识别对典型县、村镇、单体建筑进行扫描识别；通过统计年鉴测算、能源公司工程开发实际数据、现场实地调研的方式，对高精地图识别结果进行计算和校验，计算内容包括"建筑投影面积—可利用面积—屋顶光伏技术开发潜力"，通过计算结果的对比，形成关键校核系数，以适应地区特征；将校核系数反馈高精地图识别算法，得到了基于高精地图的屋顶资源分布识别方法（见表1和表2）。该识别方法可适用于河南省的屋顶光伏资源识别，可实现对颗粒度到单个屋顶、精度至0.6米的精准识别，可有效掌握屋顶分布式光伏资源分布情况。

表1 河南县域单体建筑可利用系数取值及校核情况

建筑类型	瓦屋面	彩钢瓦	混凝土
可利用系数	40%×0.85＝34%	70%×1＝70%	70%×1＝70%

表2 河南整县、村镇可利用系数取值及校核情况

建筑类型	党政机关	公共建筑	工商业厂房	农村居民	城镇居民
可利用系数	50%×1＝50%	45%×0.81＝36%	35%×1＝35%	25%×0.83＝21%	15%×1＝15%

以豫东某试点县为例：截至2022年6月，该县建筑屋顶投影面积4543万平方米，可利用面积1133.7万平方米，屋顶光伏技术开发潜力191.5万千瓦（见表3）。

表3　豫东某试点县屋顶光伏资源识别结果

单位：万平方米，万千瓦

屋顶类型	可利用面积	屋顶光伏技术开发潜力
党政机关	5.2	0.3
公共建筑	32.3	4.4
工商业厂房	444.2	74.8
居民屋顶	652.0	112.0
合计	1133.7	191.5

（2）分散式风电

根据《风电场风资源评估方法》（GB/T18710-2002）建立区域的50~120米风资源分布情况图；除去基本农田和生态红线、自然保护区、防汛区、风景名胜区、军事敏感期、文物保护区、居民集中区、城乡总体规划区等敏感区域，对于可建区域按照1平方千米精度进行风电模拟运行，排除已建风电厂区域，按照每个行政村3个风电机位择优选定，通过识别计算，可以掌握分散式风电资源总量和风电资源分布。

以豫南某试点县为例：截至2022年6月，该县分散式风电技术开发机位潜力为257个机位，按照每个机位5兆瓦计算，该县开发潜力约128.5万千瓦。

2. 精细化配电网承载力计算技术

由于电力系统设备数量巨大，当前人工开展承载力计算时仅考虑不向220千伏反送电、设备热稳定两个条件，计算对象大多仅考虑整县或220千伏变电站承载力，难以满足分布式电源接入的精细化判断。针对以上问题，依托现有电力业务系统数据，设计精细化配电网承载力计算：一方面，计算内容需更多考虑反映电网本身安全的热稳定、电压偏差等因素；计算深度需兼顾上下级协调，拓展延伸至配变层级；另一方面，面对配电网设备多、变化快的特征，需建立定期计算更新机制，及时动态跟进电网变化，实现承载力结果月度更新（见图7）。

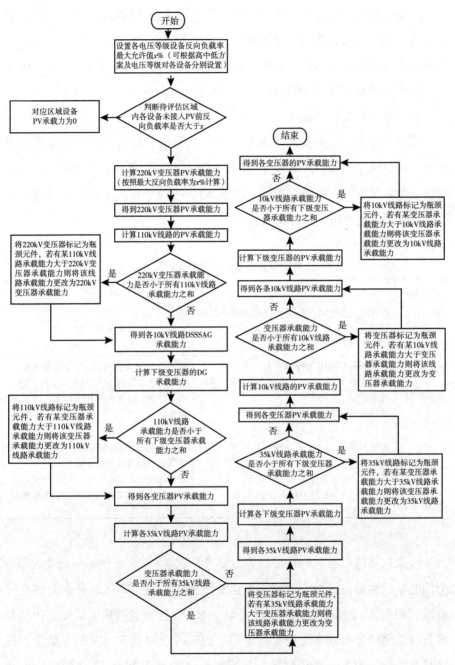

图7 精细化配电网承载力计算流程

以豫东某试点县为例:截至 2022 年 8 月,该县可接入分布式电源容量 23.8 万千瓦,已接入容量 9.2 万千瓦,可新增容量 14.6 万千瓦。计算结果包括该县 10 个供电网格、25 个供电单元以及主变、主网线路、10 千伏线路、配变共计 6093 个电网设备。

3. 差异化开发指引策略

依据《分布式电源接入电网承载力评估导则》和电网设备承载力计算结果,将供电单元作为区域划分边界,将评估等级由低到高分为绿、黄、红三类,差异化制定开发指引策略(见表 4),引导分布式电源向电网资源优的区域发展,促进电网资源最大化利用。

表 4 分布式电源开发指引划分依据及开发策略

评估等级	划分依据	开发策略
绿色	区域内所有电网设备反向潮流为设备限额的 20%,且未发生电压越限现象; 区域内尚未发生可再生能源弃电情况	引导安排分布式电源开发
黄色	区域内所有电网设备的最大反向潮流为设备限额的 20%~80%,且未发生电压越限现象; 区域内可再生能源弃电率为 0~5%	新并网的分布式电源,建议配置储能设施不低于容量的 10%、时长 2 小时; 引导分布式电源优先接入尚未产生反向潮流的设备
红色	区域内存在电网设备的最大反向潮流超过设备限额 80% 的; 存在电网设备发生电压越限现象; 区域内可再生能源弃电率在 5% 以上	暂停分布式电源接入; 对于反向潮流超过 80% 的设备,建议尽快安排项目进行电网升级改造; 结合区域分布式电源出力特性,通过电价机制制定需求侧响应策略,促进新能源消纳

以豫东某试点县为例:根据等级划分,该县的 25 个供电单元中,有 3 个供电单元为黄色区域,分别位于县城西南部的偏远郊区以及东部的农村地区,剩余 22 个供电单元为绿色区域。对于 3 个黄色的供电单元,建议要求新增并网的分布式电源按不低于容量的 10%、时长 2 小时配置储能,提高其灵活调节能力,并且引导分布式电源优先接入剩余 22 个绿色的电网资源良好的供电单元。

4. 分布式电源群调群控策略

380伏、220伏并网的分布式电源现有调控手段难以满足实时监控和有序管控需求。亟须依据监控主站、新增和存量台区的不同建设改造原则，差异化快速提升可观可测可控能力，并进一步采用集群控制理念，聚合地理上相近、功能特性相似或互补的分布式电源，推荐按照"台区级—馈线级—变电站级"对分布式电源集群进行划分，通过统筹所属区域的电网资源、调峰能力、计划逐级分解及控制执行考核流程，增强分布式电源的友好并网特性，实现分布式电源参与电网调峰、局部电网运行调整，保障电网安全运行的同时促进分布式电源有效消纳。

四　分布式发电协调发展对策建议

未来一段时间，分布式电源仍将作为河南新增可再生能源的主力军，分布式电源的高质量发展将为全省构建清洁低碳、安全高效能源体系提供重要支撑。河南应坚持协调发展原则，注重将分布式电源建设与各项规划衔接，同时赋能调控手段和储能等调节手段，提升分布式电源友好并网性能，稳步推进分布式电源高质量发展。

（一）坚持系统观念，促进源荷协调发展

坚持整体统筹规划，优化提升电源与电网、可再生能源开发与消纳的关系，加快构建新型电力系统，加强能源产供储销体系建设，实现能源绿色低碳转型与安全可靠供应。全面摸排各区域分布式电源资源，将区域内分布式电源建设规模统一纳入可再生能源发展规划，与能源、电力、电网规划相衔接，有序推进建设。充分衔接电网现状承载力、能源消纳能力以及发展规划，依据电网校核结果和政府下达的年度建议装机容量，合理引导分布式电源的开发节奏和布局，推动分布式电源开发和电网运行，节约配电网建设与运营成本。

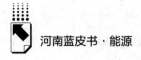

（二）明确储能配置，加强消纳保供支撑

提高分布式电源的消纳能力和高效参与电力平衡的能力，加快新型储能在电源侧、电网侧与用户侧多场景应用，提升可再生能源消纳和存储能力，实现能源绿色低碳转型与安全可靠供应相统一。建议在《关于2021年风电、光伏发电项目建设有关事项的通知》对集中式新能源并网配置储能要求的基础上，科学引导区域内分布式电源项目配套适当比例储能系统，进一步注重分布式电源开发的差异性，配建或租赁合理比例的储能设施，一并纳入电网调度管理。试点开展电网侧、用户侧分布式储能建设，完善相关交易机制，明确储能作为独立市场主体参与电力市场的准入标准和注册、交易、结算规则，尽快出台储能参与调峰辅助服务市场运营规则，保障储能合理收益。

（三）完善监控手段，提高运行管理能力

加强分布式电源可观可测可控能力提升，对于接入中低压的分布式电源项目，发挥新一代配电自动化系统、新型台区智能融合终端等实时感知优势，逐步实现分布式电源全电压等级可观可测可控。研究分布式电源功率预测、自动控制、调度管理等新技术，探索建立"中压统一调度、低压区域自治"的分层调度机制和管理模式，试点推进分布式电源网格化管理。遵循"依法合规、开放可信、可管可控、智能防御"的安全策略，加强资产本体、网架边界、数据应用三重防护，完善分布式电源全场景安全防护方案，加强全场景网络安全态势感知能力，提升网络安全防护水平。

（四）创新数字化平台，提升精细化程度及效率

基于"数字化"思路创新专业分析应用平台建设。新型电力系统背景下，配电网设备及分布式电源数目巨大，对资源精准摸排、运行计算等提出更高要求，难以通过传统人工方法开展工作。建议建立数字化专业分析应用平台，构建核心专业算法，定期计算并自动推送海量数据的计算结果，提升

配电网规划的精细化程度及工作效率。抢抓新一轮绿色技术革命机遇，推动可再生能源与数字、信息等新技术融合发展，以河南能源大数据应用中心基地为依托，充分运用云计算、大数据、物联网、移动通信、人工智能、区块链等数字技术，为分布式电源运行监测、各地消纳预警等做好科学决策支持，发挥信息技术在能源监管中的基础性作用。

参考文献

国家发展改革委、国家能源局：《"十四五"可再生能源发展规划》。

国家能源局：《2022 年能源工作指导意见》。

河南省人民政府：《河南省"十四五"现代能源体系和碳达峰碳中和规划》。

河南省发展改革委：《河南省可再生能源电力消纳保障实施方案》。

河南省发展改革委：《河南省"十四五"新型储能实施方案》。

B.18
河南乡村产业用电特征及电气化服务模式研究

张艺涵 郑永乐 李鹏 李慧璇*

摘　要： 河南是农业农村大省，是国家乡村振兴战略实施的主战场。产业
　　　　　兴旺是乡村振兴的首要任务，是解决农村一切问题的前提，乡村
　　　　　产业电气化是推动乡村绿色低碳发展的重要抓手。随着乡村振兴
　　　　　战略纵深推进，乡村产业结构和发展布局优化调整，乡村用电重
　　　　　心呈现"东南飞"态势，乡村产业"安全、低碳、经济"供能
　　　　　面临挑战。本文总结了河南乡村产业发展趋势，分析了乡村产业
　　　　　用电特征及面临问题，研判了乡村产业发展对电力供需格局的影
　　　　　响，探索了乡村产业电气化发展路径及四类典型服务模式，为更
　　　　　好推动河南乡村产业电气化发展，提出精细规划、高效运行、智
　　　　　慧服务三个方面的对策建议。

关键词： 乡村产业　电气化服务　乡村振兴

　　乡村产业根植于县域，是提升农业、繁荣农村、富裕农民的重要基础。
自乡村振兴战略实施以来，国家层面先后发布一系列决策部署，引导"农

＊ 张艺涵，工学硕士，国网河南省电力公司经济技术研究院工程师，研究方向为能源电力研究
与电网规划；郑永乐，工学硕士，国网河南省电力公司经济技术研究院工程师，研究方向为
能源互联网发展与农村能源；李鹏，管理学博士，国网河南省电力公司经济技术研究院高级
经济师，研究方向为农村能源与能源互联网；李慧璇，工学硕士，国网河南省电力公司经济
技术研究院工程师，研究方向为农村能源与能源互联网规划。

业生产提质、产业融合增强、农产品加工业壮大、乡村特色产业拓展、服务业态丰富"。"十四五"时期，乡村振兴换挡提速驶入快车道，乡村产业发展速度更快、产业布局变化更大、电力需求增长更快。准确把握乡村产业发展态势，研究分析乡村产业电气化发展路径，对于提升全省乡村产业电气化水平，推动乡村振兴战略落地实施具有重要意义。

一 河南乡村产业发展现状及特征分析

近年来，河南紧扣农业农村大省、全国重要的农副产品生产基地定位，以三次产业融合发展为路径，以乡村产业链延伸带动价值链提升和供应链构建，持续做强"高效种养业、绿色食品业、乡村现代服务业"三大产业，现代农业"生产体系、产业体系、经营体系"日趋完善。

（一）河南乡村产业发展布局

河南省坚持农业发展布局区域化、生产标准化、经营规模化、发展产业化、方式绿色化、产品品牌化"六化"方向，初步形成了"一区两带三山"农业农村发展空间布局。"一区"即现代化粮食生产功能区，黄淮海平原和南阳盆地覆盖100多个县（市、区）。注重粮食生产和农产品加工，重视高标准农田及农业基础设施建设，支撑全省1300亿斤以上粮食产能；大力发展农产品精深加工，提升仓储烘干、冷链保鲜、农机装备、加工装备、信息技术水平。"两带"即生态保护和高质量发展示范带，覆盖沿黄25个县和南水北调干渠（含水源地）沿线24个县域。注重生态循环农业建设，优先布局高效节水灌溉示范工程，加快畜禽粪污、秸秆回收和综合利用。"三山"即大别山、伏牛山、太行山特色产业优势区，覆盖44个县域。注重特色产业打造、农文旅融合发展，打造具有"三山"特色农产品品牌。实施全域旅游战略，打造大别山"红+绿"休闲农业旅游基地，培育"栾川印象"等沟域经济品牌。

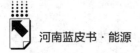

（二）河南乡村产业发展特征

农业产业"面"上提速。河南是全国重要的农副产品生产基地，粮食种植面积占全国 1/11（全国第 2 位）、粮食产量占全国 1/10（全国第 2 位）、小麦产量占全国 1/4（全国第 1 位）。2021 年，河南农林牧渔业产值占地区生产总值的比重达 17.83%，连续 10 年下降后于 2018 年触底回升。河南对全国农业产业贡献度居全国第 2 位，仅次于山东。

高效种养"点"上发力。种植业、畜牧业规模具有绝对优势，占农林牧渔业总产值的比重约为 90%，高于全国平均水平 10 个百分点，形成"六分种植、三分畜牧"格局。河南十大优势特色农业占全省农林牧渔业总产值的 57%，形成分区布局、重点突出的集群产业链，成为农业高质量发展的核心发力点（见图 1）。

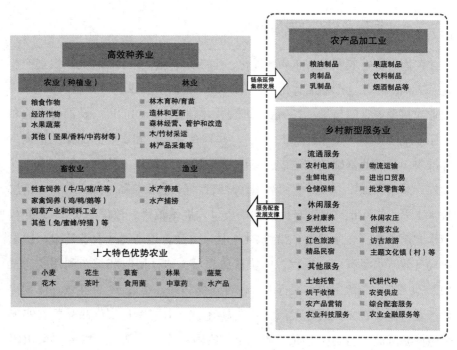

图 1　河南乡村产业体系

农产品加工"质"上崛起。农产品加工业是乡村产业的核心，依托农副产品资源，打造农业全产业链，抱团发展联合体，呈现集中、集群、集聚发展良好态势。2021年，河南规模以上农产品加工企业超过7000家，营业收入达1.18万亿元，居全国第2位，农产品加工业已成为河南省2个万亿级产业之一。

新型服务业"基"上改善。乡村服务业由单一农业生产环节服务向贯穿产前、产中、产后的完整独立服务链式发展。农业市场流通体系逐步完善，乡村冷链物流业大力发展，农业生产性服务业扶持引导，乡村旅游业发展格局持续优化。2020年农林牧渔服务业占农林牧渔业总产值的比重达到6.14%，实现"11连升"。

（三）河南乡村产业发展趋势

乡村产业是姓农、立农、兴农的产业，乡村特色产业拓宽产业门类，农产品加工业提升农业价值，新型服务业丰富业态类型、休闲旅游业拓展农业功能。近年来，乡村产业逐步探索县城、中心镇（乡）、中心村层级分工明显的资源和产业结构，整体呈现"农业生产提质、农产品加工业壮大、服务业态培育、特色产业圈带发展"四大发展趋势。

以农机装备之"技"提现代种养之"质"。分类分区域开展高标准农田建设和提质，统筹规划、同步实施高效节水灌溉，2025年全省新建1929万亩、改造提升1009万亩，累计建成8759万亩。推广普及高效植保、履带式作业等农机装备，因地制宜发展塑料大棚、日光温室、连栋温室等设施农业，推动饲喂自动化、水肥一体化、环境控制智能化等设施装备技术应用，打造智慧农业。

以产业融合之"能"增农产品加工之"效"。统筹发展农产品初加工、精深加工和综合利用加工，推动农产品多元化开发、多层次利用、多环节增值。按照"粮头食尾""农头工尾"要求，推动农产品加工向产地下沉、与销区对接、向园区集中。注重技术驱动，以技术创新、装备提升促进农产品加工业提档升级，2025年河南农产品加工转化率达到80%以上。

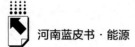

以文旅消费之"力"育新型服务之"态"。发挥乡村休闲旅游业在横向融合农文旅中的连接点作用，大力推进休闲农业和乡村旅游精品工程，开展民宿走县进村活动，重点布局郑州和"三山"地区，发展特色精品民宿；依托革命老区资源，建设红色游、访古游等主题文化镇（村）；创新"电子商务+农村物流"农产品流通模式，推动冷链物流发展等综合配套服务发展。

以优势资源之"聚"强特色产业之"势"。以拓展第二、第三产业为重点，依托特色资源发展特色种养、开发特色食品及手工业，注重资源集聚，打造"一县一业""多县一带"，建设"一村一品"微型经济圈、农业产业强镇小型经济圈、现代农业产业园中型经济圈、优势特色产业集群大型经济圈。2025 年建设 100 个产值超十亿元、10 个产值超百亿元、2 个产值超千亿元的农业"链主"企业，打造 10 个以上国家全产业链典型县，建成万亿级现代食品集群。

二　河南乡村产业用电特征及趋势研判

乡村产业用电主要包括粮食作物灌溉植保、电气化大棚温湿度调节等粮食种植用电，畜禽养殖生产线设备运行用电，农产品加工及冷链仓储用电，乡村"全电民宿""全电景区"等电气化设备用电。通过分析河南乡村产业用电特征，系统梳理电力支撑保障面临的主要问题，预测河南乡村分产业分地区用电潜力，为乡村产业电气化差异化服务模式探索提供参考。

（一）河南乡村产业用电分析

从发展趋势看，乡村产业成为县域用电核心增长极。乡村产业根植于县域，以农业农村资源为依托，以农民为主体，以农村三次产业融合发展为路径，是提升农业、繁荣农村、富裕农民的产业。一是产业用电需求持续释放。2021 年县域产业用电量 1208 亿千瓦时，占全省用电量的比重达71.1%，较上年提升 1.1 个百分点，用电量增速为 10.2%，较上年提升 4.5

个百分点。100 个县（市、区）的产业用电规模实现正增长，74 个县（市、区）产业用电增速加快，产业用电潜力持续释放。二是产业发展动能逐步激活。2021 年农产品加工业用电量增速为 13.7%，连续三年高于 10%，其中食品制造业用电增长 20.6%，绿色食品业发展基础逐步壮大。全省畜牧业用电增速高达 49.7%，近三年用电量实现翻番，成为拉动乡村产业用电增长的主要产业，畜牧业规模化、智能化、电气化水平不断提升。

从电力保障看，供需结构错配是需要关注的重点。全省乡村产业用电呈现"豫东豫南起高峰、豫北阶段性放缓"态势（见图 2），与农网供电能力"豫北豫中强、豫东豫南弱"形成错位。一是豫东豫南①地区乡村产业用电增速领跑全省。2021 年豫东、豫南地区全社会用电量增速分别为 11.5%、8.7%，分别高于豫北地区 6.3 个、3.6 个百分点，电量增长重心呈现"东南飞"态势。豫东、豫南县域农林牧渔业和农产品加工业合计用电量增速分别为 20.3%、22.0%，是豫北地区增速（6.3%）的 3 倍以上。二是豫东、

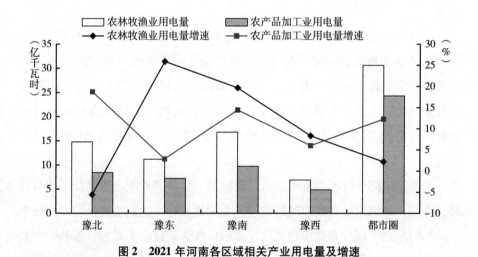

图 2　2021 年河南各区域相关产业用电量及增速

---

① 河南省第十一次党代会报告指出，加快构建"主副引领、四区协同、多点支撑"的发展格局。其中豫中郑州都市圈，包括郑州、开封、焦作、新乡、平顶山、许昌、漯河；豫东承接产业转移示范区，包括商丘、周口；豫南高效生态经济示范区，包括南阳、信阳、驻马店；豫北跨区域协同发展示范区，包括安阳、鹤壁、濮阳；豫西转型创新发展示范区，包括洛阳、三门峡、济源。

豫南地区农网供电能力有待提升。2022 年全省农网 110 千伏容载比为 1.93，虽然整体供电能力有所提升，但是地区发展不均衡问题依旧突出。豫西 110 千伏容载比均在 2.2 以上，豫北、豫中基本在 1.8 以上，豫东、豫南整体偏低，其中周口 1.62、驻马店 1.59，农村电力供需平衡偏紧，局部农村偏远地区配电线路供电半径偏大，动态低电压、"卡脖子"问题仍然存在，变压器、线路重过载在春灌秋收、度冬度夏、逢年过节时段较为突出。

（二）乡村产业用电面临挑战

"十三五"以来，承担着全省 90% 面积、80% 人口和 70% 经济总量供电任务的县域电网，在县域经济增长转速、结构转型、动力转换的背景下，已超越作为基础设施的单一功能，在提升县域供电能力的同时，改善了农业生产条件，推动了农村电力装备应用和乡村电气化水平提升，释放了农村用电需求。随着乡村产业布局调整与业态创新，电力支撑保障主要面临三大挑战。

乡村产业发展新布局造成供需配置难题。乡村振兴全面实施背景下，县域经济结构和社会结构、人口分布和产业分布都将按照乡村振兴发展布局呈现较大变化，乡村产业集中度不断提高，农村人口向县城流动，对于以服务民生、服务产业发展为根本任务的农村电网，亟须准确把握乡村产业发展态势及用能特征，避免结构性供需错配，造成供电能力紧张或闲置。

产业用电时令特征引发经济运行新挑战。乡村产业用电密度低、季节性时令性强，导致供电设施短时过载与长期闲置并存，造成电网设备利用效率不高。同时，乡村分布式屋顶光伏建设随机性强、建设工期短、报装时序难以掌控，可能造成局部地区配电网再造式改造。为避免局部电网重复改造、提升电网安全经济运行水平，亟须增强配电网的适应性和承载能力，探索乡村产业供用电新模式。

乡村用能业态多元带来供电服务新需求。电气化是挖掘农村清洁资源潜力、提高能源消费利用效率的有效手段，电气化水平提升 1 个百分点，能源强度可下降3.2%①。但当前乡村电气化状态感知能力较弱，乡村电气化服务模式较为单一，乡村电气化提升工程缺乏管理着力点，对乡村综合能源服务发展重视不够，亟须探索电力优质服务与农村能源发展的有效衔接点。

（三）河南乡村产业用电预测

乡村产业用电主要受政策、资金、技术、气候等因素影响，通过构建乡村产业发展用电量与乡村多元经济社会指标数据之间的关联性模型，挖掘乡村产业发展与用电情况的耦合关系，对河南乡村分产业分地区用电潜力进行分析预测。

总量上看，预计2025年全省县域用电量为3211亿千瓦时，"十四五"时期年均增速为7.5%，较"十三五"年均增速高3.4个百分点，占全省全社会用电量的67.5%。其中豫北地区主要为基础作物种植加工用电，产业用电增长后劲不足，年均增速在5%左右；豫中地区依托交通区位优势发展农产品加工及仓储物流业，用电量年均增速为7.5%；豫南地区经济作物、畜牧养殖电气化需求旺盛，用电量年均增速为8.9%。

分产业看，畜牧业成为第一产业用电增长的主要动力，预计2025年畜牧业用电量达49亿千瓦时，较2020年提升2倍；乡村旅游业基础逐步完善，疫情新常态激活乡村近郊旅游发展新动能持续释放，预计2025年县域旅游业用电量达27.7亿千瓦时，"十四五"年均增速为14%；农产品加工业产业链逐步完善，围绕面、肉、油、乳、果蔬五大行业做强绿色食品业，预计2025年用电量达83.6亿千瓦时，"十四五"年均增速为11.3%；纺织服务业逐步承接东部产业转移，产业集群逐步壮大，预计2025年用电量达78.6亿千瓦时，"十四五"年均增速为13.5%。

分地市看，郑州、周口、漯河、信阳县域用电增长领跑全省，其中畜牧业用电增长中心主要在周口、商丘、驻马店等豫东、豫南地区；农产品加工

---

① 引用国家电网有限公司副总经济师陈修言全国"两会"提案。

业用电增长中心主要在新乡、驻马店、濮阳、漯河等地市；旅游业的增长点主要在周口、商丘、南阳等休闲农业增量市场。

三 乡村产业电气化典型服务模式

发展优势特色农业是激活乡村产业发展动能的重要抓手，本文通过全方位剖析乡村产业地域模式、制约因素及发展方向，系统总结乡村产业电气化发展路径，差异化制定粮食作物高效生产、农产品规模化加工、畜禽生态循环养殖、乡村低碳旅游发展四类电气化服务模式，形成"1+4"乡村产业电气化服务体系。

（一）乡村产业电气化发展路径

一是发挥电能应用广泛、清洁高效优势，推动乡村能源生产和消费升级。持续巩固提升农村电网，围绕农业现代化、用能电气化、交通绿色化以及特色产业发展等重点用能领域，打造可复制可推广的乡村电气化示范项目，做好电网配套及延伸服务，支持多元主体灵活便捷接入，持续提升农业生产、乡村产业、农村生活电气化水平。

二是发挥电网资源配置枢纽作用，促进可再生资源就地就近开发。坚持坚强可靠电网打造、新能源配套建设、运行管理水平提升多措并举，充分挖掘风、光、生物质等可再生能源资源潜力，助力"千乡万村驭风行动""千家万户沐光行动"实施，统筹规划可再生能源发电与配套电网建设，合理确定新能源开发规模、布局及时序，完善新能源预测、预警及调控，保障可再生能源发电有序开发、及时并网，力争本地最大化消纳。

三是支撑农村能源发展新模式新业态，提高农民的获得感和幸福感。推进"新能源+产业"发展，做好现代农业产业园、工业集聚区等多能互补综合能源利用服务，因地制宜推广农村微电网、微能网，推动农户低碳零碳用电，降低农民用能成本，提高资源综合利用效率。开展"能源互联网+""农业、产业、生活"特色场景建设，制定用能监测、问题诊断、能效分析等能源一揽子解决方案，为客户提供便捷、高效、普惠用能服务。

（二）乡村产业电气化典型服务模式

1. 粮食作物高效生产模式

（1）类型特征

一是粮食生产条件优越。多位于平原农区，耕地资源丰富，水热条件适宜，土壤肥沃高产，具有农业生产技术积累。二是设施农业用能需求提升。推进中低产田改造和丘陵山区农田宜机化改造，稳定扩大高标准农田面积，同步推进节水灌溉设施建设，推进应用机械农机、植保机等先进设备。三是发展适度规模经营。培育家庭农场、农民合作社、龙头企业和社会化服务组织，加快构建现代农业经营体系。

（2）特色服务模式

探索机井台区"一变多用"。坚持用活存量、优化增量的原则，针对多年轻载台区，合理接入农业大棚、农副产品初加工企业等新增农业负荷；针对轻重载并存台区，加速台区间信息交互，实现台区内动态无功补偿、台区间功率灵活互济、故障快速转供；如需新建台区则按照"小容量、密布点、短半径"原则进行布点。

创新智慧农业用电服务模式。依托乡镇供电所搭建政府、科研院所、企业、合作社等多方参与的电动农机推广渠道，探索"电动农机共享租赁"模式，缓解大型电动农机一次性投入压力。加强机井台区用电异常监测，研判预警疑似故障、低效台区，开展智能监测主动运维服务。探索农时农事—电气关联耦合关系，构建农业机井集群柔性控制场景，实现"科学灌溉、智能群控、有序用电"，提供墒情、灌溉、用电"三位一体"的智慧农业综合能源服务。

2. 农产品规模化加工模式

（1）类型特征

一是农业资源丰富。利用自然资源优势或农业技术优势，开展农产品规模化种植，形成重要的农产品生产基地。二是配套需求旺盛。建设仓储、机械冷库、超低温贮运等设施，发展电商经济，形成从种植养殖、农产品加工到食品包装、电商物流的完整产业链，提高农产品商品化处理和错峰销售能力。三是区域集群发展。依托现代农业产业园、优势特色产业集群、农业产业强镇等载体平台，集聚先进生产要素，按照产业链的关联度，引导集群发展。

（2）特色服务模式

深入推进农业领域电能替代。推动电能替代与相关规划有效衔接，协调推进电能替代改造工程，保障电能替代配套电网线路走廊和站址用地等需求；在粮食存储、种植、农副产品加工等领域，推广电加工、电烘干，提升生产质效；在蔬菜、水果等鲜活农产品主产区和特色农产品优势区，发展田头预冷、贮藏保鲜、冷链物流；完善峰谷电价机制，大力培育负荷聚合商，促进用户主动参与需求侧响应，不断完善电能替代价格机制。

创新综合能源服务融合模式。探索电能替代"牵手"综合能源服务模式，通过实施"供电+能效服务"等综合能源服务推动电能替代。依托综合能源服务公司搭建数字化、智能化信息服务平台，推广工业系统能源综合服务和建筑综合能源管理。充分利用大数据、云计算等先进信息通信控制技术，实现电能替代设施智能控制、参与电力系统灵活互动。

3.畜禽生态循环养殖模式

（1）类型特征

一是自然区位条件特殊。多位于亚热带和暖温带气候的过渡地带，土地多，平原多，草场面积大、质量好、类型多，适宜养殖业发展。二是三次产业融合发展。立足于地方性特殊地理资源条件，在种植业发展基础上，进一步发展规模化、标准化养殖业，持续延伸产业链，逐步发展成为畜牧产品加工基地。三是机械生产程度较高。畜禽养殖以标准化、集约化生产为方向，提升大型养殖基地智能化、中型养殖场机械化水平，配套设施电气化程度较高。

（2）特色服务模式

推进"新能源+新农业"发展模式。加快牧光互补模式发展，在畜牧场屋顶安装光伏板,采用"自发自用、余电上网"模式,就地就近解决用电需求,推进新能源与农业融合创新发展。结合县域面积及养殖规模,因地制宜推广分散式、集中式、"分散+集中式"畜禽粪污处理模式,集中建设畜禽粪污沼气发电工程,提升能源利用效率。

开展综合能源服务。重点针对主要用能环节和设备,推广关键共性节能提效技术装备。鼓励企业加强重点行业能量系统优化、余热余压利用、可再生能源利用等。引导畜牧业规模化发展,支持具备条件的企业、工业园区建设工业绿色微电网,推动创新"光伏+"模式,统筹提升企业园区综合能效。

4. 乡村低碳旅游发展模式

(1) 类型特征

一是生态环境优势突出。依托"三山"地理资源优势,紧抓全民休闲旅游热潮,构建全域旅游发展新格局。二是乡土特色文化鲜活。依托乡土文化和地域特点,挖掘地方特色文化、创新产业形态、开发特色产品。三是重在旅游服务供给。坚持生态治理和产业转型"双轮驱动",调动广大群众参与旅游发展的各个环节并从中广泛受益,旅游业用电潜力集中在餐饮和住宿服务。

(2) 特色服务模式

推进全域旅游清洁用能。通过电能替代,提高景区的电气化水平,将传统景区中的燃煤锅炉、农家柴灶、燃油码头、燃油观光船、燃油区间车等,改造为电动游船、电动区间车、电炊具、电采暖等,实现电能在景区能源消费的深度覆盖。推动电动汽车充电网络在旅游景区(乡、村)延伸覆盖,做好配套电网建设。

服务特色小镇零碳发展。差异化推进特色小镇电网改造,推进特色小镇电能替代,加强乡村旅游休闲、5G基站、电动汽车充电设施等配套电网建设。建设冷、热、电三联供的综合用能系统,实现景区"吃、住、行、乐"能源消费全程电气化,降低景区用能成本,满足景区多元化的用能需求,打造"全电景区"。

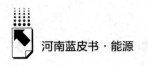

四　电气化服务河南乡村产业发展的建议

"十四五"时期是开启全面建设社会主义现代化国家新征程、向第二个百年奋斗目标进军的首个五年，也是推动乡村振兴战略实施的攻坚期和窗口期。未来，应聚焦乡村振兴重点领域，树立系统观念，做好精细规划、高效运行、智慧服务三个方面的工作，科学有序推动河南乡村产业电气化发展。

（一）做精做细县域电力设施规划

一是提升县域用电预测精细化水平，依据乡村产业发展图谱及产业用电特征，动态开展乡村分产业周期性精细化电力需求预测，及时修正县域电力需求预测结果，扭转传统规划"重地市轻县域"局面。二是提升县域电网资源配置水平，强化源网荷储电力供需态势分析及策略推演，深入开展配电网承载能力分析、目标网架多场景论证，做强做优城镇配电网络，巩固提升行政村电网改造，满足高渗透率分布式电源和多元化负荷的灵活接入，全面夯实清洁能源优化配置基础。三是科学引导可调节资源合理布局，开展农村能源资源开发利用评估，积极引导合理确定农村能源开发区域、建设规模和建设时序。结合乡村产业用电需求，科学规划储能建设布局及配置规模，明确储能并网点、接入方式及建设时序。

（二）优化提升配网设备利用效率

一是加强全环节感知能力建设，围绕信息采集、感知、处理、应用等环节，提升电网全息感知能力和协同运行能力，实现源网荷储全要素可观、可测、可控。二是加强需求侧管理，扩大可调节负荷规模，提高响应能力，以需求侧柔性可控应对供应侧不确定性，促进源随荷动向源网荷储协同运行转变。三是探索多台区低压侧柔性互联方案，通过柔性互联装置实现多台区容量共享，调控台区间功率的智能互动，释放低压配网的供电能力，有效提升不同时间段下分布式光伏的消纳水平，同时高效利用配网冗余容量，实现多台区"动态增容"。

（三）创新综合能源服务模式及评价体系

一是强化可调节负荷精益管控，建设以乡村产业用户、冷库仓储等具有乡村特色的可调节负荷资源池，研究分级分类负荷预测方法，构建分层级、分时段、分梯度的可调节负荷控制集群，实现多元柔性负荷运行状态感知、分级智能控制。二是探索构建农村综合能源服务站，依托乡镇供电所建设农村综合能源服务站，拓展提供客户典型设计方案、用能诊断、综合能源项目建设技术支撑等服务，为农业产业园、村委会、学校等量身定制冷热电一体化能源利用方案。三是探索乡村产业电气化评价标准，以乡村振兴电力指数分析为基础，构建乡村产业链发展特色指数，制定乡村产业电气化指标体系和评价方法，科学度量乡村产业建设进展和发展态势，为分类指导地区产业振兴提供量化管理依据。

参考文献

国务院：《关于促进乡村产业振兴的指导意见》，2019 年 6 月 17 日。

农业农村部：《全国乡村产业发展规划（2020—2025 年）》，2020 年 7 月 9 日。

农业农村部、国家乡村振兴局：《社会资本投资农业农村指引（2021 年）》，2021 年 4 月 22 日。

国务院：《"十四五"推进农业农村现代化规划》，2021 年 11 月 12 日。

中共河南省委农村工作领导小组：《河南省乡村产业振兴五年行动计划》，2021 年 9 月 3 日。

河南省人民政府：《河南省"十四五"乡村振兴和农业农村现代化规划》，2021 年 12 月 31 日。

农业农村部：《关于加快农业全产业链培育发展的指导意见》，2021 年 5 月 26 日。

中央农村工作领导小组办公室、国家发展改革委、农业农村部等七部委：《关于扩大农业农村有效投资加快补上"三农"领域突出短板的意见》，2020 年 7 月 14 日。

农业农村部、国家乡村振兴局：《关于开展 2022 年"百县千乡万村"乡村振兴示范

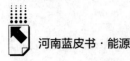

创建的通知》，2022 年 7 月 20 日。

工信部：《促进中小企业特色产业集群发展暂行办法》，2022 年 9 月 13 日。

国家能源局、农业农村部、国家乡村振兴局：《加快农村能源转型发展助力乡村振兴的实施意见》，2021 年 12 月 29 日。

B.19
兰考县新型电力系统构建路径思考与建议

李 鹏 张泓楷 邢子涯 王昱清*

摘 要: 构建新型电力系统,是党中央做出的重大决策部署,为新时代能源电力发展指明了发展方向、提供了根本遵循。近年来兰考抢抓全国唯一农村能源革命试点机遇,全力探索县域能源转型新路径,建成兰考能源互联网平台,推动电力系统跨越式发展,筑牢了兰考先行先试打造新型电力系统县级示范区的坚实基础。本文梳理了新型电力系统建设的相关政策,总结了新型电力系统的本质内涵,分析了兰考构建新型电力系统的发展基础和面临挑战,提出了兰考建设新型电力系统的实施路径与对策建议,全力支撑兰考打造县域新型电力系统样板示范,建设全国农村能源革命试点"升级版"。

关键词: 农村能源革命试点 新型电力系统 兰考县

2021年3月15日,中央财经委员会第九次会议提出"构建以新能源为主体的新型电力系统"①。这是着眼生态文明建设,保障可持续发展,维护

---

* 李鹏,管理学博士,国网河南省电力公司经济技术研究院高级经济师,研究方向为农村能源与能源互联网;张泓楷,工学硕士,国网河南省电力公司经济技术研究院工程师,研究方向为农村能源与能源互联网;邢子涯,工学硕士,国网河南省电力公司高级工程师,研究方向为电力信息化与数字化;王昱清,国网河南省电力公司工程师,研究方向为农村能源与电力数字化发展。
① 《习近平主持召开中央财经委员会第九次会议》,新华社,2021年3月15日。

国家能源安全的重要举措。兰考县自农村能源革命试点建设以来，积极推动能源在供给、消费、技术方面的革命，实现了农村资源能源化、用能低碳化、服务智慧化、发展普惠化"四化转型"，为构建县域新型电力系统奠定了坚实基础。

一　新型电力系统建设内涵

"双碳"目标下，能源是主战场，电力是主力军，新型电力系统建设是重要抓手。构建新型电力系统是一场全方位变革，概念的提出引发了各方的关注和热议，当前电力行业内外已围绕其开展了不同角度、不同程度、不同层次的解读，新型电力系统的内涵特征和实施路径逐步清晰。

（一）政策要求

2021年3月15日，习近平总书记主持召开中央财经委员会第九次会议，会议指出"十四五"是碳达峰的关键期、窗口期，要构建清洁低碳安全高效的能源体系，控制化石能源总量，着力提高利用效能，实施可再生能源替代行动，深化电力体制改革，构建以新能源为主体的新型电力系统。[①] 10月24日，国务院印发《2030年前碳达峰行动方案》，指出："构建新能源占比逐渐提高的新型电力系统，推动清洁电力资源大范围优化配置；大力提升电力系统综合调节能力，加快灵活调节电源建设，引导自备电厂、传统高载能工业负荷、工商业可中断负荷、电动汽车充电网络、虚拟电厂等参与系统调节，建设坚强智能电网，提升电网安全保障水平；积极发展'新能源+储能'、源网荷储一体化和多能互补，支持分布式新能源合理配置储能系统；加快新型储能示范推广应用；深化电力体制改革，加快构建全国统一电力市场体系。"

2021年7月13日，国家电网公司深入学习贯彻落实习近平总书记重要

---

① 《习近平主持召开中央财经委员会第九次会议》，新华社，2021年3月15日。

指示和中央财经委员会第九次会议精神，印发《构建以新能源为主体的新型电力系统行动方案（2021—2030 年）》，阐述新型电力系统的内涵特征、实施路径，明确未来 10 年需要重点推进的 9 个方面 28 项重点任务。8 月 9 日，国家电网公司印发《新型电力系统科技攻关行动计划》，提出以构建新型电力系统重大技术需求为牵引，以"加强源网荷储协同发展、绿色低碳市场体系构建及系统可观可测可控能力建设，提升新能源发电主动支撑能力、系统安全稳定运行水平和终端互动调节能力"为重大攻关方向，以集中攻关一批创新性强、亟待攻关的技术，示范建设一批技术先进、推广性强的工程，布局研制一批导向性强、引领产业的标准，推广应用一批前景广阔、成熟度高的技术产品为抓手，明确科技领域服务新型电力系统构建的路线图、发力点。

（二）内涵特征

新型电力系统承载着能源转型的历史使命，具有清洁低碳、安全可控、灵活高效、智能友好、开放互动等特点。构建新型电力系统的本质是满足高占比新能源电网的运行需求，打通能源供需各个环节，实现源网荷储协调互动。

总体来看，新型电力系统是传统电力系统源、网、荷全环节的跨越升级，指明了电网转型发展的方向。从供给侧看，可再生能源逐步成为电力电量的主体，煤电将向调节性和保障性电源转变；从消费侧看，用户参与能源生产和电量平衡的意愿大幅提高，需求响应能力将不断提升；从电网侧看，呈现以大电网为主导，微电网、分布式能源系统、局部直流电网等多种电网形态相融并存的格局；从系统整体看，电力系统的运行方式出现深刻变化，由源随荷动的实时平衡模式，逐步向源网荷储协调互动的动态平衡模式转变。

二 兰考县新型电力系统建设背景

兰考开展农村能源革命试点建设以来，全力探索县域能源转型路径，搭建兰考能源互联网平台，实现了农村资源能源化、用能低碳化、服务智慧化、发展普惠化，为打造新型电力系统县级示范区奠定了坚实基础。同时，对标新型电力系统"清洁低碳、安全可控、灵活高效、智能友好、开放互动"的本质要求，兰考新型电力系统建设也面临一定的困难和挑战，迫切需要转变发展思路和方式，谋求新突破、构筑新形态。

（一）发展基础

1. 从电源发展看，新能源成为本地电源、电量的双重主体

截至 2022 年 9 月，兰考县已建成投运可再生能源发电装机 115.16 万千瓦，其中风电 79.4 万千瓦、光伏 31.86 万千瓦、生物质发电 2.4 万千瓦、垃圾发电 1.5 万千瓦，新能源装机占总装机比重达 97.74%（新能源包含生物质），本地可再生能源发电量占全社会用电量的比重达 87.5%，全国县域首次实现 5×24 小时全清洁能源供电，电源结构率先实现由以外电和本地秸秆发电为主体，向强不确定性、弱可控出力的新能源发电装机占主导的转变。

2. 从电网发展看，资源配置和发展支撑能力显著增强

截至 2022 年 9 月，兰考县已建成 35~220 千伏公用变电站 25 座、变电总容量 180.27 万千伏安，10 千伏及以下线路 2822 千米，10 千伏配变 4411 台，户均配变容量 2.85 千伏安，实现智能电表和用电信息采集全覆盖，配电自动化建设加快开展，电网结构率先由以单向逐级输电为主的传统电网，向坚强可靠、智能友好、协调互动的能源互联网转变。

3. 从负荷发展看，多元柔性负荷快速成长

2022 年度夏期间，兰考县全社会最大负荷增至 47.2 万千瓦，同比增长 11.8%。1~9 月全社会用电量同比增长 6.3%，电能占终端能源消费比重不断提升；需求响应签约量约为 3 万千瓦，达到全社会最大负荷的 6.4%，建成电动汽车充电站 23 座、充电桩 165 台。负荷特性率先由传统的刚性、纯消费型，向多元化、随机化的可控柔性负荷转变。

4. 从技术创新看，县域能源互联网综合示范取得新突破

以能源数据库、能源监测中心、运营指挥中心、公共服务中心为核心，

建成国内首个县域能源互联网平台，实现兰考"全县域、全品类、全链条"能源可观可测；试点建设国内首批电网侧 9.6 兆瓦储能，探索开展 110 千伏站点级源网荷储一体化运行，运行特性率先由源随荷动的实时平衡模式，向源网荷储协调互动的动态平衡模式转变。

（二）面临挑战

1. 新能源装机规模快速增长，就地利用率持续下降

兰考新能源装机规模高速增长，新能源发电"极热无风""晚峰无光"，具有间歇性和随机性，为满足高峰负荷和保障电量供应需要与大电网高频次、高随机交互。2022 年 1~9 月，兰考就地利用率降至 62.6%，较 2020 年、2021 年分别下降 11.2 个和 27.4 个百分点。同时，近 2/5 的全社会用电量由外部电网供电，超过 1/3 的新能源发电量上翻至开封电网消纳。"十四五"期间随着分布式能源大规模并网，兰考电网与大电网随机性交互及波动频次增多，电网调峰和消纳难度进一步增大。

2. 上级电网交互矛盾加剧，系统经济运行难度增加

大规模新能源接入兰考电网，配电网由单一无源网络向复杂有源网络演变，配电网功能由"下注"向"下注、上送、自治"并存演进。兰考新能源发电装机规模约为最大负荷的 2.5 倍，2022 年 1~9 月，超四成时间向电网反送电，上送时长占比较上年提升 7 个百分点。兰考断面功率波动幅值为 111.1 万千瓦，较上年扩大 30.6 万千瓦，波动区间逐年扩大。各电压等级设备普遍存在潮流双向流动，设备过载、线损上升等问题逐渐突出，部分变电站最大负载率是平均负载率的 5 倍，兰考综合线损率为 4.53%，较上年同期提升 0.04 个百分点，其中 10 千伏线损率提升 0.14 个百分点，线损电量增加 694 万千瓦时。

3. 分布式光伏量多面广，电网安全运行压力增大

兰考分布式光伏单体容量小、分布范围广，10 千伏及以下并网点有 3600 余处，装机容量约 11.9 万千瓦，是 2017 年规模的 10 倍。兰考 1231 个公变台区接入分布式光伏，2022 年 1~9 月光伏接入台区平均功率上翻时长

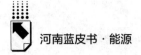

为 120 小时，约为上年同期水平的 3.5 倍，其中 331 个台区（26.9%）存在反向重载，210 个台区（17.1%）存在反向过载，电网安全运行难度增加。

4. 数字化支撑水平弱，源网荷储协同运行能力要加强

兰考新型电力系统建设过程中，电力元件数量呈现爆发式增长，要求广泛应用"大云物移智链"等先进通信技术实现电网数据全景采集、深度感知，有效支撑可再生能源大规模开发利用和各类能源设施"即插即用"，实现源网荷储灵活调配。目前兰考电网配电自动化覆盖率 36.97%、智能终端覆盖率 20%，配电网全息感知能力还不强；兰考能源互联网平台仅实现了源网荷储基础信息接入，在信息覆盖全面性、电力系统仿真能力及跨专业决策支撑能力方面不足，源网荷储一体化运行难度大。

三　兰考县新型电力系统建设路径

"十四五"是碳达峰的关键期、窗口期，构建新型电力系统面临诸多关键问题，兰考应统筹兼顾源网荷储全要素，实施可再生能源替代行动，着力提高利用效能，开展兰考新型电力系统研究体系建设，发挥好兰考全国唯一农村能源革命试点效应，在电力供给、配置、消费、基础设施、体制机制等方面实现"六个提升"，将兰考打造成为全国新型电力系统县级示范区。

（一）引导新能源有序发展布局，提升新能源运行管理水平

开展新能源可开发潜力和配电网接纳能力评估，指导新能源科学规划、有序开发。基于空间资源识别，开展新能源理论可开发量、技术可开发量和经济可开发量预测；分析区域风电、光伏发电出力分布等特性，基于地区负荷特性及可再生能源消纳责任权重，评估风电、光伏发电装机规模及开发时序。通过构建全要素、多场景仿真环境，开展兰考县域面向分布式电源的配电网可开放容量仿真，评估分布式电源最佳接入方式与极限接入容量，提出接纳能力提升策略，满足高渗透率分布式电源灵活接入要求。探索新能源综合规划资源开放服务模式，设计分布式新能源开发咨询产品和服务，协同政

府推进服务落地。

推进新能源与电网协同发展，提升兰考新能源集中管控、集约管理水平。部署新能源集约管控平台，制定新能源运行数据接入标准规范，全量接入新能源场站信息，拓展新能源监测场站气象信息、设备数据等采集范围，为丰富业务场景应用奠定数据基础。深化新能源功率预测技术应用，优化新能源功率预测精度，延展预测时长；提升新能源集中调控运行水平，实现关键设备故障预警及定位，推进有源状态下的故障处理和负荷优化转移。探索新能源多元服务模式，为新能源产业链企业提供办公场地、计算资源、开发环境等资源租赁服务，满足新能源企业在集中监控、功率预测、能耗监测、设备代维、设备健康管理等方面的专业应用需求。

（二）深化源网荷储运行示范，提升分层分区自平衡水平

优化配电网网架结构，提升配电网供电水平。构建"网络清晰、联络有序、负荷均衡、安全可靠"的坚强配电网网架，加快形成双侧电源链式结构，满足高渗透率分布式电源和多元化负荷的灵活接入，全面夯实清洁能源优化配置基础。以"网格化、单元制"的空间布局、差异化的规划标准、模块化的典型网架，做强做优城镇配电网络，巩固提升行政村电网改造，完成高标准农田建设任务及机井台区后期管护，做好农村电网规划与县域乡村布局规划和清洁能源开发有效衔接，缩小不同地区同类型村庄的电网发展差距。

提升配电网智慧化水平。加快配电自动化和智能融合终端建设，全面提升配电自动化有效覆盖率，提高低压配电网可观、可测、可控水平。提升配电通信网覆盖及承载能力，稳步推进配电网光缆延伸覆盖，持续提升110千伏及以下站点电力光缆覆盖与多路由水平，探索并深化5G等通信技术应用。提升电能质量管控水平，开展分布式光伏电能质量监测平台试点应用，实现兰考公用配变低压侧和分布式光伏用户电压、电流、有功、无功等运行数据全监测，支撑分布式光伏规模化开发涉及台区的电能质量问题分析预警，精准定位用户电压越限、光伏电能质量超标、配电线路和台区技术损耗

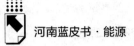

偏高等问题，推动电网侧、用户侧协同治理。

部署县域新型电力系统源网荷储调控应用平台。丰富区域电网调节手段，实时接入源、荷、储等各类可调资源的运行数据，利用大数据技术和智能算法开展源网荷储协同运行仿真模拟，提供分布式新能源、储能、可调负荷运行调节辅助决策，支撑源网荷储协同优化运行，提高分布式电源利用效率，兼顾电力系统运行稳定性和经济性。深化数字孪生技术应用，打造电网各环节完整互动的数字孪生体，构建源网荷储优化运行的能源互联网数字孪生环境，实现兰考电网多场景、多工况全景可测。

（三）强化可调节负荷精益管控，提升负荷侧灵活调节水平

建设可调节负荷资源池，深化可调节资源管控平台应用。开展可调节负荷资源普查，建立以企业级用户、分布式储能、电动汽车充电站为主的可调节负荷资源池，以电压等级、电网拓扑连接关系等分析条件开展可调节资源聚合管理，构建分层级、分时段、分梯度的可调节负荷控制策略，紧密跟踪电网运行需求，配合需求侧响应、有序用电等工作，实现可调节负荷资源的最佳配置。升级改造兰考规上工业企业生产线用能设备监测装置，全量接入兰考规上工业企业生产线用能设备监测数据，深化全县域全量用户侧可调节资源管控平台应用，研究分级分类负荷预测方法，实现多元柔性负荷运行状态感知、分级智能控制。

（四）探索共享储能建设运营模式，提升系统经济运行水平

推进新型储能规模化应用。研究兰考储能规划布局，科学规划储能建设，合理测算储能配置规模，明确储能接入位置、接入方式及建设时序。部署实施共享储能运营管理系统，研究电化学储能电站成本疏导策略，建立新能源场站、工业企业储能租赁服务模式，探索共享储能参与电力调峰辅助服务交易机制，试点开展电力调峰辅助服务、购售电业务。引导用户侧储能灵活布局，做好用户侧储能示范项目建设，探索构建电动汽车参与电网实时调控新模式，做好储能并网服务和指导。

（五）加快终端消费转型升级，提升终端用能电气化水平

推动低碳节能生产和改造。开展规上工业企业设备级用能监测分析，为政府监管考核提供支撑，推进企业用能数据业务增值，助力企业高质量发展。加强电网节能改造及线损治理，持续开展高负损线路治理工作，推进理论线损率与同期线损率对比校核，建立降损成效量化评价体系，有效降低10千伏线损率。围绕线损实施台区精益化管理，以经营性租赁等方式开展电网节能改造及线损治理，全面实施电网节能管理，助力电网能效提升。

拓展电能替代广度深度。结合充换电网络布局规划，持续扩大充电桩应用规模，推进形成高效稳定、可持续的车网互动业务模式。持续挖掘各领域替代深度，在农业生产、农产品加工仓储、乡村旅游等领域，推广成熟电气化技术；在大中小学校推广电供暖和电厨炊等技术；在传统工业领域，加强电锅炉、电窑炉、燃煤自备电厂等替代技术应用；在商业餐饮领域，持续推广电厨炊技术。

（六）创新电力市场交易模式，提升完善市场化运营机制

积极研究电力价格形成机制。研究新型电力系统构建新增成本的疏导问题，推动各市场主体共同承担转型成本，还原电力商品价值属性。构建匹配高调节能力的上网电价体系，研究构建合理的储能容量电费分摊机制，构建不同应用场景下电费分摊模型，合理疏导电网建设运营成本，避免电网准许收入亏空。探索实行新能源发电上网侧分时电价，建立与销售侧分时电价的联动机制，推进新能源电力参与市场化交易。推动完善输配电价定价机制，全面分析新能源大规模发展带来的系统成本上升问题，推动各市场主体共同承担"双碳"转型成本，将构建新型电力系统相关的政策性投资足额纳入有效资产，合理核定运维成本及费率，核定合理输配电价水平。完善需求响应电价机制，充分挖掘需求侧调节能力，完善可中断电价、分时电价等需求侧响应电价机制，推动电价与电力需求侧管理政策协同。

探索构建促进新能源消纳的市场体制机制。挖掘清洁能源绿色价值，完

善清洁能源与常规电源协同运营机制，通过市场机制降低能源绿色转型发展成本，推动形成清洁能源产业健康有序发展格局。建立健全绿电市场消纳机制，探索长期稳定的绿色电力生产消费的市场体系，推动储能等可调节资源弹性消纳新能源，开展多能互补的绑定交易，建立新能源就地消纳市场机制。创新源网荷储协同互动的市场体系，逐步扩大源网荷储协同互动的可调节资源规模，不断扩大虚拟电厂、储能等用户侧可调节资源种类、容量、可调节能力，探索源网荷储全环节参与市场的交易品种、交易结算规则。

四 相关建议

构建新型电力系统是个复杂的系统工程，兰考县作为新型电力系统县级示范区，在共享储能建设运营、配套市场机制和数据管理方面，应进一步强化顶层设计，聚焦关键领域，锚定核心堵点和薄弱环节，全力支撑兰考打造县域新型电力系统样板示范。

（一）完善共享储能建设与运营配套政策

鼓励引导各类社会资本参与投资建设共享储能，推动储能参与各类电力市场。鼓励发电企业通过购买或租赁调峰储能能力的方式，增加可再生能源发电装机并网规模。积极探索用户侧储能建设，试点开展一批"分布式光伏+储能"示范项目，帮助企业用户应对高峰用电形式。建立储能参与中长期交易、现货和辅助服务等各类电力市场的准入条件、交易机制和技术标准，加快推动储能进入并允许同时参与各类电力市场。因地制宜建立完善"按效果付费"的电力辅助服务市场，通过市场化手段解决成本回收问题，推进储能的商业化规模化应用。

（二）鼓励县域新型电力系统市场机制探索

健全适应县域新型电力系统的市场机制，提出市场化建设和交易框架，建立县域电力系统对内、对外两个层次交易体系，研究高比例分布式资源参与的县域电网带曲线市场化交易模式，探索系统发展成本要素平衡机制。建立源网荷储协同互动的市场体系，探索源网荷储全环节参与市场的交易品种、交易结算规则，开展分布式市场化交易、调峰辅助服务交易、现货交易（电力曲线交易）等交易模式先行先试，创新适应新能源消纳需要的深度调峰、启停调峰、需求响应、可调负荷等市场交易品种。

（三）强化县域新能源全量数据的统一管理和调度

针对目前县域新能源数据接入范围不全、数据标准不统一、业务支撑单一、共享利用困难等共性问题，统筹规划布局，构建支撑新能源全景采集、深度感知、安全运行、高效运营的数字化新能源集约管控服务平台，实现新能源全业务、全过程、全资源融合和贯通，支撑新能源"可观、可测、可调、可控"。实现在新能源大数据价值挖掘和新型电力系统生态构建方面的创新突破，培育新能源大数据新业务、新模式、新业态。

参考文献

舒印彪、陈国平、贺静波等：《构建以新能源为主体的新型电力系统框架研究》，《中国工程科学》2021 年第 6 期。

刘吉臻：《支撑新型电力系统建设的电力智能化发展路径》，《能源科技》2022 年第 4 期。

杨跃武、许晓晨、李文峰：《服务"碳达峰、碳中和"的兰考新型电力系统建设实践》，《河南电力》2022 年第 S1 期。

赵岳恒、施超、李琛：《构建新型电力系统的云南模式》，《中国电力企业管理》2022 年第 13 期。

牛文娟、吴晨、薛贵元等：《面向新型电力系统的江苏省电力市场发展路径研究》，《广东电力》2022 年第 5 期。

调查分析篇
Investigation and Analysis

B.20
河南省度夏期间新能源有效供给能力调研与建议

李秋燕　贾一博　卜飞飞　王涵　韩丁*

摘　要： 迎峰度夏历来是电力保供的关键时期，新能源作为未来新型电力系统的主要组成部分，同样面临安全保供的"大考"。由于风、光发电的不确定性和波动性，在夏季高温用电负荷持续攀升情况下，新能源实际支撑能力不能有效满足负荷大幅增长、系统实时平衡和连续运行的需求，高比例新能源的电力系统保供能力面临较大挑战。本文依托大数据手段对2018年以来河南省风、光发电出力五年期样本数据进行分析，测算新能源的有效供给能力，评估度夏保供期间新能源的电力平衡支撑能力，针对度夏保供关

---

* 李秋燕，工学硕士，国网河南省电力公司经济技术研究院高级工程师，研究方向为能源大数据、配电网规划；贾一博，工学硕士，国网河南省电力公司经济技术研究院工程师，研究方向为能源大数据及质量管理；卜飞飞，工学硕士，国网河南省电力公司高级工程师，研究方向为能源大数据及网络安全；王涵，工学硕士，国网河南省电力公司工程师，研究方向为能源大数据及碳排放监测；韩丁，工学硕士，国网河南省电力公司经济技术研究院工程师，研究方向为能源大数据及电量监测分析。

键时段新能源可信出力率偏低的特点，探讨多措并举提升电力保供增供的对策建议。

关键词： 新能源　有效供给　电力平衡　迎峰度夏　河南省

2022 年 5 月，国家发展改革委、国家能源局发布《关于促进新时代新能源高质量发展的实施方案》，提出更好发挥新能源在能源保供增供方面的作用，助力扎实做好"碳达峰、碳中和"工作。随着新型电力系统建设的逐步深入，能源清洁低碳转型和新能源装机占比的不断提升，风电和光伏出力的波动性、不确定性给电网安全运行带来较大影响。尤其是在迎峰度夏电保供的关键时期，在持续高温等极端天气影响下，新能源出力的波动性、间歇性给电力供应保障带来更大的挑战。当前，河南省新能源装机规模翻番，覆盖区域从资源禀赋优势区域拓展至全省，装机形态由以集中为主向集中、分散协同开发转变，新能源的出力特性也发生新的变化。本文依托大数据开展迎峰度夏期间新能源出力特性分析，挖掘新能源在用电高峰时段的供应特征，测算新能源的有效供给能力，提出新能源出力参数取值，为电网规划运行中电力电量平衡提供依据，并为进一步提升河南省新能源可靠供给能力提供参考。

一　河南省新能源开发建设现状

新能源装机规模快速增长。截至 2022 年 8 月，河南省风电、光伏新能源装机共计 3884 万千瓦，占全省电源总装机的 33.6%。"十四五"以来 20 个月间，河南省新能源装机累计增加 1191 万千瓦（见图 1）。长周期看，在技术进步和政策引导的双重驱动下，风电和光伏发展交互攀升。2015~2018年，光伏装机容量年均增幅达到同时期风电的 2.6 倍，2018~2021 年风电装机赶超光伏，年均增幅达又到同时期光伏的 3.4 倍，至 2022 年 6 月两者基本追平，分别增至 1873 万千瓦和 1866 万千瓦，7 月起光伏装机再次领先，展现出河南新能源发展的蓬勃态势。2022 年 1～8 月，全省新能源发电量 400 亿千瓦时，占比为 17.4%，其中发电增量占总发电增量的比例达到 30.6%，逐渐成为电量增长的主要来源。

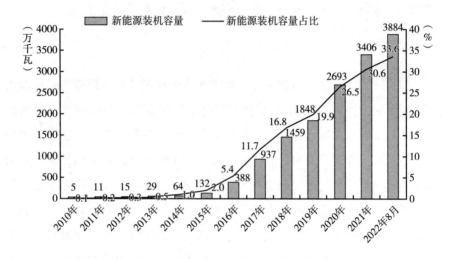

图 1　2010 年以来河南省风电、光伏新能源装机容量及占比

新能源开发集中分散并举。河南省全面推进大型风电基地建设与分散式风能资源开发相结合，2021 年以来全省新增风电装机 355 万千瓦，其中新增集中式和分散风电装机占比分别为 44.2% 和 55.8%。截至 2022 年 8 月，全省分散式风电比例由 2018 年的 1.5% 提升至 14.4%。光伏方面，2021 年以来全省新增装机 837 万千瓦，其中 97% 为分布式，户用分布式光伏、工商业分布式光伏与地面集中式光伏电站初步形成"三足鼎立"之势。未来，在国家能源局"千乡万村驭风行动""千家万户沐光行动"引领下，分散式风电和分布式光伏仍将继续保持较快增长。随着高比例新能源电力系统建设进程的推进，各省份加大了对新能源场站配置储能的支持力度，河南省发展改革委在 2021 年风电项目开发方案中也明确提出储能配置比例，多集中在 10%～30%，"十四五"末全省新型储能装机规模预计达到 220 万千瓦。

新能源覆盖区域遍布全省。风电开发从以山地丘陵为主向平原地区转移，2018 年及以前全省 80% 的风电场集中在豫北沿太行山、豫西沿黄山地、豫西南伏牛山及豫南桐柏山、大别山等风力资源较为丰富的区域。近年来，随着风电产业的技术进步，平原低风速风电场建设逐步提速，2022 年 8 月全省平原地区风电场数量较 2018 年底增长近 11 倍，与山地风电场数量比例接近 1∶1，至此，全省山地及平原风机覆盖 85% 的县域，风能资源得到进一步开发利用。河南省光伏发展之初，以荒坡、丘陵及生态农业为主要形式，随着光伏扶贫及户用、工商业屋顶光伏开发的不断发展，2018 年已实现全省所有县区全覆盖，当前用户规模及装机容量进一步扩大。安阳、南阳两地风电、光伏新能源装机容量已超过 400 万千瓦，周口、开封等 8 个地市装机超 200 万千瓦（见图 2）。

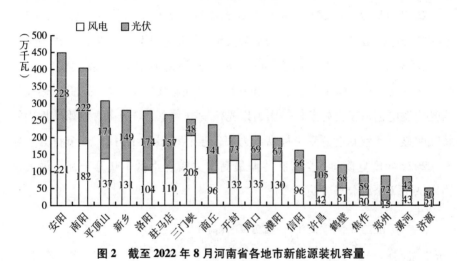

图 2　截至 2022 年 8 月河南省各地市新能源装机容量

二　度夏期间河南省新能源出力特性分析

风电、光伏出力高度依赖自然气象条件，在夏季高温湿热时段，受暴风、强降雨及持续高温等极端天气和太阳辐照度、温差、风速等气象条件影响，迎峰度夏保供期间的新能源出力呈现明显的季节特征。

（一）度夏期间持续高温情况下，新能源存在连续多天低出力现象

夏季 7 月下旬、8 月上旬天气持续闷热时段，是用电大负荷大概率出现

的时段。2018年以来,在该时段新能源"发不出、顶不上"现象较为突出,电力供应保障的压力进一步加大。2022年6月、7月、8月,全省晚高峰时段新能源平均出力率不足10%的天数分别为3天、17天、12天,7月出现的天数明显多于6月和8月。7月26日进入中伏阶段,"极热无风"叠加"夜间无光",造成7月26日至8月2日连续8天晚间负荷用电高峰时段新能源出力率低于10%。

(二)度夏期间新能源最大出力逐年增加,最大出力率在45%左右

2018年以来,随着装机的增长,新能源最大出力规模持续走高,但由于时空分布的分散性增强,各场站最大出力同时率下降,全省最大出力率保持在45%左右。2022年度夏的6~8月,河南省新能源最大出力率为44.5%。五年来新能源夏季最大出力发生时间在12~13时,午间晴热天气为光伏发电创造了良好条件,出力以光伏发电为主力。风电春秋季节性大发特征明显,导致新能源夏季最高出力率低于春季最高出力率10个百分点左右;2022年度夏期间,全省新能源最高出力较春季低100万千瓦,最大出力率低了7个百分点(见图3)。

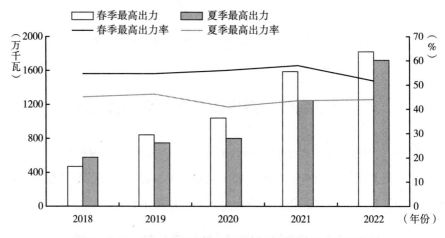

图3 2018~2022年春季和夏季河南省新能源最大出力对比

（三）度夏期间用电高峰时段新能源出力偏低，对负荷支撑能力较低

从 2018 年以来的统计数据来看，夏季大负荷日午高峰时段新能源平均出力率基本上不高于 32%，晚高峰时段平均出力多数情况不足午间一半，对高峰用电负荷的支撑能力偏低且波动性大。以 2022 年度夏情况为例，受持续降温需求和企业恢复生产叠加影响，河南省 6 月、7 月、8 月用电高峰经历了三轮大幅度攀升。6 月 22 日首轮大负荷当天，午高峰时段新能源平均出力率 31.1%，支撑了全省 15.5% 的负荷用电，但较度夏期间最高出力减少 1/3。晚高峰时段新能源平均出力率 27.7%，支撑了全省 14.4% 的负荷用电。7 月 9 日第二轮大负荷当天，午高峰时段新能源平均出力率降至 23.7%；晚高峰时段出力率降至 12.5%，对晚高峰负荷仅提供了 6.7% 的支撑。8 月 5 日第三轮大负荷当天，午高峰时段新能源平均出力率与首轮持平，晚高峰时段出力率为 14.4%，对晚高峰负荷提供了 7% 的支撑（见图 4）。

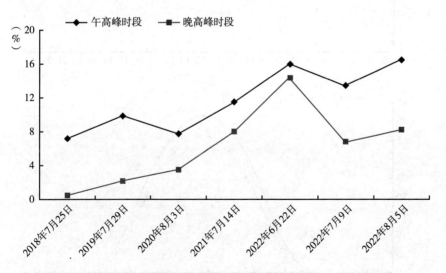

图 4　2018~2022 年夏季大负荷日河南省新能源出力对负荷支撑情况

271

（四）度夏期间各月新能源出力差异较大，7月新能源出力水平最低

从气象统计数据来看，河南省7月普遍温差更小，且受西太平洋副热带高压势力向内陆延伸带来的暖湿气流与北方干冷气团东移南下交汇影响，多高温闷热和强对流暴雨天气，对风电出力造成较大影响。从2018年以来的历史数据看，每年7月近一半时长风电出力率低于10%，设备利用小时数也低于6月、8月。2022年7月风电平均出力率为15.4%，较6月和8月分别低10个、8个百分点。光伏方面，光伏组件在高温情况下发电效率下降，以及受云量、湿度等环境因素影响，7月、8月的平均出力率较6月低5个百分点（见图5）。

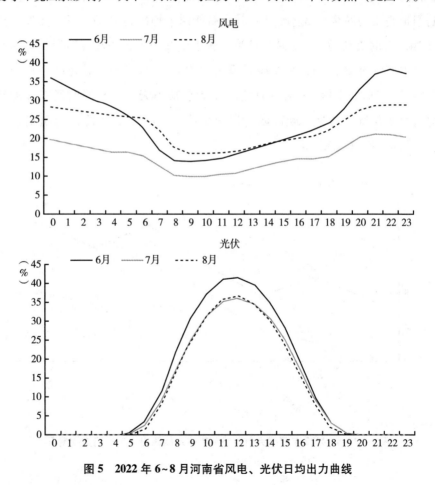

图5　2022年6~8月河南省风电、光伏日均出力曲线

三 度夏期间河南省新能源有效供给能力研究

（一）研究思路

针对上述度夏期间新能源出力的波动性及随机性影响，为电网规划和运行提供新能源出力特性量化、电力电量平衡中新能源出力参数取值依据，本文以 2018~2022 年全省已投产风电场及光伏电站 6~8 月运行数据为基础，分析新能源出力概率分布的影响因素及度夏期间新能源出力的概率分布特性，测算风电、光伏有效供给能力。

（二）新能源出力概率测算样本选取

分析天数：选取度夏期间每日负荷水平达到相应年份峰值 90% 及以上的日期，得到样本天数 62 天，集中分布在 7 月和 8 月，2021 年 6 月、2022 年 6 月下旬仅贡献样本 1 天、5 天（见表 1）。考虑到 6 月样本数量偏少，暂不对 6 月新能源出力系数进行测算。

分析时段：从 2018~2022 年负荷特性来看，6~8 月河南省用电负荷走势与峰值出现时刻相对稳定，午高峰集中在 12：30~13：30 时段；晚高峰集中在 21：00~22：30（见图 6）。针对这两个时段开展新能源出力概率分析，以确定新能源参与电力电量的出力系数。

表 1　2018~2022 年新能源出力概率计算样本天数分布情况

年份	6 月	7 月	8 月
2018	0	9	8
2019	0	8	0
2020	0	2	9
2021	1	5	0
2022	5	1	14

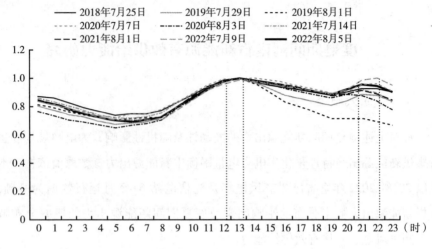

图6 2018~2022年夏季河南省用电负荷特性曲线（归一化处理）

（三）新能源出力概率分布影响因素分析

近年来，随着新能源开发的深入推进，风电、光伏分布区域更加广泛，装机形式更加多样，将对新能源出力特性产生一定影响。本文从地形地貌、开发形态和规模效应三个方面开展探讨。

1. 地形地貌影响效应分析

河南位于中国地形第二、三阶梯接合部，山地和平原的面积占比分别为44.3%和55.7%。随着风电场覆盖区域逐渐扩大，各地形风能资源差异对出力影响逐渐显现。山地风机与平原风机出力分布特征差异较为明显，两者概率分布均值比较接近，但山地风机出力率分布相对更加集中，而平原风机出力率分布更加广泛（见图7上）。在70%及以上置信水平下，晚高峰时段山地风机出力率高出平原风机3个左右百分点，随着置信水平降至70%及以下，平原风机出力率高于山地风机（见图7下）。

2. 开发形态影响效应分析

截至2022年8月，河南省分布式光伏装机占全口径光伏装机比重已经从2018年8月的39%增长至69%，但集中式光伏规模基本保持不变，2018

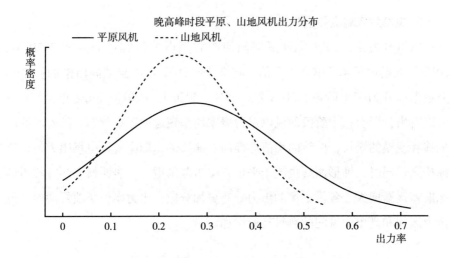

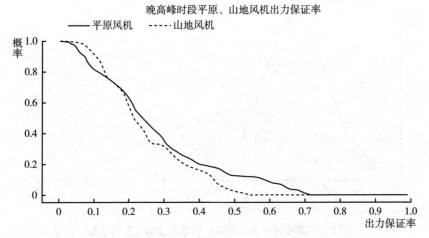

图7　2022年河南省平原和山地风机出力概率分布及累积出力率

年、2018~2020年、2018~2022年这三个阶段的度夏期间集中式光伏出力保证率基本不变，在95%置信水平下，出力保证率能保持在35%左右。但对分布式光伏而言，以2018~2022年数据测算，在同一置信水平下，分布式光伏出力保证率低于集中式光伏出力率7~10个百分点，从而导致全口径光伏出力保证率有所下降，这一特征与分布式光伏的运维水平、最高出力追踪等技术应用稍弱于集中式光伏电站有关。

3. 规模效应响应效应分析

以风电为例，2022 年度夏期间河南省风电装机容量分别较 2020 年、2018 年同期增长 4.7 倍和 1.2 倍。将 2018~2022 年度夏期间河南的样本出力数据划分为三个阶段：2018 年、2018~2020 年、2018~2022 年，从图 8 可以看出，以上三个阶段的风电出力概率均呈现近似正态分布，随着时间的推移和规模的增长，曲线的均值逐渐向右侧移动，即全省风电场出力均值逐渐抬高；同时，钟形曲线也趋于平坦，覆盖范围更广，表明概率测算样本的标准差逐渐增大，各风电场的出力分布更加分散，出力率位于曲线两端的低出力区间和高出力区间的数量有所增加。

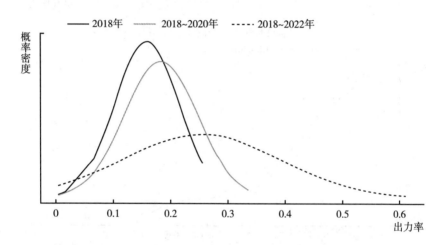

图 8　河南省风电出力概率分布随规模增长变动示意

（四）新能源有效供给能力测算结果

风电、光伏出力概率：夏季午高峰时段，风电出力率为 0~50%，出力水平低于 20% 的概率接近 80%。光伏出力率为 0~60%，出力水平高于 30% 的概率达到 97%。夏季晚高峰时段，风电较午高峰时段出力率范围拓展至 0~70%，风电出力率有低于 20% 的概率缩减至 35%。夜间光伏出力为 0（见图 9 和图 10）。

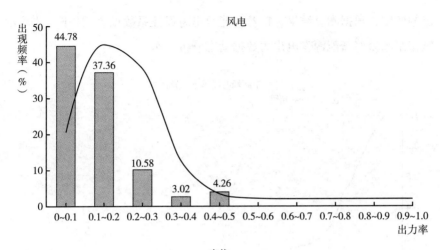

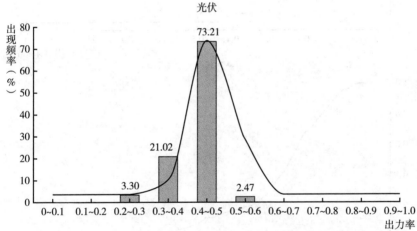

图 9   2018～2022 年夏季午高峰时段风电、光伏出力概率分布

风电、光伏出力保证率：根据 2018～2022 年夏季新能源出力累积概率密度测算，午高峰时段，97% 概率水平下，风电出力保证率 1.1%、光伏 30%；95% 概率水平下，风电出力保证率提升至 1.5%、光伏 30.5%。晚高峰时段，97% 概率水平下，风电出力保证率 6.5%；95% 概率水平下，风电出力保证率提升至 8.5%。

从上述地形地貌、开发形态和规模效应对出力率影响分析来看，随着全省新能源开发程度进一步加深，以及气候环境演变，新能源出力保证率会有

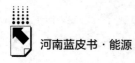

一定的变动，根据测算结果，推荐新能源出力保证系数见表 2。下一步将继续紧密跟踪做好新能源发电出力数据动态分析工作。

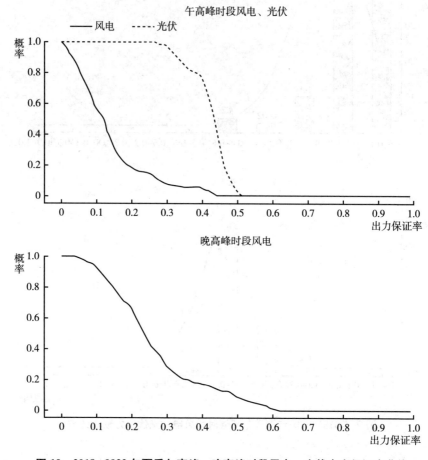

图 10 2018~2022 年夏季午高峰、晚高峰时段风电、光伏出力保证率曲线

表 2 夏季不同概率水平下的新能源出力保证率

时段	概率水平	97%	95%	90%	85%	80%	70%
午高峰	风电出力保证率(%)	1.1	1.5	3.0	4.0	5.5	7.5
	光伏出力保证率(%)	30	30.5	33	35	38	40
晚高峰	风电出力保证率(%)	6.5	8.5	10	12	15	18

四 促进迎峰度夏电力保供的对策建议

历年迎峰度夏都是电力保供的关键时期，新能源作为未来新型电力系统的主要组成部分，同样面临电力供应的"大考"，由于风力、光伏发电的不确定性和波动性，应坚持系统思维，统筹发展和安全，一方面积极利用新技术提升新能源的支撑能力，另一方面多元发力共同提升电力系统的保供增供能力。

（一）推进多元能源供应体系建设

当前河南煤电装机占比从 2015 年的 88%降至 57%，从发电量来看，2022 年度夏 6~8 月以不足 60%的装机占比贡献了近 80%的发电量，发挥了电力保供的"顶梁柱"作用。"十四五"期间，在"十大战略"引领下，河南省经济社会发展质量更高，电气化水平稳步提升，电力需求保持中高速增长，能源低碳转型进程中的保供形势将更复杂、挑战将更严峻。能源电力保供是一项长期而艰巨的任务，需要合理平衡当下能源电力保供与中长期低碳转型战略发展要求，推进常规电源和风电、光伏新能源协同发展，扩大区外清洁电力入豫规模，在统筹平衡、功能互补的前提下，明确各类型电源发展定位，实现能源绿色低碳转型与灵活性调节资源补短板并重、风光水火储等各类电源协同发展，构建多元化清洁能源供应体系，保障转型期电力供应。

（二）推动新能源与储能一体化发展

未来新能源发电装机占比仍将持续快速提升，从度夏新能源有效供给能力测算情况看，装机规模将扩大，加之开发区域资源条件各异，夏季用电高峰时刻新能源可信出力率偏低，保供关键时刻出力的间歇性、波动性影响较大。近期《河南省"十四五"新型储能实施方案》已发布，建议加快推动新能源与储能一体化发展，构建风电、光伏开发规模与新增系统调节能力挂钩机制，鼓励、引导已并网的新能源项目配套建设新型储能或购买共享储能容量和能力，参与电网统一调度运行。积极发展独立储能，实现储能系统与电网的安全运行，既能充分缓解系统调峰能力不足、送出通道受限等因素造成的弃电矛盾，又能有效应对短时、极速的负荷攀升，实现对用电负荷高峰时段的电力强支撑。

（三）强化电力需求侧管理

近年来极端天气频发，"极热无风""晚间无光"或不稳定天气造成的连续数天风光出力不足问题需要引起重视，应从源网双侧同时发力，将电力需求侧管理作为保障电力安全稳定供应的重点工作之一。一方面，加快完善需求侧管理体系，不断提高用户需求响应潜力评估的精准度，丰富负荷参与电网运行的调控手段，以及虚拟电厂集群优化运行手段。另一方面，扩大需求响应资源规模，加强电动汽车、用户侧储能等新兴负荷管理引导，鼓励通过负荷聚合商、虚拟电厂等形式整合分散的需求响应资源。继续推动完善需求侧管理配套政策，如针对不同地区需要、行业分布特征和负荷特性，制定精细化需求响应机制等。

（四）完善适应新能源运行特点的市场机制

在以常规电源为主体转向以新能源为主体的新型电力系统建设中，电力市场是重要的支撑。随着新能源发电占比的提高，传统煤电的发展定位将发生重大转变，但仍然是电力系统灵活性和发电量的重要支撑电源，需要以保障能源安全为目标，探索建立煤炭、煤电保供稳价新模式，并利用市场机制为支撑性、调节性电源提供补偿，促进煤电行业可持续发展。储能方面，探索建立市场开放条件下电源侧储能参与系统调节的商业模式，进一步明确共享租赁、参与辅助服务等多项促进储能规模化发展的市场机制配套实施细则，激励储能推广建设。负荷方面，建立健全邀约负荷、可中断负荷、可调控负荷等多类型资源的市场化交易机制，以市场价格引导需求侧资源自主调整用电行为，主动参与调峰辅助服务，减轻供需双侧带来的保供压力。

参考文献

国家发展改革委、国家能源局：《关于促进新时代新能源高质量发展的实施方案》。

河南省发展改革委：《河南省"十四五"新型储能实施方案》。

B.21
河南省乡村产业电气化情况调查与低碳用能建议

祖文静　杨钦臣　张艺涵　李慧璇*

摘　要： 产业兴旺是乡村振兴的首要任务，是解决农村一切问题的前提。在乡村振兴战略与"双碳"目标实施中，乡村产业清洁低碳发展是主要方向，电气化是乡村产业低碳用能的重要抓手。本文以河南为样本，开展乡村产业电气化情况收资与走访调查，调查结果显示，河南乡村产业呈现用能主体多元化、用能业态多样化、能源消费低碳化、年内用能周期化趋势特征，同时面临乡村电网设备利用率不高、乡村产业新能源发展动能不足、乡村产业用能管理水平有待提升等突出问题，亟待准确把握乡村产业发展态势、探索能源就地开发利用模式、加大低碳政策支持力度、创新乡村综合能源服务业态，提高乡村产业低碳用能效率。

关键词： 乡村产业　低碳用能　电气化　乡村振兴

　　河南是农业农村大省，是乡村振兴战略实施的主战场。近年来，河南

---

* 祖文静，工学硕士，国网河南省电力公司经济技术研究院工程师，研究方向为能源互联网发展与农村能源；杨钦臣，工学硕士，国网河南省电力公司经济技术研究院工程师，研究方向为能源发展战略与农村能源；张艺涵，工学硕士，国网河南省电力公司经济技术研究院工程师，研究方向为能源电力研究与电网规划；李慧璇，工学硕士，国网河南省电力公司经济技术研究院工程师，研究方向为农村能源与能源互联网规划。

省坚持把电气化作为乡村产业低碳用能的重要抓手，全面启动乡村电气化提升工程，服务农牧渔业升级、农产品加工及仓储物流升级，服务乡村旅游业、特色产业发展，助力河南从农业大省加快向农业强省跨越。2021年12月，《加快农村能源转型发展助力乡村振兴的实施意见》明确提出，积极培育"新能源+产业"，鼓励发展绿色低碳新模式新业态，培育壮大农村绿色能源产业，推动农业生产用能清洁化、低碳化，提高农村能源资源综合利用效率。为推进乡村产业高质量发展，服务乡村振兴战略和"双碳"目标实施，开展了2022年河南省乡村产业电气化情况调查，挖掘乡村产业用电特征及存在问题，探索乡村产业低碳用能发展方向，为河南乃至全国乡村产业低碳发展建言献策。

一 调查样本概述

近年来，河南立足农业农村大省、全国重要的农副产品产区的基本定位，持续做强高效种养业、绿色食品业、乡村现代服务业三大产业，初步形成了现代农业"一区两带三山"① 的发展布局。为深入分析乡村产业电气化发展特征，综合考虑地理地形差异、经济社会发展水平、地区产业布局等因素，采用收资调研、走访调研两种方法对样本开展调查。

（一）样本选取原则

地域样本全覆盖。一方面，要考虑地域分布，覆盖豫中、豫东、豫西、豫南、豫北五个地区。另一方面，要考虑河南"一区两带三山"农业农村空间发展布局，覆盖现代化粮食生产功能区、农业生态保护和高质量发展示范带与特色产业优势区。

---

① 《河南省"十四五"乡村振兴和农业农村现代化规划》提出，"一区"指黄淮海平原和南阳盆地现代化粮食生产功能区，注重粮食生产和农产品加工；"两带"指沿黄和南水北调干渠（含水源地）沿线农业生态保护和高质量发展示范带，注重生态循环农业建设；"三山"指大别山、伏牛山、太行山特色产业优势区，注重特色产业打造、农文旅融合发展。

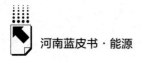

样本种类多样。样本选取覆盖农业生产、乡村产业两大领域，具体包括粮食种植业、畜禽养殖业、乡土特色产业、农产品加工流通业、乡村休闲旅游业等类型，尽可能包含更多项目子类、涉及更多产业类型。

示范项目优先。电气化是乡村产业用能清洁化、低碳化的重要抓手，电能替代是农业农村节能减排的重要手段。优先挑选近两年全省乡村电气化示范项目所在县域，保证项目具有研究分析价值。

（二）收资样本情况

本次调查共选取46县（市、区）84家企业或项目集群进行收资调研，地域上实现河南省17个地级市和济源示范区的全覆盖，种类包括农业生产、乡村产业两大领域、五大类别、近40种产业子类。主要调研内容包括项目基本信息、建设情况、经济效益、社会效益等，并提取项目年用电负荷曲线。在收集的84份样本当中，调研资料完整且具有分析价值的共72份。

表1　收资样本情况

产业类别	县域名称
粮食种植业	郸城县、扶沟县、光山县、济源市、建安区、平舆县、汝南县、汝州市、商水县、祥符区、新蔡县、正阳县
畜禽养殖业	博爱县、济源市、内黄县、内乡县、平舆县、确山县、汝南县、舞钢市、西平县
乡土特色产业	光山县、济源市、兰考县、林州市、卢氏县、栾川县、洛宁县、孟津区、泌阳县、确山县、汝阳县、社旗县、浉河区、嵩县、遂平县、西峡县、襄城县、新安县、新县、鄢陵县
农产品加工流通业	光山县、济源市、临颍县、淇县、上蔡县、西平县、新蔡县、新郑市、伊川县、永城市、原阳县
乡村休闲旅游业	范县、光山县、兰考县、林州市、栾川县、平舆县、确山县、遂平县、台前县、新县

（三）走访样本情况

在收资调研的基础上，进一步遴选具有典型性、价值性的项目开展现场调研，本着全面性、差异性、代表性原则，选取豫南调研路线，覆盖五大类型、七种产业子类。调查内容主要包括各乡村特色产业发展情况、用能特征、存在问题、乡村电气化项目建设情况、乡村产业发展用能需求等。

表2 走访样本情况

地市	县域	代表性	类别	子类
驻马店	西平	畜牧强县	畜牧养殖业	奶牛
南阳	西峡	伏牛山特色产业优势区、全国十大商品香菇基地县	乡土特色产业、农产品加工流通业	食用菌
信阳	光山 新县	大别山特色产业优势区、省级乡村电气化试点县	粮食种植业、乡土特色产业、农产品加工流通业、乡村休闲旅游业	智慧灌溉、智慧大棚、油茶、电炒茶、全电景区

二　基于调查样本的河南省乡村产业电气化情况分析

通过对调研走访样本的梳理，从粮食种植、畜禽养殖、乡土特色产业、农产品加工流通、乡村休闲旅游五大特色领域，系统分析了产业电气化发展情况，摸清了河南省乡村产业用电特征，为更高效地推动农村能源转型、助力乡村振兴奠定了坚实的基础。

（一）粮食种植业

1. 电排灌

先进电排灌技术实现了节水、节电良好效果，但设备年利用小时数较低。灌溉活动主要受气候、气象、气温影响，与农作物生长规律密切相关，因而电排灌设备"短时过载与长期备用"现象并存。随着河南分类分区域大规模开展高标准农田建设和提质改造，持续推进中低产田改造和丘陵山区农田宜机化改造，2020年河南累计建成高标准农田6830万亩，高效节水灌溉面积2426万亩。高效节水灌溉技术主要包括喷灌、微喷灌、滴灌和智能化灌溉等电排灌，灌溉用电主要受气候、气象、气温影响，豫南灌溉需求小于豫北地区，每亩地年排灌用电约 50~60 千瓦时，根据地下水位不同，耗电量上下浮动；灌溉周期与农作物生长规律密切相关，主要集中在 2~3 月春灌和 10~11 月冬灌，时长约 7~15 天；农田机井供电设施约 10%重过载（负载率超过 80%），年均利用小时数仅 300 小时左右。某县机井供电设施年均利用小时数仅 184 小时，60%的机井利用效率低于平均水平，供电设施长期处于备用状态。

以河南某高效节水灌溉示范区为例，该示范区耕地 10 万余亩，常年种植小麦、玉米、大豆等传统作物，累计投资建设"农田机井通电"工程相关农排台区 258 个，配变容量 33.44 兆伏安，装设指针式喷灌机、绞盘式喷灌机、支柱式喷灌、微喷设备等电气设备，浇灌方式已实现从传统的"大水漫灌"转向精准喷灌。灌溉用电主要集中在 4 月和 10 月（见图 1），分别为作物播种后 7~10 天。采用新型排灌设备后，每年用水量降低 40%，用电量约降低 30%，人工费用降低 90%，平均每亩耕地每年增收粮食 70 公斤。

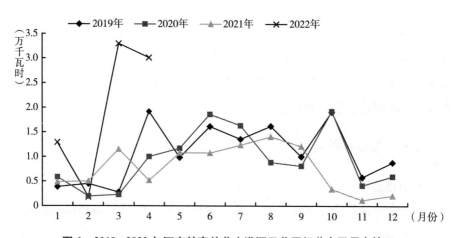

图 1　2019~2022 年河南某高效节水灌溉示范区机井台区用电情况

2. 电动农机

电动农机使用范围有限，普及率较低。电动农机结构简洁、低碳环保、维护成本低，但由于低转速大扭矩电动机和高能量长时效蓄电池技术不成熟，作为农业生产工具，其耗电量快，无法满足长时间、长距离实际使用的综合需求，因而使用范围有限。目前，电动农机主要用于以微小型电动农机替代燃油农机领域，如温室大棚、现代产业园、丘陵山区等作业环境，具体包括植保无人机、电动微耕机、果园修剪机等先进适用农机装备。尽管在春耕、三夏、三秋等农忙时节，农机使用频次较高，但由于电动农机具备按需充电特性，同时率较低、充电功率较小，对电网的冲击较小。

3. 电气化大棚

电气化大棚的电气化需求较高，用电负荷随用途变化较大。电气化大棚常用于反季节、跨地域农产品的种植，需要维持棚内适宜的温度、湿度、光照等，主要适用于蔬果花卉种植、育苗基地、休闲农业、采摘园等场景，普遍采用卷帘机、放风机、喷淋机、水肥一体机、补光灯、二氧化碳气肥机等设备，以实现对光、热、水、肥等环境的有效控制，因此电气化需求较高。此外，育苗基地用电季节性强，水稻育苗集中在3~5月，瓜菜育苗集中在1~4月；种植大棚用电曲线呈现"W"形，存在3月、6月、11月三个用电高峰，用于春种春灌、夏季降温、秋收冬灌等农时作业。种植面积为3亩左右的大棚用电设备容量约20~30千伏安，一般接入低压公变台区。

以河南某种植专业合作社为例，该合作社现拥有200余亩新品种、新技术、新设备实验种植基地，近4万平方米的现代化育苗工厂，引进瓜菜新品种8个，年育黄瓜、西瓜、辣椒等优质种苗3800万株，装设液体配肥机、育苗自动装盘、播种覆土喷水一体机、全自动钢架苗床、补光灯等设备，升温、降温全部实现自动化。用电主要集中在1~3月，用于给植物升温（见图2）。

（二）畜禽养殖业

畜禽养殖温控设备用电量大，夏季高峰特征较为突出。畜禽养殖电气化主要应用在电孵化、棚舍保温及通风、自动喂食、电动清粪、电动挤奶等方面，根据畜禽养殖类型不同，用电高峰有所差别，群牛养殖用电高峰期在夏

287

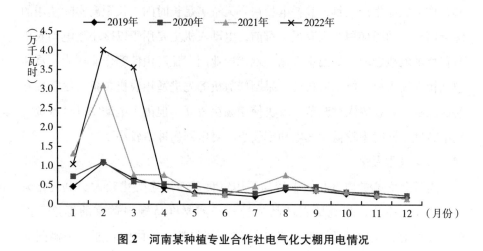

图2　河南某种植专业合作社电气化大棚用电情况

季，规模化养猪用电低谷在春季，禽类养殖用电高峰期在夏、秋两季。其中，畜牧类养殖企业容量为数千至数万千伏安，通常为高压专变供电；禽类养殖企业容量较小，通常为数百千伏安，一般以10千伏专变接入。此外，畜禽养殖业因地制宜探索畜禽粪污资源化利用，目前多用于制造有机肥还田，或利用沼气系统制热或发电、沼渣还田、提炼材料。

1. 规模化养牛

以河南某牧业公司为例，该公司占地1800余亩，规划全群牛养殖1.7万头，养殖生产线装设畜牧风机、喷淋、牛舍饮水槽加热器、电动卷帘窗、运动场雨污分离泵、自动转盘挤奶设备、鲜乳储存设备等电气化设备，实现了养殖、挤奶、存储集约化现代化管理，实现了从喂养到挤奶一站式操作、群牛养殖生产全流程电气化。该公司实施规模化、电气化养殖后，有效提升了鲜乳产量和品质，平均日产鲜乳300吨，较传统养殖法节约50%人工成本，有效带动周边900余户农户增收。全年群牛养殖用电主要集中在5~8月，为降温设备用电，其余时段为照明及挤奶用电（见图3）。

2. 规模化禽类养殖

以河南某蛋鸡养殖公司为例，该公司是一家集蛋鸡养殖、销售、发酵有机粪肥生产于一体的大型养殖企业，现有鸡舍18栋。养殖生产线装设自动化

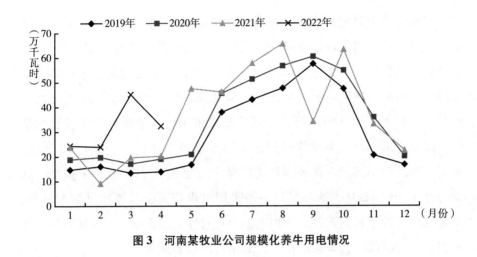

图3　河南某牧业公司规模化养牛用电情况

喂食机、捡蛋机、出粪机、电取暖锅炉等设备，实现喂食、捡蛋、出粪、通风、温度等环节的自动化、电气化，有效提升了品质、节省了成本，节约人力成本近70%，年产鲜鸡蛋约5500吨，蛋鸡销售约30万羽。该项目6~9月用电量较大，主要用于鸡舍降温，其余月份用电情况较为平稳（见图4）。

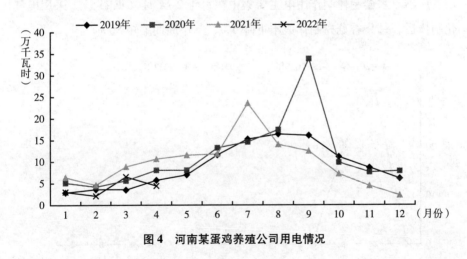

图4　河南某蛋鸡养殖公司用电情况

（三）乡土特色产业

特色经济作物生产季节性强，用电设备利用效率较低。其中，食用菌生产电气化主要包括制棒、培养、加工储藏（烘干或保鲜冷藏）等环节，菌棒生产采用全自动装袋机、电力蒸汽发生器、高效灭菌柜等设备，用电集中在每年2~4月；食用菌培养用电主要用于控制菌菇生长环境的温湿度，用电高峰期一般为7~9月；食用菌采摘一般在每年10月至次年5月进行3~4轮，其间进行烘干或冷藏以供销售。茶叶生产电气化主要包括杀青、蒸、炒、干燥等过程，电制茶整条生产线约200~300千瓦，根据茶叶品种不同，春茶采摘加工旺季为每年3~5月，秋茶采摘加工旺季为每年10~12月。烟叶烘烤一般采用电烘箱和空气源热泵烘烤设备，设备功率为数千瓦到数万瓦，用电集中在每年8~10月，烟叶从采摘到烤成需要一周时间，其间持续用电，其余时间设备闲置。

1. 食用菌

以河南某食用菌制棒厂为例，该厂占地15亩，是一家集菌棒加工、销售为一体的标准化工厂。装设电力蒸汽发生器、高温灭菌柜、全自动装袋机，能够全程机械化完成菌棒制作，电网配套方面使用一台1600千伏安专用变压器。香菇菌棒制作用电主要集中在每年2~4月（见图5）。采用电气化制棒后，每袋香菇棒制作成本下降5%，制作周期缩短80%。

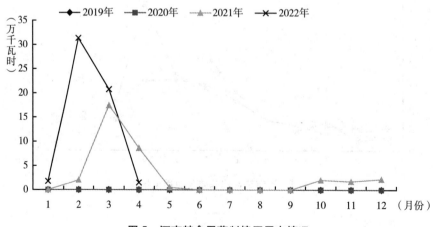

图5　河南某食用菌制棒厂用电情况

2. 茶叶

以河南某茶厂为例，该茶厂茶园面积 2500 亩，是集茶叶生产、产品销售、茶艺馆等功能于一体的国家级绿色工厂、国家级有机茶基地、国家级现代农业科技示范基地。电制茶设备主要有滚筒杀青机、揉捻机、理条机、烘干机等，能够机械化完成茶叶生产的全部流程。用电高峰为春季 3~5 月生产绿茶，10~12 月生产红茶（见图6）。采用电制茶后，生产茶叶的平均加工成本降低 22%；大幅减少人工作业环节、提升生产效率，2021 年成品茶产量同比增长 300%，企业降本增效显著。

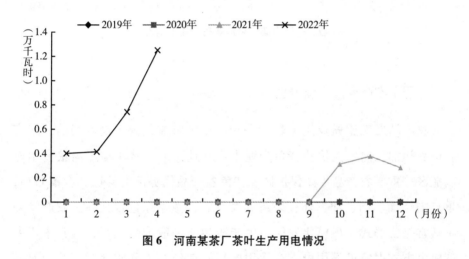

图6　河南某茶厂茶叶生产用电情况

3. 烟叶

许昌襄城是我国三大烤烟发源地之一，是我国各大名烟原材料的重要生产基地，常年种烟面积 10 万亩左右，占全省的近 1/7。2020 年，襄城县获批河南省烟叶烤房"电代煤"工作三年行动计划试点建设县，对主要分布在 14 个乡镇的 3529 座燃煤烤房进行改造。以许昌襄城电烤烟烤房群为例，用电主要集中在每年的 8~10 月（见图7），大概持续 40~60 天。烤烟房电气化改造后，烟叶的质量提升 10%，自动化程度提高可以减少 2/3 的人工成本，综合成本较改造之前下降 40%，烘烤一炕烟叶的成本可比传统的烤房平均节约 250~300 元。

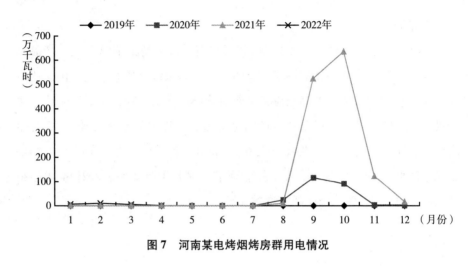

图7 河南某电烤烟烤房群用电情况

（四）农产品加工流通业

农产品加工流通业用电较为平稳，用电可靠性要求高。当前，河南农产品初加工向十大优势特色产业生产基地布局，精深加工向粮食生产功能区、重要农产品生产保护区和特色农产品优势区的县域、乡镇布局，重点围绕面、肉、油、乳、果蔬五大行业，做强绿色食品业。农产品加工通常是集群式、规模化发展，生产线功率一般为数兆瓦，通常采用专变供电方式保障可靠用电。全年用电高峰在作物成熟收获后，其余时段用电较为平稳，全天一般工作12小时（早8时至晚8时）。农产品储存流通方面，电气化技术应用比较广泛的是电制冷保鲜仓库，冷链仓库布局与基础性农业、农产品精深加工布局大体一致，根据冷藏需求，冷链仓库一旦开启一般24小时不间断。

1. 农产品加工业

以河南某空气源冷泵冻干项目为例，该项目占地面积500亩，主要用于红枣冻干。项目装设冻干产品生产线18条，装有冻干机等设备，能够机械化完成红枣冻干的全部流程，电网配套设施方面使用4台2500千伏安专用变压器。电气化改造后，每公斤红枣运行成本降低50%。用电高峰期集中在 11 月左右红枣成熟采摘之后，其余时间整年用电情况波动不大（见图 8）。

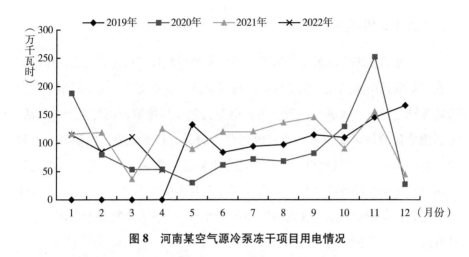

图 8   河南某空气源冷泵冻干项目用电情况

2. 农产品仓储流通业

以河南某食品企业冷藏项目为例（见图 9），在使用电气化制冷设备之前，该企业生产食品通过库房阴冷方式存储，夏季常因天气湿热造成部分食品在储存过程中无法使用，对企业应收不利。该企业于 2017 年投资安装自动化制冷设备，主要包含压缩机、蒸发器、冷凝器等，自动化制冷设备投运

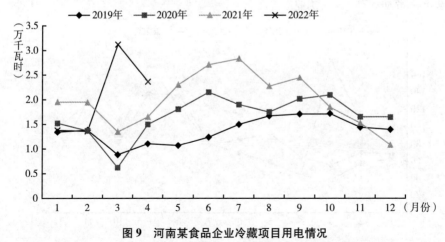

图 9   河南某食品企业冷藏项目用电情况

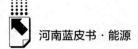

后，食品存储时间增加，食品安全性大大提升，企业制冷食品超过 300 吨，为企业增加收入 50 万元。项目用电数据全年波动不大。

（五）乡村休闲旅游业

乡村休闲旅游用电量与景区吸引力、重要节假日密切相关。乡村休闲旅游业主要依托田园风光、优势气候、村落建筑、乡土文化、民俗风情、革命遗址等特色资源，发展红色游、访古游等特色乡村旅游，或与生产、生活、生态相结合的休闲农业等。通过改造全电厨具、热水供应、电供暖、电制冷、电动车/船等电气化设备，可打造全电景区、全电民宿。其中，红色旅游用电呈现分月波谷波峰特征，用电高峰主要集中在 5 月、7 月团建、党建等主题教育实践活动期。休闲旅游与景区大小、特色农作物花期果期、节假日有关，如需住宿则对用电影响较大。

1. 全电景区

以河南某全电景区为例，该景区通过实施全电厨房、热泵、电锅炉、电动车船、绿色照明灯等替代应用，实现景区餐饮、住宿、交通等全领域电气化。近年来全年用电负荷从 5 月开始攀升，暑假期间达到用电峰值（见图 10）。2021 年累计接待游客数量超过 110 万人次，全镇共有 363 家民宿、农家乐，带动 3000 多人就业。

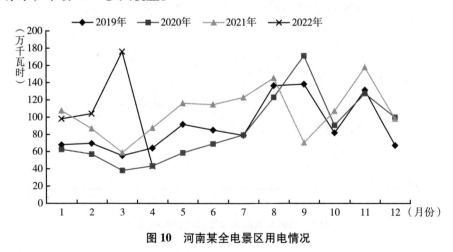

图 10 河南某全电景区用电情况

2.零碳村镇

以河南某特色民俗村为例,该村通过建设充电桩、分布式光伏发电站、储能设备、全店民宿、节能路灯等替代应用,实现住宿、旅游、交通的低碳化、电气化。依靠"党建引领、产业支撑、政策助力、旅游带动"等措施及电气化施工改造,该村的集体经济由 2014 年的 0 元增长到 2021 年的 60余万元。该村用电量在每年的 3 月初春时节及 7~8 月红色旅游集中期达到高峰,其余时间用电较为平稳(见图 11)。

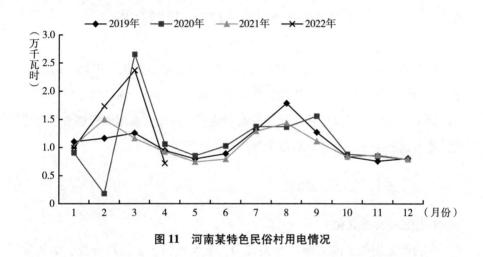

图 11 河南某特色民俗村用电情况

整体来看,乡村产业以电气化用能为主,并可细分为粮食种植业用电、畜禽养殖业用电、乡土特色产业用电、农产品加工流通业用电、乡村休闲旅游业用电等,其中,粮食种植业用电负荷密度低且分散、季节性时令性强、地区性差异大;畜禽养殖业用电温控设备用电量大,夏季高峰特征较为突出;乡土特色产业用电季节性强,用电设备利用效率较低;农产品加工流通业用电较为平稳,用电可靠性要求高;乡村休闲旅游业用电与景区吸引力、重要节假日密切相关(见表 3)。

表3　乡村产业用能特征

	特征
粮食种植业	负荷密度低且分散、季节性时令性强、地区性差异大
畜禽养殖业	温控设备用电量大，夏季高峰特征较为突出
乡土特色产业	季节性强，用电设备利用效率较低
农产品加工流通业	用电较为平稳，用电可靠性要求高
乡村休闲旅游业	用电与景区吸引力、重要节假日密切相关

三　主要调查结论与存在问题分析

从调研结果看，河南省乡村产业呈现用能主体多元化、用能业态多样化、能源消费低碳化、年内用能周期化趋势特征，同时，河南省乡村还存在电网设备利用率不高、产业新能源发展动能不足以及产业用能管理水平有待提升等方面的问题，有待在后续工作中进一步解决。

（一）乡村产业用能特征

1.用能主体多元化

乡村产业用能主体呈现"龙头带动、链条延伸、小用户分散、集聚发展"多元化趋势。一是龙头企业带动作用强，提供农民就近工作岗位，部分企业采取"公司+农户""公司+农民合作社+农户"等组织形式，辐射当地农民合作社、家庭农场、农户等主体，带领小农户融入现代农业发展。二是乡村产业链条延伸长，种植加工产业前端向原料基地延伸、后端向精深加工拓展，规模化养殖打造集"饲、养、加、农、工、贸"于一体的全产业链体系，规模化优势产业带动包装、冷链、仓储物流等上下游产业及附属品本地化发展，促进形成全产业链垂直整合和横向集聚的三次产业融合发展格局。三是家庭农场、农户等中小型产业主体分布点多面广，乡村人口分散、空间较大，小种植户、小型加工业、手工业分布分散。四是优势产业集聚规模化发展，依托当地优势特色和资源要素，优势产业区域专业化和生产规模化加强，呈现集聚发展趋势。

2.用能业态多样化

乡村产业用能业态类型丰富、特色鲜明。纵向来看，贯通研发、生产、加工、储运、销售、服务等环节，横向来看，融合农业、产业、旅游等丰富业态。从大类型来说，既有种植业、养殖业等传统产业向现代种养业升级发展，又有乡土特色产业拓宽农业门类，农产品加工流通业提升农业价值，休闲旅游业拓展农业功能，乡村服务业丰富农业业态。从小类型来说，乡村产业依托当地优势资源，发展特色鲜明，截至2020年河南省已经认定了138个全国"一村一品"示范村镇。

3.能源消费低碳化

乡村产业用能消费呈现清洁化、电气化、智能化趋势。一方面，得益于政策指导，农村农业产业绿色转型、循环发展加速，例如，政企联合支撑服务食用菌"双改"、电烤烟房建设等乡村产业清洁化、电气化改造；另一方面，得益于农业科技装备支撑作用日益凸显，农业物联网、大数据、绿色防控、智能农机等新技术新装备方兴未艾。整体来看，乡村产业用能消费呈现"清洁化、电气化、智能化"趋势，节省了用能成本与人工成本，减少了大气污染，提高了产品质量与经济效益。

4.年内用能周期化

乡村产业用能密度较低，季节性、时令性、周期性特征显著。其中，种植业及加工用能规律与农作物固定的播种、生产和收获规律密切相关。养殖业用电规律与养殖品类相关，温控设备对总体用能影响较大，具有规律的用能周期，季节性、周期性特征明显。乡村休闲旅游根据红色游、休闲游等主题的不同，用能高峰与景区吸引力、当地特色活动时间、重要节假日密切相关，具有时令性、周期性。

（二）用能存在问题分析

1.乡村电网设备利用率不高

调研显示，乡村产业低碳用能以电气化为主，由于乡村产业用电季节性、周期性特征突出，加之农网工程投资规模大、运行成本高，造成电网设备利用效率不高、经济效益低，部分产业用电甚至与夏冬用电高峰重叠，出现电网设备短时过载与长期备用现象并存的问题。随着乡村振兴战略实施，乡村产业加速发展，亟须准确把握乡村产业发展态势及用能特征，避免造成供电能力紧张或闲置等结构性供需不匹配现象。

2. 乡村产业新能源发展动能不足

调研显示，乡村产业能源消费整体呈现低碳化趋势，但从能源生产侧来看，受制于农业用地土地限制、喜阴作物较少、改造费用高等因素，乡村能源产业、"新能源+"模式发展动力不足，农村能源资源综合利用效率有待进一步提高，新能源产业对促进农村经济增长和农民增收的作用有待进一步发挥，能源就地开发利用模式仍需加深探索。

3. 乡村产业用能管理水平有待提升

调研显示，乡村产业用能状态感知能力较弱，能源智能化、数字化水平有待提升；乡村综合能源服务发展较为滞后，能源服务业态创新度不够，亟须探索电力优质服务与农村能源发展的有效衔接点，将多元化产品体系的构建、组织能力的重塑、服务平台的搭建、运营机制的优化无缝嵌入农村能源体系。

四 促进乡村产业低碳用能的对策建议

乡村振兴全面实施背景下，乡村产业进入加速发展阶段，县域经济结构和社会结构、人口分布和产业分布都将按照乡村振兴发展布局呈现较大变化，做好乡村产业低碳用能需要准确把握乡村产业发展态势，探索能源就地开发利用模式，加大低碳政策支持力度，创新乡村综合服务业态，多措并举推动河南农村能源高质量发展。

1. 准确把握乡村产业发展态势，提升能源供需匹配度

一方面，乡村产业集中度不断提高，呈现集聚规模发展趋势，需要做好能源配套设施规划，加强乡村能源基础设施建设，做好乡村产业用能支撑。

另一方面,乡村产业用能季节性、周期性特性显著,需要增强产业用能服务能力,采用分时复用等方法提升已有配套设施利用率。整体来看,需要准确把握乡村产业发展态势及用能特征,提升能源供需匹配度,降低供电能力紧张或闲置出现的概率。

2. 探索能源就地开发利用模式,提升能源利用效率

乡村新能源开发利用是推动乡村产业用能低碳化,助力建设美丽乡村的重要途径,新能源产业是农村经济的重要补充和农民增收的重要渠道,绿色低碳新模式新业态是提高农村能源资源综合利用效率、丰富乡村产业类型的重要方式。一方面,需要充分结合各地资源禀赋,加快乡村风、光、生物质等能源资源开发利用,将农村丰富的可再生能源资源转化为乡村振兴的动力、"双碳"目标实现的主力军。另一方面,持续推动乡村生产生活电气化,结合乡村产业特色,挖掘适宜河南特色的"新能源+"乡村产业模式,促进可再生能源就地就近消纳,提升能源利用效率。

3. 加大低碳政策支持力度,提升乡村产业清洁低碳可持续发展能力

在乡村产业发展中,政策引导帮扶作用明显。一方面,建议政府做好乡村产业发展顶层设计,因地制宜、挖掘特色、精准投资,在"钱、地、人"等关键环节有效发力。另一方面,建议加强对乡村产业电气化改造发展的投资,加强试点示范、有效推广,提升乡村产业清洁低碳可持续发展能力。

4. 创新乡村综合能源服务业态,提升能源服务水平

综合能源服务有助于促进不同能源的互补互济,乡村综合能源服务队伍有待培养,服务模式有待创新。一方面,加强电网企业对乡村电气化项目的进程管理,建立健全电气化项目规划、可研成效实施评估机制,支撑乡村产业综合能源发展,服务智慧农业、数字乡村建设。另一方面,以县域工业园区、农业产业园区等为对象,以"电"为中心探索多能互补、源荷互动的综合能源管理运营模式,提升综合能源服务能力,促进乡村产业节能高效发展。

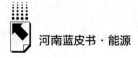
参考文献

工信部：《促进中小企业特色产业集群发展暂行办法》，2022 年 9 月 13 日。

国家能源局、农业农村部、国家乡村振兴局：《加快农村能源转型发展助力乡村振兴的实施意见》，2021 年 12 月 29 日。

《在服务乡村振兴伟大事业中展现新作为——访国网河南省电力公司营销部主任郭雷》，《河南电力》2022 年第 7 期。

河南省人民政府：《河南省"十四五"乡村振兴和农业农村现代化规划》。

国家电网有限公司市场营销部（农电工作部）：《乡村电气化实践》，中国电力出版社，2020。

农业农村部乡村产业发展司：《2021 年全国乡村产业发展报告》，中国农业出版社，2022。

B.22
河南省充电基础设施建设情况调查与建议

王世谦　宋大为　华远鹏　王圆圆*

摘　要： 充电基础设施是新能源汽车推广的基础和保障，是新型公共基础设施，也是新基建的重要组成部分。大力推进充电基础设施建设，有利于解决新能源汽车充电难题，培育良好的新能源汽车应用环境。近年来，河南充电基础设施建设持续加快，截至2022年9月，全省公共充电桩突破6.3万台，建成公共充电站约4300座，全省充电网络体系基本建成。本文立足全省充电设施调研，系统分析了当前存在的空间布局结构不均衡、资源缺乏统筹利用、充电设施运营管理水平参差不齐等问题，提出了优化充电基础设施建设布局、加强充电基础设施发展支撑体系建设、全力推动车—桩—智慧能源融合发展等建议。

关键词： 充电设施　基础设施　新能源汽车　河南省

　　大力推进电动汽车充电基础设施建设，有利于加快新能源汽车的推广应用，培育壮大新能源汽车产业。课题组综合采用实地走访、座谈交

* 王世谦，工学硕士，国网河南省电力公司经济技术研究院高级工程师，研究方向为能源大数据与能源电力规划；宋大为，管理学博士，国网河南省电力公司经济技术研究院高级经济师，研究方向为能源大数据与市场化运营；华远鹏，工学硕士，国网河南省电力公司经济技术研究院工程师，研究方向为需求侧影响响应技术；王圆圆，工学博士，国网河南省电力公司经济技术研究院高级工程师，研究方向为能源大数据与能源数字经济。

流、资料调研等多种方式，先后完成不同类型、不同业务侧重的充电运营商和居民小区充电设施调研 15 次，以期通过调研掌握全省充电基础设施发展实际情况，找出存在问题，提出适应河南省情和产业实际的发展建议，为加快河南省充电基础设施建设，破解充电难题，全面构建适度超前、快充为主、慢充为辅的公共充电网络，加快交通领域节能降碳步伐提供技术支撑。

一 河南省电动汽车及充电基础设施发展现状

（一）河南省电动汽车发展现状

电动汽车保有量呈现爆发式增长。目前主流电动汽车续航里程普遍突破 500 公里，快充时间可降至 40 分钟以内，消费者"使用焦虑"大大缓解。河南省电动汽车保有量已由 2015 年的 1.5 万辆激增至 2022 年 9 月的 70.3 万辆，全国排名第 5 位，其中私家电动汽车 53.4 万辆，年均增长 82%。分布上，呈现"郑州独秀、环郑较优"的格局，郑州市电动汽车保有量超过全省总量的 1/3。洛阳居全省第 2 位。

电动汽车发展前景广阔。中国汽车工程学会的研究提出，2025 年、2030 年、2035 年中国新能源汽车占汽车总销量的比例将分别达到 20%、40% 及 50% 以上。行业层面，比亚迪汽车于 2022 年 4 月 3 日正式宣布停止燃油汽车生产，大众汽车计划在 2030 年实现所有车型电动化，奔驰、福特、通用等品牌拟于 2040 年前取消燃油车。河南省层面，《关于进一步加快新能源汽车产业发展的指导意见》明确提出到 2025 年，除应急车辆外，全省公交车、巡游出租车和城市建成区的工具车辆基本使用新能源汽车。保有量方面，结合政府推广计划和电动汽车发展趋势，综合运用回归分析、渗透率测算两种方法，预计河南电动汽车保有量到 2025 年、2030 年将分别突破 200 万、500 万辆。充电量方面，按照各类型电动汽车年度耗电量折算标准，预计 2025 年、2030 年全省电动汽车年充电量将分别达到 121.7 亿、182.3 亿千瓦时，约占全社会用电量的 2.6%、3.4%，等效减少碳排放 38.5 万、57.7 万吨。

（二）河南省公共充电设施发展现状

公共充电桩规模阶跃式增长。截至 2022 年 9 月，河南省公共充电桩数量突破 6.3 万台，较 2016 年增长 26 倍，排名全国第 9 位，占全国公共充电桩总量 157.5 万台的 3.7%。

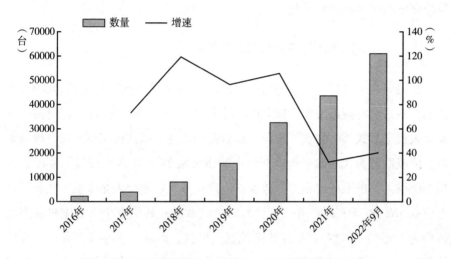

图 1   2016 年至 2021 年 9 月河南省公共充电桩增长情况

数据来源：中国充电联盟公布数据。

公共充电网络基本形成，但分布仍较不均衡。截至 2022 年 9 月，全省公共充电站超过 4300 座，从站址分布看，主要分布在城区地段和城际高速服务区，占比分别为 62% 和 12%，但交通枢纽和工业园区等人流车流集中区域，合计占比仅为 6%。从功能分布看，公共充电站占比为 67%、公交专用站占比 26%，出租、环卫、物流等特种车辆专用站和企事业单位专用站等占比约为 7%。从地市分布看，省内充电站集中度较高，郑州公共充电站数量约占全省总量的 50%，郑州、洛阳合计占全省的 2/3 左右。

行业市场运营集中度高，头部企业优势明显。截至 2022 年 9 月，河南

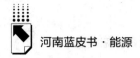

省内参与充电桩运营的市场主体超过190家，其中特来电、海马汽车、国网电车、中创高科和星星充电等五家主要运营商充电桩数量占河南省充电桩总量的84%，展现出极高的行业集中度。

快充充电功率大幅提升，且仍将持续增长。电动汽车快充多为直流充电桩，目前省内新增公共直流充电桩单枪功率已由2016年40千瓦提升至120千瓦。随着快充技术进步、用户时间期望攀升，单枪充电功率预计将平稳提升。现阶段超级充电桩充电峰值功率可达250千瓦，服务重卡、工程机械的单枪充电功率可达360千瓦。

（三）河南省居民区充电设施发展情况

居民区充电设施规模快速增长。2022年以来郑州地区共完成5893台居民私人桩报装与接电工作，较2019年同期增长约7倍。建设模式多种并存。除个人自建模式外，物业、车企、运营商投资建设模式也相继出现。以特来电、依威能源为代表的运营商，已在郑州市域38个小区建成投运488台专用充电桩。充电服务价格差异较大。电网企业直供电个人充电桩，执行居民电价0.568元/千瓦时，并可享受峰谷分时政策；转供电个人充电桩，充电价格为1元/千瓦时左右；运营商统建充电桩，因利用率存在差异，慢充价格普遍高于快充，慢充价格为1.8~2.0元/千瓦时；快充价格为0.69~1.35元/千瓦时。综合考虑设备、材料、施工等费用，五年内个人自建与运营商统建成本相差不大，但协调沟通成本较高，边际成本拉升。

居民区充电桩分布差异较大。根据调研数据，从郑州市居民小区充电桩分布看，郑东新区、金水区、经开区充电桩数量占全市总量的一半以上，二七区、中原区、高新区居民小区相对老旧，充电桩数量约为全市总量的25%，充电桩覆盖比例仅为10%。日渐增长的充电需求与车位等有限资源之间的匹配矛盾突出。同时调查发现，物业服务公司是小区管理的关键角色，在电力设施扩容改造、增加消防设施等方面缺乏对其的激励措施，还需承担额外的管理责任，物业积极性普遍不高。

运营商战略布局有意向居民小区倾斜。预计2030年全省电动私家车占比超 80%，居住地充电需求成为刚性。"最后一百米"的打通将连通人、车、电池和能源，构建起从数量到电量，再到流量的价值生态，增值服务前景广阔。调研发现，中创高科已在部分居民小区投建专用快充站，特来电、星星充电等运营商有意加快居民区"统建统营"步伐，中国铁塔郑州分公司拟结合"智慧社区"行动优化小区充电站布局。

二 河南省充电基础设施运营情况及负荷特性

（一）公共充电设施运营情况

局部区域竞争白热化，充电服务费降至较低水平。目前，充电设施运营商的收入主要来源于充电服务费，盈利手段较为单一。2020 年，某大型地产企业进军郑州市充电市场，掀起一轮服务费价格战，全市服务费降至 0.1~0.4 元/千瓦时，全天平均 0.3 元/千瓦时。初步判断，受市场竞争等因素影响，电动汽车充电服务费短时间内难以提升，利用率将成为运营商营收关键。

充电市场整体盈利水平不佳，头部企业效益较好。根据课题组采样分析，2022 年 3 月，郑州市公共充电站快充桩平均容量利用率为 8.26%，低于盈亏平衡点 10.5% 的利用率水平；其中，剔除特来电、星星充电、中创高科等头部运营商企业后平均容量利用率降为 5.17%，明显低于全省平均水平。样本中全省超过盈亏平衡点的充电站有 359 座，其中头部运营商企业占比 97.1%，头部企业显示出较好的盈利能力。

利用率大于 10% 是充电站盈利的前提。以 60 千瓦直流桩为例，经测算，10 年全生命周期需投入 17.7 万元（单枪平均投资 9 万元，其中建设安装费 5 万元，充电设备 4 万元；运营成本 0.87 万元/年），即单桩年度成本为 1.77 万元。按照 0.3 元/千瓦时服务费、30% 设备建设补贴和 0.03 元/千瓦时运营补贴计算，年利用小时数达到 926 小时，即单桩利用率达到 10.5% 时，达到盈亏平衡点。若 5 年收回成本，利用率需达到 21.1%，日均利用时间 5.1 小时；若 8 年收回成本，利用率需达到 12.9%，日均利用时间 3.1 小时。

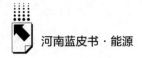

（二）公共充电站负荷特性

公共快充站单枪日均用电量趋近于单户居民月均用电量。2022年3月，郑州市范围内公共充电站快充单枪平均日用电量为166千瓦时，接近全省居民家庭单月用电量（2021年居民月均用电量175.9千瓦时/户）；单枪最高日均用电量383千瓦时，相当于一户家庭两个月用电量。

公共快充站"价格效应"明显，存在"削峰填谷"时段。受车辆营运时间、峰谷电价等因素影响，公共快充站每日充电特性呈现"两峰两谷"，充电高峰出现在每日的0~7时，12~16时，尤其是12~14时集中充电形成的尖峰负荷与对电网午高峰形成叠加作用，加重了电网运行压力。8~11时和18~20时为全天充电低谷，充电站基本处于空闲状态（见图2）。

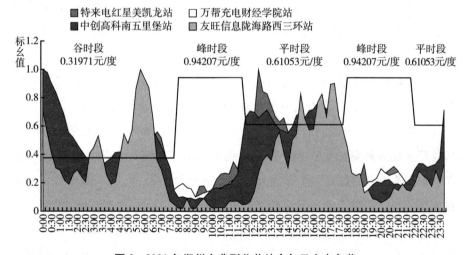

图2　2021年郑州市典型公共站全年日充电负荷

公交专用站受价格引导较弱，负荷与晚高峰重叠。河南现有电动公交主要是以夜间集中为主、中午补电为辅的充电形式，夜间充电负荷主要集中在晚间8时以后，持续时间在5个小时左右，凌晨1时左右负荷峰值开始回落。受场站车位有限和充电时间较长等因素影响，为保障次日正常运营，夜间多安排两轮次充电，部分车辆停运后即充电造成 20~22 时充电负荷与电网晚高峰重叠（见图 3）。

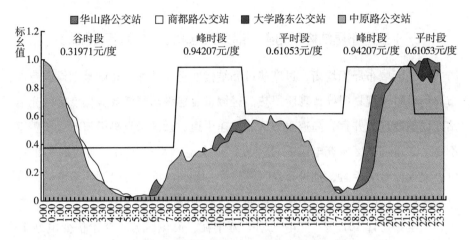

图3　2021年郑州市典型公交专用充电站日曲线

资料来源：用户调研。

（三）河南省居民区充电设施负荷特性

充电负荷与生活负荷"峰上加峰"。根据对郑东新区 40 余个居民小区调研分析发现，居民充电时间多分布在 18 时至次日凌晨 1 时，高峰时段集中在 19 时至 22 时，充电负荷与生活用电负荷形成重叠，汇集叠加造成 3 个小时左右的尖峰负荷。

充电同时率介于 0.2~0.6，且随充电桩数量的增加呈下降趋势。对比调研小区充电桩接入前后日最大负荷差值，扣除气温、居民入住率波动等因素影响后，发现充电负荷同时率介于 0.2~0.6，并且随着充电桩数量的增加，用户充电的离散性更高，充电同时率有所下降。

现行电价政策引导有序充电的作用有限。通过对 266 位私家车主月度充电量的调研发现，生活用电高峰时段充电的有 177 户，占比为 66.5%。按单车年充电量 1800 千瓦时左右测算，高峰时段充电较低谷时段充电仅增加电费 275 元，对用户尚未造成支出敏感性影响，时段引导性作用有限。

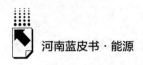

三 河南省电动汽车充电基础设施发展面临的问题

（一）空间布局结构不均衡，部分充电设施与电网资源错配

一是区域布局不均衡，过度建设和结构性短缺并存。充电基础设施建设布局仍需科学规划引导，现阶段热门区域重复建设与经济效益偏低区域充电站建设偏冷现象并存，高速服务区、快速干道、景区景点等枢纽节点覆盖率不高。二是部分区域充电站扎堆建设，加大电网运行压力。运营商考虑地价、交通流量等因素，扎堆布点现象较多，相关电网资源受制于多方因素难以快速落地，电网运行压力大。例如，以嵩山路陇海路为中心的周围 3 公里内，充电站总计 101 座，充电功率 8 万千瓦，而该区域 110 千伏变电站 16 座，8 座出现重过载，供电压力较大。尤其是随着服务重卡、工程机械等大型车辆的充电站在三环外、城郊加快布点，大功率充电站需求与电网资源密度逆向分布，局域重过载风险较高。

（二）电网与充电站同步投产压力大，资源的合理利用仍需统筹

一是受环境条件所限，配套设施施工协调难度日益增大。近年来受制于建设用地、廊道空间协调施工难度大，部分配套设施建设与充电站本体建设不同步，对充电站运营形成一定影响。二是居民区电网建设改造条件受限。已建小区存在配电变压器、电缆分接箱、车位安装点三者地上地下、楼内楼外异处布局问题，同时还涉及已建成小区绿地、道路等区域地面开挖和线缆敷设等土建工程，施工"难上加难"。三是小区配网"整体化"建设改造原则亟须确立。当前零散无序的报装模式导致供电容量校核、现场勘测、方案制定和现场施工只能"一事一议"，小区配变容量、出线走廊以及安装位置等有限空间资源缺少统筹利用，容易对后来报装者造成接入"不公平"。

（三）充电设施运营管理仍然有待完善，推广建设需要多方协调

一是充电设施利用率整体偏低。部分充电设施低效运营现象时有发生，公用充电车位被燃油车占用的顽疾仍未根除。二是规模化大功率充电设施运行对电能质量产生较大影响，谐波水平可能超出标准限值，有必要进行监测和考核，对谐波注入较大的情况应加装谐波抑制装置。三是居民区充电设施建设协调难度大。居民区充电设施建设涉及多方协同的问题，对物业公司也缺乏激励措施，导致物业公司积极性普遍不高。

（四）行业标准和监管手段有待丰富，安全管理尚需进一步完善

一是缺少相关标准规范。省内现行标准仅在技术、检验方面起到规范辅助作用，缺乏硬性指标约束，现行标准难以满足行业快速发展要求。二是充电站配电建设标准亟须调整。部分供电企业按照单台配变容量最高不超过630千伏安的配置要求，与运营商土地资源高效利用、站内安全管理的迫切需求难以匹配。三是个人桩管理仍存在隐患。个人桩质量性能参差不齐，建设运营实施难以规范制约；慢充交流桩无法对电压、电流、温度进行监测，主动防护功能不高；自建桩也存在安全责任主体无法落实的情况。

四　进一步加快充电基础设施建设的对策建议

（一）高度重视充电基础设施建设

站在全省"两个确保""十大战略"的高度，充分认识充电基础设施建设的重要性、紧迫性，把充电基础设施纳入国民经济和社会发展规划的大框架。建立健全"省级统筹指导、地市具体实施"的规划责任体系，以县区为基本单元，在做好与交通、国土、电网等专项规划衔接的基础上，推动规划落地见效。优化充电设施布局，重点推进居民区充电桩及公共机构、企业、产业园区、停车场充电设施建设，加快干线公路服务区快充设施建设，

补齐县域、乡镇充电设施建设短板，探索高速移动式应急充电舱、应急充电车等服务模式，让电动汽车"回得了家、出得了城、下得了乡"。加强平台互联互通，整合桩企、运营商和用户资源，形成以省级充电智能服务平台为核心的"互联网+监管+服务"模式，打造充电大数据共享中心，完善智能充电引导，推进支付互联互通，不断提升用户体验。

（二）优化充电基础设施建设布局

统筹当前与长远、发展与安全、效率与公平，差异化谋划充电基础设施的合理布局。一是优化公共充电设施布局。城区方面，郑州、洛阳主城区应注重城区与郊区的均衡优化布局，其余地市应注重提高覆盖率和覆盖面。县域方面，在注重布局科学性和合理性的同时，平原地区要加快实现充电基础设施"村村通"，其他地区要着力实现"乡乡通"。二是加强公共建筑配建停车场及社会公共停车场的充电设施建设。聚焦充电时间的复合利用，新建的公共建筑配建停车场及社会公共停车场中，具有充电设施的停车位占比应不少于20%，既有的应逐步达到10%以上。三是创新模式，加快补齐居民区充电设施短板。新建小区严格落实充电桩100%配建要求，加快有条件的既有居住区停车位改造。大力推行以物业或居委会为单位的整小区批量报装模式，鼓励物业服务企业利用公共停车位建设公共充电桩。积极支持专业化的充电设施运营商统建统营统管，能够较为有效地解决用户零散安装、责任主体不明带来的相关问题。四是探索移动式充电模式。针对节假日充电高峰时段，面向高速服务区、热门景点，试点应用移动式应急充电舱、充电车等服务模式，缓解充电等待时间过长问题。

（三）加强充电基础设施发展支撑体系建设

一是优化财政支持政策。加快充电设施建设补贴向运营补贴转段，同时建立综合考虑数据接入、规模标准、配套服务等星级评价体系，实行不同星级下的差异化度电补贴。适度提高大功率充电、车网互动等示范类设施的补贴水平。二是给予用地支持政策。土地成本已超过设备成本成为充电设施建设投资中的首要成本，进而引发充电设施扎堆布局土地成本洼地，造成布局不合理。市县级政府在编制国土空间布局规划时，应充分考虑充电设施建设用地需求，合理预留空间位置。三是做好配套电网建设。将充电设施供电纳入电网发展专项规划和年度计划，相关部门对建设用地、廊道空间等资源予以保障。落实"三零""三省"服务举措，做好供电服务保障。四是健全标准规范。加快建立以国家标准、行业标准为主，以地方标准为辅，符合河南省实际的技术标准体系，达到防火安全、运营服务等要求。

（四）全力推动车—桩—智慧能源融合发展

电动汽车作为移动智能终端、储能单元和数字空间综合体，规模化普及必将带动能源、交通、信息的融合化发展。一是推广智能有序充电。综合运用政策、经济、技术手段，引导充电运营商和居民参与有序充电，降低电动汽车用电成本的同时，缓解电网运行压力。二是加强车网互动技术创新。支持打造电动汽车与智慧能源融合创新平台，探索电动汽车参与电力现货市场的实施路径，研究完善绿电交易和调度机制，引导新能源车充新能源电。三是赋能智慧城市建设。强化汽车充电、用电及行驶路程等数据互联互通，融合物联网、大数据等技术，促进充电设施与智慧城市、交通深度融合。

参考文献

河南省人民政府办公厅：《河南省加快电动汽车充电基础设施建设的若干政策》，2020 年 7 月 23 日。

戴咏夏、刘敏：《电动汽车充电设施接入对配套电网建设的影响》，《电力建设》2015 年第 7 期。

自然资源保护协会：《电动汽车在上海市电力系统中的应用潜力研究》，2016 年 9 月。

张晶：《产业链视角下电动汽车充电基础设施商业模式对比研究》，硕士学位论文，北京交通大学，2019。

李毅然、李杰：《电动汽车充电基础设施发展趋势》，《合作经济与科技》2017 年第 11 期。

Abstract

This book is jointly compiled by State Grid Henan Economic Research Institute and Henan Academy of Social Sciences, which thoroughly studies and implements the spirit of the 20th Party Congress. From the perspective of research, with the theme of "energy security and green low-carbon development", it deeply and systematically analyzes the energy development trend in Henan in 2022, and studies and judges the development situation in 2023. It summarised the historic achievements made in energy development in Henan since the 18th National Congress of the Party, by adhering to the guidance of Xi Jinping's thought on socialism with Chinese characteristics for a new era, and by thoroughly implementing the new energy security strategy. The book puts forward countermeasures and suggestions to coordinate development and security under the new situation and accelerate the planning and construction of a new energy system, which is a good reference value for government departments to make policy decisions, energy enterprises, research institutions and the public to study and understand energy development in Henan. The book consists of five parts: general report, industry development, energy security, green development and investigation and analysis.

The general report in this book is divided into an annual chapter and a ten-year chapter, which respectively analyze and forecast the energy development situation in Henan from 2022 to 2023, as well as provide a profound summary of the historic achievements in energy development in Henan in the new era of 10 years. In 2022, in the face of a complex and severe external environment and unexpected factors beyond the expected challenges, Henan Province earnestly implemented the spirit of the 20th Party Congress and the important speech of

General Secretary Xi Jinping. Complete, accurate and comprehensive implementation of the new development concept, in-depth implementation of the new strategy of energy security, go all out to ensure energy security, unswervingly promote green and low-carbon development, energy security and supply capacity significantly improved, energy consumption demand gradually rebounded, energy supply and demand as a whole stable and orderly, energy prices remain generally stable, the annual energy development has held the keep The "bottom line", solidify the "stable" foundation, expand the "into" the trend, for Henan stable plate, the big beam to provide a strong energy support. Since the 18th Party Congress, Henan's energy industry has made great strides and moved forward with determination, with huge changes in energy production and use, and historic achievements in energy development, contributing to "Henan's strength" in accelerating the construction of a strong energy nation. 2023, Henan's energy development faces both favourable and unfavourable factors, and the macro environment is generally positive. The macro environment is generally positive. It is tentatively expected that in 2023, the province's total energy consumption will increase to about 245 million tons of standard coal, the supply of green and low-carbon energy will continue to expand, and the safety and security capacity will continue to improve.

The chapter on industry development in this book analyses the development situation of each energy industry in Henan Province in 2022, including coal, oil, natural gas, electricity and renewable energy, and provides an outlook on the development situation of each industry in 2023, putting forward countermeasures and suggestions for strengthening energy security and promoting green and low-carbon development.

The energy security chapter of this book focuses on the early warning of coal and coal power supply and demand, medium and long-term power supply security, new features of supply and demand during peak seasons and summer, the layout of new energy storage development and investment returns, and the prospect of pumped storage power station development, etc. It puts forward countermeasures and suggestions to enhance energy security security capacity in all aspects under the new situation.

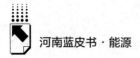

The green development chapter of this book focuses on the development of the hydrogen energy industry, coal control in the power industry, exploration and development of dry heat rock resources, development of distributed power sources, electrification of rural industries, and construction of a new power system in Lankao to carry out exploratory research based on Henan, which can provide ideas and path recommendations for the green and low-carbon development of the energy industry.

In this book, the investigation and analysis chapters are devoted to the "effective supply capacity of new energy during summer in Henan Province", "electrification of rural industries in Henan Province" and "construction of charging infrastructure in Henan Province". The research and studies on the "effective supply capacity of new energy during summer", "electrification of rural industries in Henan Province" and "construction of charging infrastructure in Henan Province" can be used as a reference for policy formulation.

Keywords: Energy Security; Green and Low-carbon; New Energy System; Power Industry; Henan Province

Contents

I　General Reports

Abstract：In 2022, in the face of a complex and severe external
environment and unexpected factors beyond the expected challenges, Henan
Province adhere to the Xi Jinping Thought on Socialism with Chinese
Characteristics for a New Era as a guide, in-depth study and implementation of the
spirit of the 20th Party Congress, complete, accurate and comprehensive
implementation of the new development concept, in-depth implementation of the
new energy security strategy, go all out to ensure energy security, unswervingly
promote green and low-carbon development, energy security to ensure supply The
2023 is the opening year of the comprehensive implementation of the spirit of the
20th Party Congress, and also the beginning of the accelerated implementation of
the "14th Five-Year Plan". The 2023 is the opening year of the comprehensive
implementation of the spirit of the 20th CPC National Congress and the key year
of accelerating the implementation of the "14th Five-Year Plan". It is tentatively
expected that the province's total energy consumption will increase in 2023 to

approximately 245 million tonnes of standard coal, with a continued expansion of green and low-carbon energy supply and a continued improvement in safety and security. To accelerate the planning and construction of a new energy system in the new era, Henan needs to co-ordinate development and security, improve the energy production, supply, storage and marketing system, build a clean and low-carbon production and consumption system, construct a modern energy industry system, build a modern and efficient energy governance system, and make Henan's contribution to building an energy power.

Keywords: Energy Security; Energy Industry; Supply and Price Stability; New Energy System; Green and Low Carbon; Henan Province

B.2   Henan Province's Energy Development in the New Era

—*Historical Achievements in Energy Development in Henan since the 18th Party Congress*

Research Group of Henan Province's Energy Blue Book / 022

Abstract: Energy is an important area for national security and development. Since the 18th Party Congress, Henan's energy industry has implemented the spirit of General Secretary Xi Jinping's important instructions on energy development and the important instructions of his visit to Henan, taken the initiative, strived to be the first, made historic achievements, provided strong support for the province to achieve the "two ensure" goal, and provided a solid foundation for accelerating the planning and construction of a new energy system. A solid foundation has been laid. This paper provides a comprehensive analysis of the extraordinary ten-year history of Henan's energy development since the 18th Party Congress, and systematically summarizes the province's new energy security strategy and the strategy of building a strong energy nation, the new breakthroughs and new style of energy development, as well as the "Henan model" and "Henan achievements" formed. ; and a comprehensive study and understanding of the spirit of the 20th Party Congress, and put forward the direction of energy development in

Henan under the new situation.

Keywords: Energy Security; Energy Structure; New Energy System; Henan Province

II   Industry Development

B.3   Analysis and Prospects of the Development Situation of the
　　Coal Industry in Henan Province From 2022 to 2023

Li Hujun, Si Jianan / 037

Abstract: In 2022, in the face of the complex coal supply and demand situation, Henan coal industry to implement the spirit of the Party's 20th National Congress and the provincial government's decision and deployment, adhere to the "quantity" and "stable price" two hands, actively explore the potential for increased production, accelerate the construction of coal storage facilities, and timely introduction of medium and long-term contracts to provide strong energy support. The year 2023 is the opening year of the comprehensive implementation of the spirit of the 20th Party Congress, and the economic development is generally positive. Preliminary judgment, the province's coal production capacity is released in an orderly manner, the price of medium and long-term contracts for coal is generally stable, and the overall balance of coal supply and demand. The Party's twenty proposed to strengthen the clean and efficient use of coal, and collaborate to promote carbon reduction, pollution reduction, green expansion, growth, Henan coal industry should carry the double task of energy supply and green transformation, highlighting the stability, green, excellent, new, give full play to the role of coal "ballast" to ensure that the coal industry in the change In the "change" in the line of steady and far, for the modernization of Henan construction to provide quality and reliable energy security.

Keywords: Coal Industry; Quantity and Price Preservation; Stable Production and Storage; Henan Province

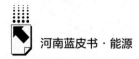
B.4 Analysis and Prospects of the Development Situation of the
Oil Industry in Henan Province From 2022 to 2023

Lu Yao, Deng Fangzhao / 049

Abstract: In 2022, affected by international geopolitical conflicts and the COVID－19 epidemic and other over-expected factors, international oil prices were high and volatile, and the overall demand for refined oil consumption in the province was sluggish. In the face of various risks and challenges, Henan fully implemented the spirit of the 20th Party Congress and the decision and deployment of the Party Central Committee on energy supply, adhered to the general keynote of seeking progress in a stable manner, made every effort to ensure stable crude oil production and refined oil supply, promoted the petrochemical industry chain to extend and strengthen the chain, seized the opportunity to layout the green hydrogen energy industry, and made positive contributions to stabilize the economy. 2023 is the year to fully implement the spirit of the 20th Party Congress. In the opening year, the number of favourable factors for economic development has increased significantly, and the consumption of refined oil products is expected to stop falling and resume growth. The petroleum industry in Henan should seize the historical opportunity to do a good job in the safe and orderly supply of oil products, while steadily promoting the green transformation of the petrochemical industry, strengthening scientific and technological innovation to cultivate modern industrial clusters, and promoting the high-quality development of the petrochemical industry.

Keywords: Oil Industry; Supply and Production; Green and Low Carbon; Henan Province

B.5　Analysis and Prospects on the Development Situation of the

Natural Gas Industry in Henan Province From 2022 to 2023

Chai Zhe, Liu Junhui / 060

Abstract: In 2022, Henan Province thoroughly implemented the spirit of the 20th Party Congress, accelerated the construction of natural gas pipeline networks and storage facilities, focused on ensuring the safe and stable supply of natural gas, effectively coped with challenges such as the global tightening of natural gas resources and the province's relatively rapid growth in natural gas consumption, and ensured a balanced supply and demand of natural gas throughout the year. In 2023, under the influence of multiple favourable factors such as sustained economic recovery and clean energy transition, the province's natural gas consumption is expected to maintain a steady growth trend, with annual natural gas consumption of approximately 13.5 billion cubic metres, an increase of around 4% year-on-year. growth of around 4% . In the face of the complex and volatile international energy situation, Henan should further broaden external channels, strengthen the construction of natural gas pipeline networks, continuously improve the gas storage and peaking system, strengthen policy coordination and leading role, comprehensively enhance the natural gas supply guarantee capacity and ensure the healthy and orderly development of the industry.

Keywords: Natural Gas Industry; Supply Security; External Channels; Gas Storage and Peaking; Henan Province

B.6　Analysis and Prospects of the Development Situation

Situation of the Electricity Industry in Henan Province

From 2022 to 2023　　*Deng Zhenli, Fu Yu and Li Hujun* / 070

Abstract: In 2022, in the face of complex and severe power supply situation, Henan power industry resolutely implement the general secretary Xi

Jinping important instructions on energy supply, resolutely implement the provincial government energy supply work deployment, stand the province's stable economy, promote development, protect people's livelihood of the overall situation, to ensure a smooth and orderly power supply, the province's economic and social development to provide a strong power security. 2023, with The province's economy stabilizes and improves, the pace of energy transformation accelerates, the prospect of power supply, low-carbon transformation reform and development is better, the task is heavier, more difficult, it is expected that the whole society will step up to 400 billion kilowatt hours of electricity consumption, the power industry should resolutely implement the spirit of the Party's 20, with a higher station, more practical initiatives, more live mechanism, unswervingly do a good job of energy transformation and power supply, make every effort to build a clean, low-carbon The power industry should resolutely implement the spirit of the Party's 20th National Congress, with a higher standing, more realistic measures, more active mechanisms, firmly do a good job of energy transformation and power supply, and make every effort to build a clean, low-carbon, safe and efficient energy system, to achieve the "two ensure" goal of providing strong power security.

Keywords: Electricity Industry; Power Supply; Energy Transition; Henan Province

B.7 Analysis and Prospects of the Development Situation of Renewable Energy in Henan Province From 2022 to 2023   *Yu Haozheng, Zhang Tonglei and Yang Qinchen* / 087

Abstract: In 2022, with the successive introduction of national renewable energy master plans and implementation plans, renewable energy will enter a new stage of high-quality leapfrog development. In 2023, with the continuous improvement of policy mechanism and market environment as well as the continuous progress of industrial technology, it is expected that the province will continue to maintain rapid growth in renewable energy. It is expected that the province's renewable energy will continue to maintain rapid growth. The development of renewable energy in Henan is gradually changing from "incremental" to "quantitative and qualitative", and should resolutely implement the spirit of the 20th Party Congress, adhere to the system concept, diversified utilization, source network, load and storage synergistic development, and further enhance the renewable energy support and supply capacity for the We will provide green energy guarantee to write a gorgeous chapter of the Central Plains in the new era.

Keywords: Renewable Energy; Green Development; Energy Security; Henan Province

III Energy Security

Abstract: Energy security is an important part of national security, and the security of coal, coal and electricity supply is the "ballast" and "stabilizer" to guarantee energy security. In this paper, in view of the new situation of accelerated adjustment of international energy pattern, accelerated construction of new power system, and increasingly tight supply and demand of energy and power in recent years, the early warning system of coal, coal and power supply and demand guarantee in Henan Province is studied and constructed around the theme of advance warning. The early warning system focuses on the chain of "coal supply and demand - coal and electricity operation - coal inventory", focuses on coal, coal and electricity, and two key points in the short term during the year, and builds two levels of primary and secondary warning indices to achieve advance warning on a time-scale, which can be used for The system is designed to provide time and reference for the development of power operation plans and the planning of security and supply. Based on the early warning index system, the current characteristics of energy and electricity supply and demand are analysed, and countermeasures and suggestions are put forward with a view to enhancing the ability of energy and electricity to ensure safety and supply.

Keywords: Energy and Electricity Supply; Coal and Electricity; Supply and Demand Security; Early Warning System; Henan Province

B. 9 Research and Suggestions on Medium and Long-term Electricity Supply Security in Henan Province

Deng Zhenli, Li Hujun and Tian Chunsun / 115

Abstract: The Party Central Committee and the State Council attach great importance to the work of energy and electricity security, and General Secretary Xi Jinping clearly proposed that "the rice bowl of energy security must be in our own hands". 2022, affected by the rare extreme heat in history, the national power supply and demand situation tightened across the board, with many provinces and regions experiencing power supply tension. Under the background of low-carbon transformation of energy and electricity, the national and Henan power supply security situation in the coming period is still severe, forward-looking research on medium- and long-term power security, ask the "long-term policy" of energy security, for the protection of Henan energy security, service "two ensure" goal to achieve is of great significance. This paper, in accordance with the research idea of "analyzing the situation, clarifying the task and formulating measures", examines the new pattern of global energy and electricity supply, analyzes the new situation of Henan's electricity supply, calculates the province's medium- and long-term electricity demand, highlights the "conventional power supply to ensure supply, new energy to adjust the structure" concept, adhere to the "first after the break, system planning, synergy," around the supply, system, consumption, mechanism four aspects, put forward the medium and long-term power supply in Henan countermeasures and recommendations, with a view to serving the province's economic and social quality development to provide strong power security.

Keywords: Electricity Supply Security; Energy Transition; Henan Province

B. 10 Research and Suggestions on the New Characteristics of Power Supply and Demand in Henan Province During Peak Summer

Yang Meng, Liu Junhui, Chai Zhe and Lu Yao / 129

Abstract: The peak-load during summer is an important part of Henan Province's energy and power supply, which is a major event and important matter for Henan Province's healthy economic and social development. Based on the big data of Henan Province, this paper reviews and analyzes the new situation of power supply and demand in the province during the summer of 2022, systematically analyzes the power consumption characteristics of various industries and industries and the power characteristics of temperature-lowering loads, and summarizes the 10-characteristics " under the ' 4-changes ' of power supply". On this basis, the supply side, demand side and other related level suggestions are proposed for the peak-load during winter and future power supply problems that may arise.

Keywords: Peak-load During Summer; Power Data; Power Supply

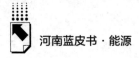
河南蓝皮书·能源

B . 11　Study on the Outlook and Layout of New Energy

　　　　Storage Development in Henan Province

Si Ruihua, Hao Yuanzhao, Wang Chuanjie and Zhao Yang / 145

Abstract: The "14th Five-Year Plan" period is the key period to accelerate the construction of new power system and promote the realization of "carbon peak and carbon neutral". As an important technology and basic equipment to support the new power system, new energy storage can play the role of "electrical power warehouse", realize the division of power production and consumption in time and space, and provide a variety of services for system operation such as peak regulation, frequency regulation, standby and black start, which is an important means to enhance the safety, flexibility and economy of power system. It is an important means to enhance the security, flexibility and economy of power system, which is of great significance to ensure reliable power supply, promote green energy transformation and build modern energy system. This paper systematically compares the policy requirements for the development of new energy storage, addresses the problems of insufficient peaking capacity of Henan's power system and high pressure on power security, calculates the overall scale demand for new energy storage in the province, studies the energy storage configuration strategy and layout plan, and puts forward countermeasures and suggestions to promote the development of new energy storage.

Keywords: New Energy Storage; Energy Storage; Configuration; Henan Province

B . 12　Study on the Cost and Investment Return Model of

　　　　New Energy Storage in Henan Province

Research Group of New Energy Storage Cost and Economy / 161

Abstract: The development of new energy storage is an important direction to enhance the regulation capacity of power system, and an important means to improve the level of new energy consumption and help achieve the target of "carbon peaking and carbon neutral". This paper, based on the construction of modern energy system in Henan, systematically compares the status and situation of new energy storage investment and operation from both national and provincial levels, deeply analyzes the cost composition of new energy storage, compares the cost changes in the past two years, calculates the whole life cycle cost of relevant projects in detail, and systematically studies the profitability and revenue level of energy storage for three different development modes: power-side energy storage, user-side energy storage and independent energy storage power plant. Based on the economic analysis of cost and revenue, the policy recommendations for promoting the development of new energy storage in Henan are proposed.

Keywords: New Energy Storage; Cost Analysis; Economic Analysis; Commercial Operation Model

B.13 Development and Prospects of Pumped Storage Power Plants in Henan Province

Du Mingjian, Guo Guanghui, Zhang Yang,

Zhang Yali and Fang Yisheng / 175

Abstract: Since the "13th Five-Year Plan", Henan new energy has achieved leapfrog development, and the effect of green and low-carbon energy transformation is remarkable. With the deepening of the "double carbon" goal, the contradiction between the continued large-scale development of new energy and traditional power supply and grid regulation capacity has become increasingly apparent. Pumped storage, as the most mature technology, the most widely used and economically optimal flexible regulating resources, will play an important role in the development of clean and low-carbon energy transition. Based on the current situation of pumped storage power plant development in Henan Province, a comparative analysis is conducted from three aspects: power efficiency, economic

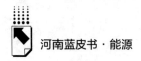
efficiency, coal saving and emission reduction benefits, compared with traditional thermal power and new energy storage, which shows that the comprehensive benefits of building pumped storage power plants are optimal.

Keywords: Pumped Storage Plant; New Energy; Coal Saving and Emission Reduction

Ⅳ Green Development

B.14 Medium and Long-Term Development Prospects of

Hydrogen Energy Industry in Henan Province

Song Dawei, Bai Hongkun, Han Junfeng and Xue Wenjie / 187

Abstract: Hydrogen energy is a kind of secondary energy with rich source, green and low-carbon, and wide application, which has gradually become one of the important carriers of global energy transition development. The high-quality development of hydrogen energy industry is of great significance to help Henan Province accelerate energy transformation, build a clean, low-carbon, safe and efficient energy system, and successfully achieve the goal of "carbon peaking and carbon neutral". The hydrogen energy industry in Henan Province has started early, the top-level planning and strategic layout are basically formed, the advantages of hydrogen source and resource conditions are remarkable, and the hydrogen fuel industry has taken shape, so it has a certain foundation for development. This paper analyzes the problems faced by the development of Henan hydrogen energy industry based on a systematic review of the current situation of the development of hydrogen energy industry at home and abroad and in Henan Province, and puts forward targeted development suggestions such as strengthening core technological innovation, strengthening industrial layout and synergy, strengthening scale development and strengthening risk control, in order to provide scientific suggestions for the relevant industries in Henan Province to realize high-quality development in the current important window period.

Abstract: Henan is a large population and agricultural province, and also a major province in coal production and consumption, which is in an important position in the national "double carbon" strategy. The power industry is still dominated by thermal power, which accounts for 40% of the province's carbon emissions and is a key area for Henan to achieve carbon peak and carbon neutrality. Based on the strategic premise of ensuring the safe and reliable supply of electricity and the clean transformation of electricity, this paper simulates and evaluates the medium and long-term coal consumption control and carbon emission of the power industry in Henan, plans the medium and long-term coal control roadmap and key measures for the "double carbon" target, and proposes countermeasures for coal control in the power industry.

Keywords: Power Industry; Carbon Emissions; iCEM; Coal Control

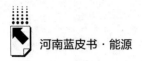

B.16 Research on Exploration and Development of Dry Heat
Rock Resources in Henan Province and Suggestions
for Countermeasures

Lu Yubei , Chen Ying, Lu Wei and Wang Panke / 214

Abstract: The development of clean energy is an important task to improve
energy structure, ensure energy security and promote the construction of
ecological civilization. In the background of ecological civilization construction and
"double carbon", it is important to vigorously promote the exploration and
development of new energy resources. The potential of dry heat rock resources in
Henan Province is huge, but most of the buried depths are between 4000 and
6000 meters, which makes exploration and development difficult. This paper
introduces the fundamental situation of dry heat rock resource exploration pilot in
Henan Province on the basis of combing the formation conditions, utilization
technology and environmental advantages of dry heat rock, systematically analyzes
the site selection and development technology of dry heat rock as well as the
existing problems, and puts forward work suggestions in increasing the innovation
of basic theoretical research, preferring the detection technology and organizing
the drilling practice of major scientific projects, with a view to speeding up the
exploration of dry heat rock resource exploration and comprehensive
utilization. and comprehensive utilization.

Keywords: Dry Heat Rock; Exploration and Development; Drilling
Technology; Henan Province

B . 17   Analysis and Suggestions for the Development Strategy

of Distributed Power Supply in Henan Based on

Source-Load Coordination

Yu Haozheng, *Xu Changqing*, *Lu Dan*,

Huangfu Xiaowen and Zhang Youwen / 224

Abstract: In 2022, Henan distributed power supply has developed rapidly and become the main force of the province's new energy power generation new installed capacity. By the end of August, the province's distributed power supply installation exceeded 16 million kilowatts, the cumulative power generation exceeded 13 billion kilowatt hours, strongly supporting the province's energy green transformation development and rapid growth in electricity demand. The National Development and Reform Commission's "14th Five-Year Plan" for renewable energy makes it clear that the central and eastern regions will focus on promoting decentralized wind power and distributed photovoltaic power generation in the local area, and it is expected that Henan's distributed power supply will still maintain a rapid development trend. This paper summarizes the development of distributed power sources in Henan Province, analyzes the opportunities and challenges facing their future development, and proposes a development strategy of source-load coordination and related technologies and strategies to guide the coordinated development of distributed power sources and power grids and promote the optimal allocation of resources for the whole society.

Keywords: Distributed Power; New Energy; Power System; Henan Province

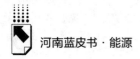

B.18   Research on the Characteristics of Electricity Consumption
and Electrification Service Mode of Rural Industries
in Henan

Zhang Yihan, Zheng Yongle, Li Peng and Li Huixuan / 240

Abstract: Henan is a large agricultural and rural province and the main battlefield for the implementation of national rural revitalization strategy. Industrial prosperity is the primary task of rural revitalization and a prerequisite for solving all problems in rural areas, and the electrification of rural industries is an important hand to promote green and low-carbon development in rural areas. With the deepening of the rural revitalization strategy and the optimization and adjustment of rural industrial structure and development layout, the center of gravity of rural electricity consumption is "flying to the southeast", and the "safe, low-carbon and economic" energy supply of rural industries meets challenges. This paper summarizes the development trend of rural industries in Henan, analyzes the characteristics of rural industries and the problems they face, examines the impact of the development of rural industries on the pattern of electricity supply and demand, explores the development path of rural industry electrification and four typical service models, and puts forward three countermeasure suggestions for better promoting the development of rural industry electrification in Henan: fine planning, efficient operation and intelligent service.

Keywords: Rural Industry; Electrification Service; Rural Revitalization

B.19   Considerations and Suggestions on the Constructing Path
of New Electricity System in Lan kao

Li Peng, Zhang Hongkai, Xing Ziya and Wang Yuqing / 255

Abstract: Constructing a new electric power system is a major decision and deployment made by the Party Central Committee, which points out the direction of development and provides fundamental guidelines for the development of energy and electricity in the new era. In recent years, Lankao has seized the opportunity of the only rural energy revolution pilot in China, explored the new path of county energy transformation, built Lankao energy Internet platform, promoted the leapfrog development of electric power system, and built a solid foundation for Lankao to build a new electric power system county demonstration area on an early and pilot basis. This paper sorts out the relevant policies of new power system construction, summarizes the essential connotation of new power system, analyzes the development basis and challenges faced by Lankao in building new power system, puts forward the implementation path and countermeasure suggestions for building new power system in Lankao, and fully supports Lankao to build a model demonstration of new power system in the county and build a national rural energy revolution pilot "upgraded version".

Keywords: Rural Energy Revolution Pilot; New County Power System; Lankao County

V Investigation and Analysis

B.20 Research and Suggestions on Effective Supply Capacity of
New Energy During Summer in Henan Province

Li Qiuyan, Jia Yibo, Bu Feifei, Wang Han and Han Ding / 266

Abstract: The peak-load during summer has always been a critical period for power supply, new energy as the main component of the future new power system, also facing the "great test" of safety supply. Owing to the uncertainty and volatility of wind and light power generation, the actual support capacity of new energy cannot effectively meet the needs of large load growth, real-time system balance and continuous operation in the summer when the high temperature electricity load continues to rise, and the power system with a high proportion of new energy is facing greater challenges in terms of its ability to maintain supply. This paper relies on big data means to analyze the five-year sample data of wind and light power generation output in Henan Province since 2018, to measure the effective supply capacity of new energy, to assess the power balance support capacity of new energy during the summer supply, and to explore countermeasure suggestions to improve power supply and increase supply by multiple measures in view of the low credible power output rate of new energy during the critical time of summer supply.

Keywords: New Energy; Effective Supply; Electric Power Balance; Peak-load during Summer; Henan Province

B.21 Survey on the Electrification of Rural Industries in
Henan Province and Suggestions for Low Carbon
Energy Consumption

Zu Wenjing, Yang Qinchen, Zhang Yihan and Li Huixuan / 282

Abstract: Industrial prosperity is the primary task of rural revitalization and a prerequisite for solving all problems in rural areas. In the revitalization of the countryside and the implementation of the dual carbon strategy, the clean and low-carbon development of rural industries is the main direction, and electrification is an important grasp of low-carbon energy use in rural industries. This paper takes Henan Province as a sample and conducts a survey on the electrification of rural industries. The survey results show that rural industries in Henan Province present the trend characteristics of "diversified energy-using subjects, energy-using industry diversification, low-carbon energy consumption, and energy-using cycle during the year", and also face the problems of low utilization rate of rural power grid equipment, lack of new energy development momentum in rural industries, and low energy consumption in rural industries. It is urgent to accurately grasp the development trend of rural industries, explore the mode of local energy development and utilization, increase the support of low-carbon policies, and innovate the comprehensive energy service industry in rural areas, so as to improve the efficiency of low-carbon energy use in rural industries.

Keywords: Rural Industry; Low-carbon Energy Consumption; Electrification; Rural Revitalization

B.22 Investigation and Suggestions on the Construction of

Charging Infrastructure in Henan Province

Wang Shiqian, Song Dawei, Hua Yuanpeng and Wang Yuanyuan / 301

Abstract: Charging infrastructure is the basis and guarantee for the promotion of new energy vehicles, a new type of public infrastructure, and an important part of the new infrastructure. Vigorously promoting the construction of charging infrastructure is conducive to solving the charging problems of new energy vehicles and fostering a good environment for the application of new energy vehicles. In recent years, the construction of charging infrastructure in Henan has continued to accelerate, and as of September 2022, the province's public charging piles exceeded 63000, about 4300 public charging stations were built, and the province's charging network system was basically completed. Based on the research of charging facilities in the province, this paper systematically analyzes the current problems such as unbalanced spatial layout structure, lack of coordinated utilization of resources and uneven operation and management level of charging facilities, and proposes to optimize the layout of charging infrastructure construction, strengthen the construction of support system for charging infrastructure development, and fully promote the fusion development of vehicle-pile-wise energy.

Keywords: Charging Facilities; Infrastructure; New Energy Vehicles; Henan Province

皮 书

智库成果出版与传播平台

❖ 皮书定义 ❖

皮书是对中国与世界发展状况和热点问题进行年度监测，以专业的角度、专家的视野和实证研究方法，针对某一领域或区域现状与发展态势展开分析和预测，具备前沿性、原创性、实证性、连续性、时效性等特点的公开出版物，由一系列权威研究报告组成。

❖ 皮书作者 ❖

皮书系列报告作者以国内外一流研究机构、知名高校等重点智库的研究人员为主，多为相关领域一流专家学者，他们的观点代表了当下学界对中国与世界的现实和未来最高水平的解读与分析。截至 2022 年底，皮书研创机构逾千家，报告作者累计超过 10 万人。

❖ 皮书荣誉 ❖

皮书作为中国社会科学院基础理论研究与应用对策研究融合发展的代表性成果，不仅是哲学社会科学工作者服务中国特色社会主义现代化建设的重要成果，更是助力中国特色新型智库建设、构建中国特色哲学社会科学"三大体系"的重要平台。皮书系列先后被列入"十二五""十三五""十四五"时期国家重点出版物出版专项规划项目；2013~2023 年，重点皮书列入中国社会科学院国家哲学社会科学创新工程项目。

权威报告·连续出版·独家资源

皮书数据库
ANNUAL REPORT(YEARBOOK)
DATABASE

分析解读当下中国发展变迁的高端智库平台

所获荣誉

- 2020年，入选全国新闻出版深度融合发展创新案例
- 2019年，入选国家新闻出版署数字出版精品遴选推荐计划
- 2016年，入选"十三五"国家重点电子出版物出版规划骨干工程
- 2013年，荣获"中国出版政府奖·网络出版物奖"提名奖
- 连续多年荣获中国数字出版博览会"数字出版·优秀品牌"奖

皮书数据库

"社科数托邦"
微信公众号

成为用户

　　登录网址www.pishu.com.cn访问皮书数据库网站或下载皮书数据库APP，通过手机号码验证或邮箱验证即可成为皮书数据库用户。

用户福利

- 已注册用户购书后可免费获赠100元皮书数据库充值卡。刮开充值卡涂层获取充值密码，登录并进入"会员中心"—"在线充值"—"充值卡充值"，充值成功即可购买和查看数据库内容。
- 用户福利最终解释权归社会科学文献出版社所有。

数据库服务热线：400-008-6695
数据库服务QQ：2475522410
数据库服务邮箱：database@ssap.cn
图书销售热线：010-59367070/7028
图书服务QQ：1265056568
图书服务邮箱：duzhe@ssap.cn

社会科学文献出版社 皮书系列
SOCIAL SCIENCES ACADEMIC PRESS (CHINA)
卡号：676688439595
密码：

S 基本子库
UB DATABASE

中国社会发展数据库（下设 12 个专题子库）

紧扣人口、政治、外交、法律、教育、医疗卫生、资源环境等 12 个社会发展领域的前沿和热点，全面整合专业著作、智库报告、学术资讯、调研数据等类型资源，帮助用户追踪中国社会发展动态、研究社会发展战略与政策、了解社会热点问题、分析社会发展趋势。

中国经济发展数据库（下设 12 专题子库）

内容涵盖宏观经济、产业经济、工业经济、农业经济、财政金融、房地产经济、城市经济、商业贸易等 12 个重点经济领域，为把握经济运行态势、洞察经济发展规律、研判经济发展趋势、进行经济调控决策提供参考和依据。

中国行业发展数据库（下设 17 个专题子库）

以中国国民经济行业分类为依据，覆盖金融业、旅游业、交通运输业、能源矿产业、制造业等 100 多个行业，跟踪分析国民经济相关行业市场运行状况和政策导向，汇集行业发展前沿资讯，为投资、从业及各种经济决策提供理论支撑和实践指导。

中国区域发展数据库（下设 4 个专题子库）

对中国特定区域内的经济、社会、文化等领域现状与发展情况进行深度分析和预测，涉及省级行政区、城市群、城市、农村等不同维度，研究层级至县及县以下行政区，为学者研究地方经济社会宏观态势、经验模式、发展案例提供支撑，为地方政府决策提供参考。

中国文化传媒数据库（下设 18 个专题子库）

内容覆盖文化产业、新闻传播、电影娱乐、文学艺术、群众文化、图书情报等 18 个重点研究领域，聚焦文化传媒领域发展前沿、热点话题、行业实践，服务用户的教学科研、文化投资、企业规划等需要。

世界经济与国际关系数据库（下设 6 个专题子库）

整合世界经济、国际政治、世界文化与科技、全球性问题、国际组织与国际法、区域研究 6 大领域研究成果，对世界经济形势、国际形势进行连续性深度分析，对年度热点问题进行专题解读，为研判全球发展趋势提供事实和数据支持。

法律声明

"皮书系列"（含蓝皮书、绿皮书、黄皮书）之品牌由社会科学文献出版社最早使用并持续至今，现已被中国图书行业所熟知。"皮书系列"的相关商标已在国家商标管理部门商标局注册，包括但不限于LOGO（ ）、皮书、Pishu、经济蓝皮书、社会蓝皮书等。"皮书系列"图书的注册商标专用权及封面设计、版式设计的著作权均为社会科学文献出版社所有。未经社会科学文献出版社书面授权许可，任何使用与"皮书系列"图书注册商标、封面设计、版式设计相同或者近似的文字、图形或其组合的行为均系侵权行为。

经作者授权，本书的专有出版权及信息网络传播权等为社会科学文献出版社享有。未经社会科学文献出版社书面授权许可，任何就本书内容的复制、发行或以数字形式进行网络传播的行为均系侵权行为。

社会科学文献出版社将通过法律途径追究上述侵权行为的法律责任，维护自身合法权益。

欢迎社会各界人士对侵犯社会科学文献出版社上述权利的侵权行为进行举报。电话：010-59367121，电子邮箱：fawubu@ssap.cn。

社会科学文献出版社